航空港规划丛书

航空货运物流规划

刘武君　寇怡军　著

同济大学出版社
TONGJI UNIVERSITY PRESS

航　　空　　港　　规　　划　　丛　　书

图书在版编目（CIP）数据

航空货运物流规划 / 刘武君，寇怡军著．--上海：同济大学出版社，2020.9（2024.8 重印）
（航空港规划丛书）
ISBN 978-7-5608-9501-7

Ⅰ.①航… Ⅱ.①刘… ②寇… Ⅲ.①航空运输—货物运输—物流—经济规划 Ⅳ.①F560.84

中国版本图书馆 CIP 数据核字（2020）第 172675 号

责任编辑：胡　毅　宋　立
特约编辑：陈　立
责任校对：徐春莲
封面设计：赵　军
排版制作：南京月叶图文制作有限公司

航空港规划丛书
航空货运物流规划
刘武君　寇怡军　著

出版发行　同济大学出版社　　www.tongjipress.com.cn
（地址：上海市四平路 1239 号　邮编：200092　电话：021-65985622）
经　　销　全国各地新华书店
印　　刷　上海安枫印务有限公司
开　　本　787 mm×1092 mm　1/16
印　　张　15.25
字　　数　375 000
版　　次　2020 年 9 月第 1 版
印　　次　2024 年 8 月第 3 次印刷
书　　号　ISBN 978-7-5608-9501-7
定　　价　98.00 元

内容提要

本书是国内第一部系统研究航空货运物流的专著，是基于作者团队多年来对上海浦东国际机场、北京首都国际机场、深圳宝安国际机场、鄂州航空货运枢纽机场、南宁吴圩国际机场、海口美兰国际机场等大型机场的物流园区进行规划、设计的科学研究与工程实践成果。

全书首先讨论了机场各功能区、四大临空产业链、各大园区等多个“航空货运物流的基本概念”（第 1 章）；接着按设施由小到大、层次由低至高讨论“航空货运站规划与运营”“货运物流产业园区规划”“机场综合保税区规划”“自由贸易港区规划初探”（第 2—5 章）；随后分专题详细讨论“货运枢纽机场规划”的特点，及其对鄂州航空货运枢纽机场和在我国航空货运物流网络规划中的重要作用（第 6 章）；接着，从跨境电商、冷链物流、国内快递、多式联运等方面讨论“航空货运物流发展新趋势”（第 7 章），以及航空货运物流未来怎样从“投建营一体化”和“港产城一体化”入手，彻底打通临空产业链，关注项目的全生命周期和全产业链，走好“一体化、可持续发展之路”（第 8 章）；最后，对我国航空货运设施（园区）的发展历程进行了回顾，并对我国航空货运物流产业的发展进行了展望（第 9 章）。

本书适合从事机场规划、建设、运营的工程技术人员、管理者，从事航空货运物流工作的专业人员，以及高等院校相关专业师生参考阅读。

前言

过去十年，以“航空货运物流规划”为题，我给大家讲授机场货运物流园区规划设计，已经不知道有多少次了。但是，越讲心里越虚、越不敢讲了。

过去十年，是中国物流行业高速发展、大洗牌的时代。时至今日，依然可以认为我们处在物流行业的“春秋战国”时期。这是一个新思想、新技术、新政策、新商业模式不断涌现、又会很快被淘汰的时代。货运物流，新陈代谢、摧枯拉朽；时代洪流，浩浩荡荡、奔向蓝海……

对于这样一幅宏大、急速变化的历史画卷，你根本就不可能看得清、说得透，更不可能有时间来理清思路、找到稳定的发展模式。因此，在这个时候出版一本《航空货运物流规划》是不明智的。但是，在与大家的研讨中，我们又深刻地感觉到业内需要一个讨论的起点、一个研究的基础、一个共用的平台。朋友们也都在不停地鼓励我们把讲课用的PPT的内容整理出来，供大家学习、批判，并开启我们的研讨、促进业内的探索，从而推动航空货运物流产业链的进一步发展壮大。于是，我们在半推半就中抛出了这块“砖”，作为一个供大家研讨的话题，期待引来大家的批评指正和点拨指导。愿本书成为中国货运物流产业可持续发展之路上的一块铺路石！

在本书中，我们首先讨论了机场各功能区、四大临空产业链、各大园区等多个“航空货运物流的基本概念”（第1章）；接着按照设施规模由小到大、层次由低至高的顺序讨论“航空货运站规划与运营”“货运物流产业园区规划”“机场综合保税区规划”“自由贸易港区规划初探”（第2—5章）；随后专题详细讨论“货运枢纽机场规划”的特点，及其对鄂州航空货运枢纽机场和在我国航空货运物流网络规划中的重要作用（第6章）；接着，我们从跨境电商、冷链物流、国际国内快递、多式联运等几个方面讨论“航空货运物流发展新趋势”（第7章），以及航空货运物流未来怎样从“投建营一体化”和“港产城一体化”入手，彻底打通临空产业链，关注项目的全生命周期和全产业链，走好“一体化、可持续发展之路”（第8章）；最后，对我国航空货运设施（园区）的发展历程进行了回顾，并对我国航空货运物流产业的发展进行了展望（第9章）。

未来十年，我们将面临航空货运物流发展的诸多问题，都会是前人不曾经历过的，困难很多、工作很艰巨。但巨大的人口基数、世界第二的经济规模为我们提供了庞大的市场空间，一个新兴的、宏大的航空货运物流产业链吸引着我们、引导着投资、推动着技术发展，前景相当广阔。我们必须全力以赴地抓紧工作，以科学的态度研究航空货运物流问题，创新我们的规划理念和方法，大胆地探索货运物流产业发展的新模式，尽早走出一条行业整体可持续发展的新路来。

未来十年，我国在航空货运物流领域还将是一个投资的高峰期，大量的规划建设任务要求我们转变发展模式。世界航空货运物流业的发展已有近百年了，可谓源远流长。虽然我们才刚刚起步，但是新技术、新商业模式已经使我们在许多方面站在了世界的前列。接下来，我们一方面必须加强对新业态、新商业模式的研究和开发，充分发挥后发优势，抓住第四次工业革命（AI）的机遇实现跨越式发展；另一方面也要发挥我们社会主义市场机制的优势，针对航空货运物流产业链复杂度高的特点，着力理顺并整合全产业链，全面推进投建营、港产城一体化进程，最终实现航空货运物流行业的可持续发展。

期待大家的参与参评！

欢迎大家的批评指导！

刘武君

2020年2月26日于北京

目录

第 1 章

航空货运物流的基本概念

这是一个日新月异的时代，我国航空货运业也随着这个时代的“脉搏”发生着翻天覆地的变化，从运输机型、货物形态、货运结构，到经营主体、运营模式、监管环境等都在发生着巨大的变化。一方面，国家经济转型和制造业升级稳步推进，国民生活水平有了极大提高，购买和消费方式发生着颠覆性变化，跨境电子商务（简称：跨境电商）在全球快速兴起，民众对物流效率的要求越来越高，这些都加大了社会生产和大众生活对航空货运物流的需求，成为促进航空货运物流业持续快速发展的积极因素。另一方面，我国的高速公路网络建设已经非常成熟，铁路的建设速度又非常惊人，它们与航空货运市场的关系正在发生着微妙的变化。此外，数字化、信息化、智慧化的技术也开始对航空货运业显现出深远的影响。

现在，我们的各大机场比以往任何时候都要重视航空货运的规划和发展。在这个机遇和挑战并存的时代，我们的航空货运物流规划既要能跟得上时代发展和行业要求，还要有前瞻性以应对自身可持续发展的需求。我们需要深入探讨货运区及相关物流产业园区的规划问题。但我们不能只讲这两个功能区，也不想把目光锁定在货运区和物流园这两个点上，我们将努力把航空货运物流产业链研究清楚，把产业链上的各个环节梳理清楚，最终规划建设好这个产业链，彻底打通航空物流产业链上的各个环节，使每个环节都能够高效运转，从而使产业链贡献出最大价值。

从机场的角度看，我们要充分发挥机场平台的资源整合优势，大力引进产业链上下游企业进驻机场货运物流产业园区，遴选出航空关联度高的业态，打造出真正的航空物流产业链，以全链条资源整合的优势，促进航空货运价值提升。从设施规划的角度看，航空物流产业的功能设施类型多样，又有空防安全和海关监管两大特殊要求，需要综合考虑功能分层、设施分级、监管多样、流程复杂和业务繁多等因素的影响；从运营管理的角度，我们必须充分利用机场口岸功能，做好航空货运物流产业园区内的产业选择、功能联动、模式创新、政策支持等具有很强专业性的工作。总之，需要由机场积极牵头协调多方力量共同推进，立足于自身特点和实际情况，着眼于未来和机场所在城市和区域的需要，真正做好具有指导性和前瞻性的航空货运物流规划。

1.1　航空货物与设施简介

航空货物及其处理设备是机场运营业务和机场设施群的一部分。首先我们从机场功能区及其关联产业园区开始认识货物、货运设施的定位，理解机场的总体规划原理。然后我们进一步深入了解机场货物的分类，以及所要求的相关处理设施，并对它们进行分类。最后看看我国航空货物的现状，了解都在运些什么东西，并对它们做一些初步的分类。

1.1.1　机场的功能区和临空园区

我国民航机场最核心的功能区就是安全管控极为严格的飞行区。飞行区不对外开放，除此之外的机场的三大功能区分别服务旅客、飞机和货物。服务旅客的是航站区，航站区可以带动一个产业链，一般会以航站楼为龙头带动其周边地区的发展，形成商务区。服务货物的是货运区，货运区可以带动周边物流产业园区的发展。还有一个是服务飞机的，是机务区，机务区也能带动相关产业的发展，形成航空产业园区。除了飞行区和航站、货运、机务三大功能区外，一般机场还有一个相对独立的工作区。当然，还会有一整套高效、可靠的集疏运系统。我们从虹桥机场规划图（图 1-1）中，可以直观地看到上述飞行区、三大功能区，以及相关联的三大产业园区。

1.1.2　航空货物与设施的分类

首先，我们会把航空货物分为普货和快递。随着航空货运业务模式和服务水平的快速发展，普货和快递这两类货已经越来越难以简单地定义了。最早，航空货运的起步和发展是以大宗贸易的普货为主，其特点是每票货的品类、形态大多是统一的，且形态以托盘货为主。随着经济的发展，商务文件的递送需求越来越大，时效要求越来越高，而且人们在日常生活中对快递运输的时效要求也越来越高，这就促进了快递业的快速发展。因此快递货物的特点就是时效强、品类多样化，同时还具有小型化、轻型化的特点。

其次，从不同的角度对航空货物还可以有不同的分类。从货物的发送、到达地细分，可以分为国际货和国内货。从货物的属性细分，可以分为医药、鲜活、危险品和贵重物品等。从载运方式来细分，可以分为全货机货物和客机腹舱货物。从作业流程细分，可以分

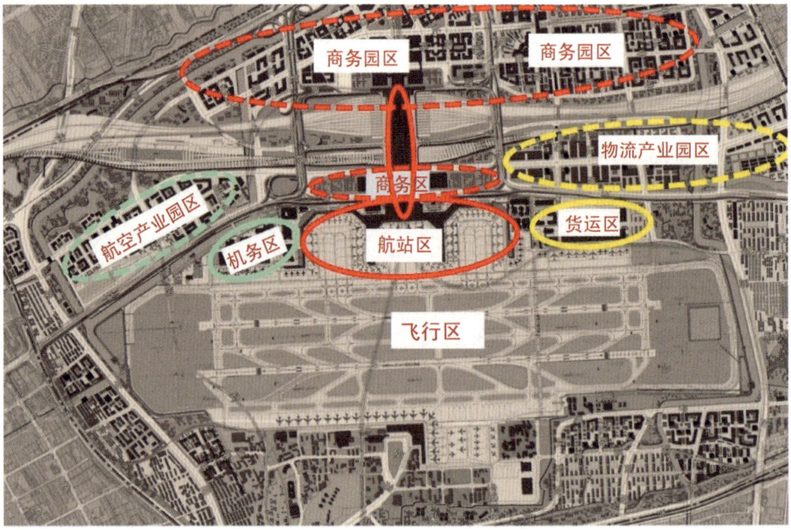

图 1-1　虹桥机场的功能区和产业园区

为进港、出港和中转货物。从国际航空货物细分，又可以分为国际普货、国际快件，它们的区别还体现在海关的监管模式上，报关、清关、查验和扣留的流程与要求都有所不同。对于国际快件，又细分为 A，B，C，D 等不同类型进行区别通关。目前，随着跨境电商的发展，跨境货物又成为一种新的海关监管货物。航空货物与对应货运设施的细分如图 1-2 所示。

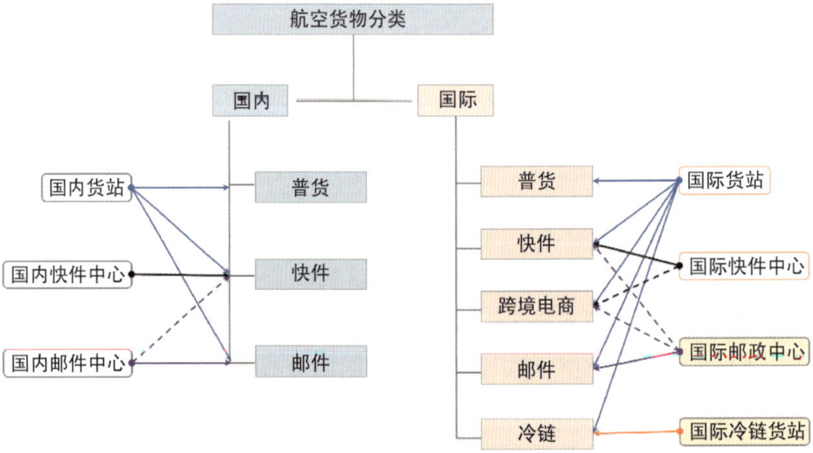

图 1-2　航空货物与对应货运设施的细分

1.1.3　我国航空货物构成现状

在上述各功能区和园区中，我们来看看机场都在处理一些什么样的货物。我国国际航空运输的主要货物品类中，高新技术产品占主要地位；生活消耗品、工业消耗品紧随其后，同时生物医药、高端生鲜和冷鲜食品因巨大的市场需求正在高速增长。未来，随着全球电子商务的发展，公共快件及跨境电商也将成为国际航空货运的业务增长点。现如今，我国国际航空货运产业类型正在向多元化、高端化发展，而我国国际航空市场在各个航空口岸特点各异，影响因素复杂多变，需要重视分析研究工作。前面也讲过，国内各大机场所处的地理区位不同，各地产业布局和经济发展水平也有差异，应该根据自身情况和当地特点，去研究国际货运产业链上适合作为突破口的产业。我国主要国际航空运输货物品类见表 1-1。

表 1-1　我国主要国际航空运输货物品类

主要出口商品	主要进口商品
电子设备及零件	电子设备及零件
机械器具及零件	机械器具及零件
医疗设备及精密仪器	医疗设备及精密仪器
针织服装及衣着附件	航空器及零件
非针织服装及衣着附件	宝石、贵金属
宝石、贵金属	杂项化学产品
有机化学品	药品
航空器及零件	塑料及其制品

1.2　航空物流设施与园区

处理不同的货物需要不同的设施来保障，包括：各种货运站、站坪设施、机场地面保障设备（Ground Support Equipment，GSE）通道、停车设施、仓储与监管设施、“一关三检”（海关、检疫、边检、安检）设施及市政交通设施等。

1.2.1 航空物流设施

一般而言，机场货运区的设施主要是货站与站坪的设施、陆侧停车的设施，普通仓储、国际货物监管的设施，“一关三检”的相关口岸设施和办公、服务设施，以及市政配套的设施。当然，每座机场的货运区都有差异，各有各的特点，规划布置的货运设施也各不相同。下面以货运功能相对完善的大型机场为例，全面地梳理机场货运区的货运设施。

先介绍一级和二级的概念。货运设施有一级和二级之分，简而言之，有空侧交接资源的货运设施是一级设施，仅有陆侧交接功能的设施是二级设施。一级设施主要包括国际货站、国际快件中心、国内货站、国内快件中心等；二级设施主要包括货运代理仓库、快件分拨中心、跨境电商园区和海关监管查验设施等。例如，航空货站是保障机场货运高效流转的核心设施，货站临空一侧可对接服务于飞机的装卸货，另一侧陆侧站台则对接服务于卡车装卸货，航空货站就属于一级设施。其余的一级设施还包括快件中心、跨境电商中心等。二级设施是为货运代理和快递企业提供服务的设施，也包括为国际货物提供服务的二级监管仓库。各类设施之间会有完善的市政交通连接，确保货物在各功能设施之间的快速流转。从图 1-3 中可以清楚地看出机场货运区大致有哪些货运设施。

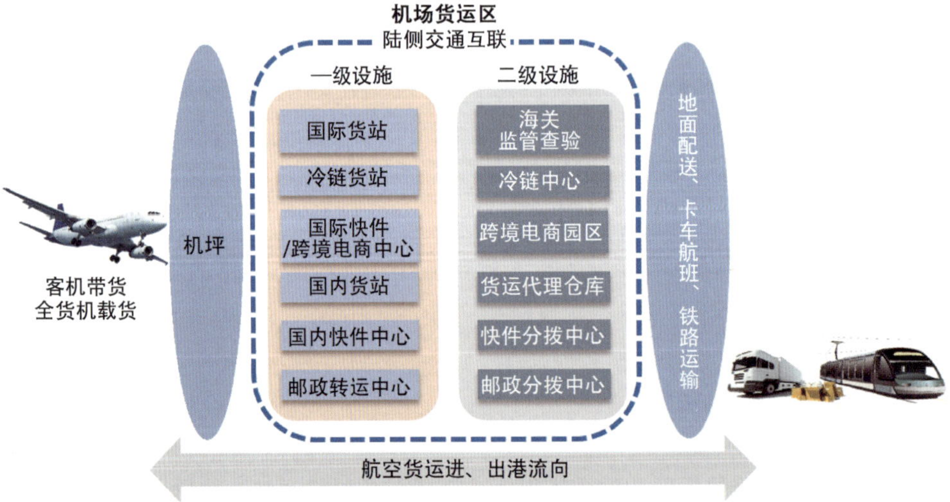

图 1-3 机场货运相关设施

航空货运的发展变化是多方面的，其中很重要的一方面就是业务类型在不断细化、不断精益化和高端化。这就对航空货运提出更高的要求，需要航空货运提供更丰富的产品、提供个性化和定制化服务，同时要能寻求到与航空关系密切的高附加值产业。具体到操作层面，就是需要进行专业的规划和研究，除了传统的形态规划研究内容，还需要包括产业选择、流程创新的研究，服务和效率提升的研究，以及功能圈层化布局研究等。现在，我们又看到，一些机场的货运设施里出现了冷链货站、跨境电商货站、空空中转设施等具有高度个性化和定制化要求的设施，海关监管也随着海关总署一系列服务市场需求的新政的出台，推进了很多新技术、新模式和新流程的应用。

航空货运发展变化还有其他值得我们关注的方面。例如随着航空货运区的功能越来越全面、运营管理越来越灵活，传统的一、二级设施和功能严格分离的模式也在发生变化，一级和二级设施之间已经出现零距离联动和作业链延伸，并相互对接的诸多创新模式。因此，每个机场必须结合自身业务模式、市场需求和监管政策等的特点，在货运区和货运设施的规划设计中认真研究适合自己的模式，不断创新，不断提升货运服务水平和效率，让规划设计在具备合理前瞻性的同时，真正具有落地指导性和可操作性。

1.2.2 航空物流园区

机场货运区的发展必然会带动周边各种物流园区的发展。物流园区又一定会从功能单一的仓储物流园，逐步发展出业态丰富的空港物流园和保税园区等。进一步还将带动空港服务、口岸贸易、临空产业、综合交通等的发展，从而使之走向综合保税区或自由贸易区。最终就会以航空货运区为龙头，形成丰富的产业园区，包括快件物流、冷链物流、电商物流、会展物流、科技园区、保税物流、保税航材、高端汽配转口、物流总部，以及大量金融服务、商务设施和生活服务设施等。这是一个由小到大、由点及面的发展过程，是以机场物流口岸为核心，货运区为龙头，再到综合保税区（简称：综保区）、自由贸易区、临空产业区和配套服务区等为支撑，逐步发展形成“圈层结构”，并最终形成相互促进、协同合作、良性循环的可持续发展进程。临空物流产业园区的发展如图 1-4 所示。

以上海浦东国际机场为例，20 多年来，围绕着货运口岸，浦东国际机场逐步发展出各类不同的园区和配套设施，包括先进的国际快件园区、代表高端制造业的 C919 总装基地和发达的综合交通枢纽等。下面从产业链发展的角度来看看浦东国际机场货运物流产业园区规划案例。

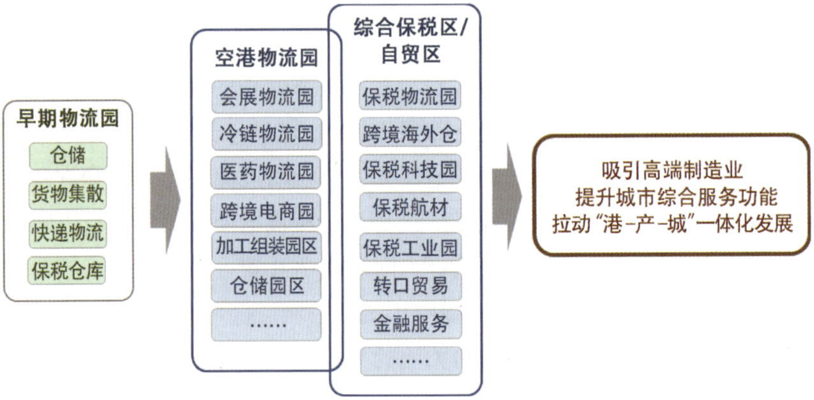

图 1-4 临空物流产业园区的发展

案例 001

浦东国际机场货运物流产业园区规划

浦东国际机场的规划非常强调功能分区，其西面、北面都以货运物流产业设施布局为主，有最早的第一、第二海关监管区、普通物流园区和保税区等。特别是对于西货运区，我们进行了详细的规划研究。目前西货运区已经成为国内最大的航空货运区，其规划和运营都是比较成熟的。

西货运区最早是以国际货站运营为主的，很快带动了外围保税产业的发展，而且在外围更大范围内出现了大量的非保税物流园区。紧接着其他一些产业设施也都跟着发展起来。刚刚开始的时候，不同的产业设施相互之间没有什么关联，例如机务那一块只是用于跟飞机有关的航空器材的储存。但是发展到一定程度以后它们就相互关联上了，逐步被整合在一起。所以我现在认为机务区独立存在已经没有太大意义了，即它已经可以被整个物流产业链整合进去。因为机务区也需要保税，所以这个整合就来得非常快。另外，会展设施也很快就被货运物流产业链整合了。

浦东国际机场货运量比较大，长期世界排名第三。尽管机场有这么大的货运量，但其产业链发展得并不是很好。这是由浦东新区的产业布局决定的，浦东新区的四大功能区（陆家嘴金融区、金桥出口加工区、张江高科技园区、外高桥保税区）与浦东国际机场西面地区的发展规划存在冲突，所以我们就只能以航空货运物流为主。再后来，浦东新区的四大功能区逐步发展成熟，城镇相关产业也都发展起来，但土地没有了。也就是说四大功能区都相对满了，这个时候，浦东国际机场就迎来了新的发展机遇期，我们还有地，还有容积率提高的巨大空间，临空产业就开始慢慢发展起来了。浦东国际机场货运物流产业园区规划布局如图 1-5 所示。

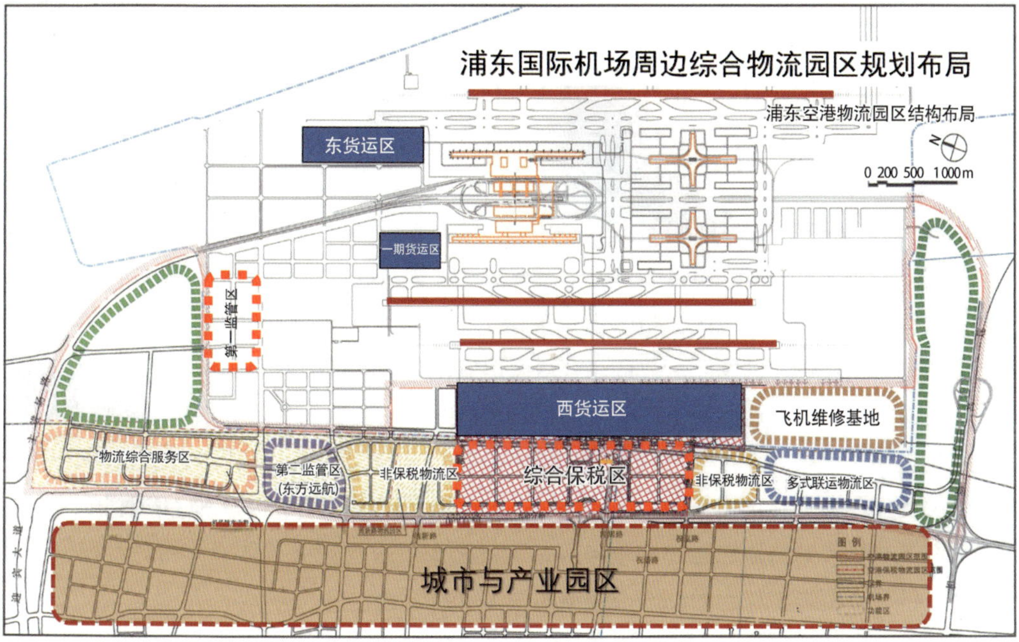

图 1-5　浦东国际机场货运物流产业园区规划布局

其实，浦东国际机场货运物流产业园区规划的最大缺点，就是货运站及其相关设施过于分散。这是一个历史问题，也是一个认识问题。所幸我们最后下了决心，在西面建成了这个最大的货运物流园区，也就是今天的“中国（上海）自由贸易区浦东国际机场分区”。

1.3　航空物流产业链

首先我们简单了解一下产业链的概念。产业链是产业经济学中的一个概念，是各个产业部门之间基于一定的技术经济关联，并依据特定的逻辑关系和时空布局关系，客观形成的链条式关联形态。产业链的本质是一个具有某种内在联系的企业群，即产业链是一个相互关联的设施群，在结构属性和价值属性上有相关性。产业链中大量存在着上下游关系和相互之间的价值交换，上游环节向下游环节输送产品或服务，下游环节向上游环节反馈信息。产业链是产业层次的表达，是产业关联程度的表达，是资源加工深度的表达，是满足需求程度的表达。

这样的一段话读完后，我们可能还是不明白围绕机场展开的产业链到底是什么，各产业链具体表现为什么样的形态。接下来我们就大致看一下以机场为核心的产业链情况。

1.3.1 机场的临空产业链

我们知道民用机场以飞行区为核心，有客运区、货运区、机务区和工作区四大功能区。这其中的客、货运两大功能区会衍生出机场最主要的两个产业链，分别是由客运带动的商务产业链和由货运带动的物流产业链。客运区即航站区主要借助客流和城市综合交通功能，逐渐从航站楼向周边发展出商务产业链，包括商务办公、金融服务、会展中心、商业中心、批发贸易、酒店、旅游文化等产业设施。航空物流产业链以航空货运区为龙头，以与航空货物相关的产业为主，包括仓储、包装、加工、运输、保税存储、保税加工和种植、养殖，以及以海关为代表的口岸综合配套服务等。这就是接下来我们要具体展开研讨的航空货运物流产业链。以机场为核心的临空产业链如图 1-6 所示。

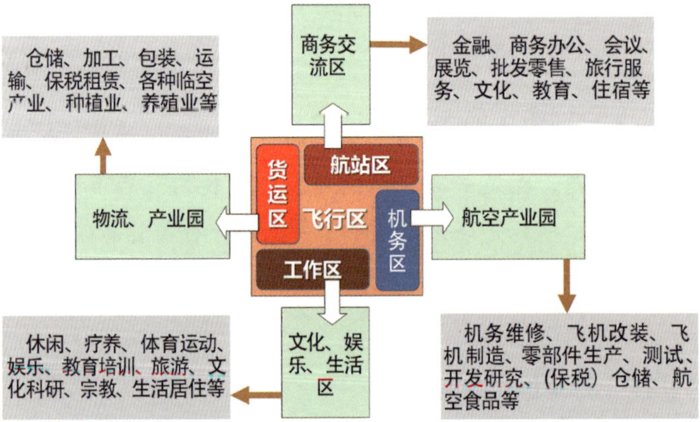

图 1-6 以机场为核心的临空产业链

除此之外，机场还有两个产业链。一个是机务区带动的航空产业链，主要是围绕机务维修和保税航材，以及大量机上用品的生产等展开的，对临空设施、航空物流、普通仓储和保税仓储有需求。另一个是工作区带动的生活配套产业链，生活配套产业链的发展会带来集聚效应，实际上会在机场附近形成一个小城镇。我们能看到，几乎每座有一定规模的机场都会形成这样的临空产业链，都会在机场周边形成有一定规模的生活设施，包括休闲、医疗、娱乐、商业、教育培训和体育运动等。

1.3.2　货运物流产业链的构建

我国民航机场发展长期存在以客为主的情况，这也许是一个必经的发展过程。近些年来，很多机场越来越重视货运的发展，因此逐步推动了机场货运区的升级改造。机场货运区的发展一定会推动周边各种物流园区的发展，接着就会继续推动周边产业发展，进而带动城市发展。在这样一个大的发展脉络下，随着机场货运区功能的逐步完善，货运区就有可能成为拉动机场发展和地区经济发展的引擎。

接下来，我们解构一下航空货运物流产业链（图 1-7），希望能介绍清楚货运物流产业链发展的内在逻辑，能看到它逐步发展、整合、壮大的大致脉络。然后大家能结合不同机场及其所在地区的经济和政策特点，找到自己航空货运物流产业链上可以发展的产业设施。目的当然是希望大家都能树立起推动航空货运物流产业链发展的信心，因为这并不只是大型枢纽机场的专利。

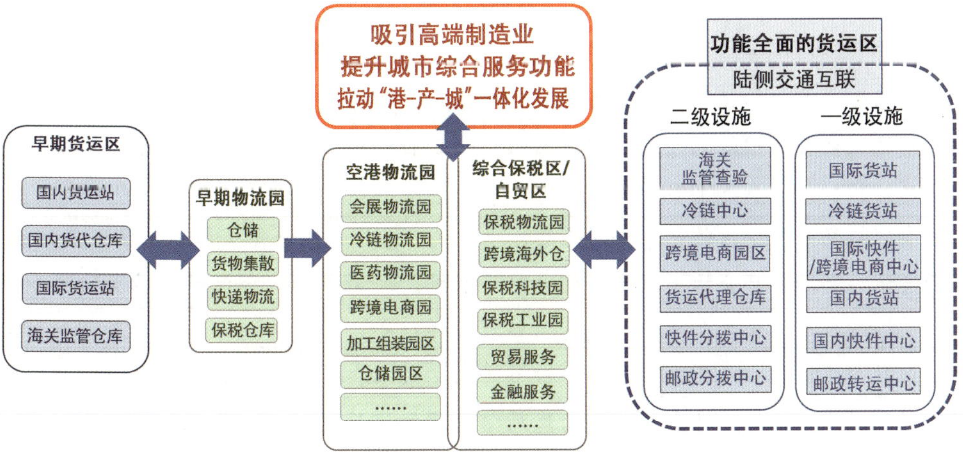

图 1-7　航空货运物流产业链的变迁

小机场的货运区功能比较单一、货量小、业务模式简单，但是如果结合好本地的运输需求，把这个机场货站的功能发挥出来，就会带来仓储物流园区的需求，并派生出一些产业。例如在吐鲁番机场，有一批经销商在当地收购、并向外地出售葡萄干。一开始他们是接到订单后，将各生产地的葡萄干发运到机场再发货的。后来他们发现这样的销售方式会带来公路运输成本和市场价格风险，于是就会想到在机场货运区附近新建一个仓库用于存储葡萄干。他们会在葡萄干最便宜的时候，在仓库大批量备好货，这样，一年中无论何时，当客户下单后，就可以便捷地从机场货运区发货。这样一来，就形成了最早的航空物流园区。当仓库存在以后，他们又发现葡萄干在园区内生产加工还可以使成本更低，于是干脆就在这里建立生产或包装线。这就出现了产业设施，而相应的产业园区就发展起来了。

对于大型枢纽机场，它就具备整合更大的区域资源的可能性。最为典型的产业案例就是手提电脑、手机的生产。手提电脑、手机都需要在大型枢纽机场发货运往各地，后来人们发现手提电脑、手机等的零部件是在世界各地生产的，如果能够直接在机场的仓库里进行组装将更为便捷，于是就在机场附近建设总装基地，这就达到了节约成本、提升效益的目的。一旦总装基地在此落成，又会带动很多零部件生产基地的聚集和发展。这样一来，一个航空货运物流园区就发展起来了。

案例 002

吐鲁番机场货运物流产业园区规划

新疆的吐鲁番机场位于三疆交通要冲，是天然的枢纽之地。2015 年，我们承担了“乌吐机场一体化运营专项规划”工作。在该项目中，我们还重点研究了吐鲁番机场货运物流产业园区的规划工作（图 1-8）。

吐鲁番机场的货运区位于机场的西面，于是我们在其西侧和南侧规划了物流产业园区，为今后货运、物流、产业的一体化发展奠定了基础，也为未来综合保税区甚至自由贸易港区的封关运营埋下了伏笔。吐鲁番机场虽然现在还很小，但它不仅可以成为新疆内贸物流中心，而且它还位于“一带一路”的关键节点上，未来在外贸方面的发展也是非常值得期待的。因此我们认为有关进出口业务的发展都必须做好规划预留。特别值得一提的是，在乌鲁木齐机场超负荷运行、扩建工程未完成期间，吐鲁番机场迎来了难得的发展机遇期。

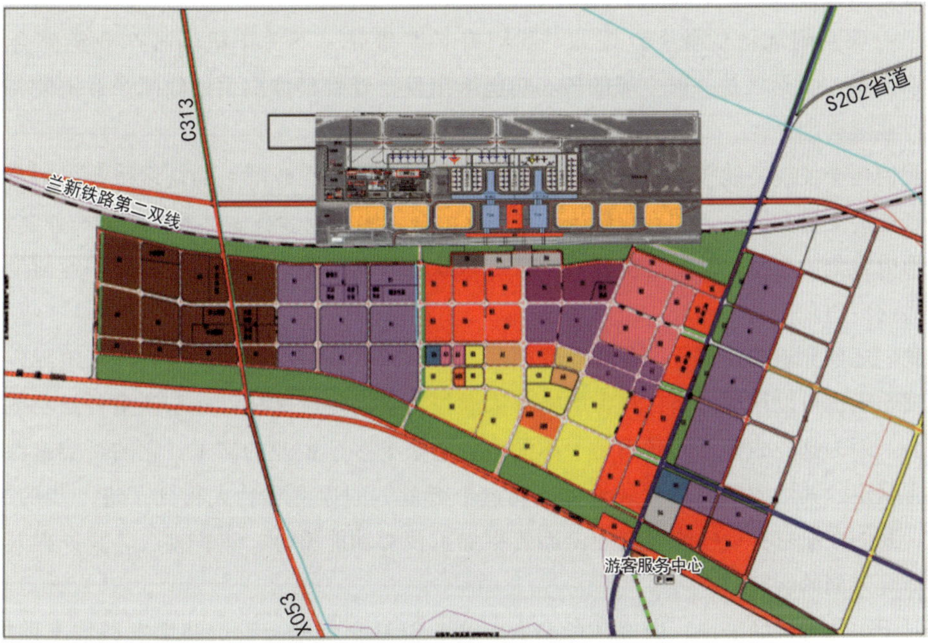

图 1-8　吐鲁番机场临空产业园区规划

此外，吐鲁番机场所在地区还是国家战略要地和兵家必争之地，航空运输是现代国家经济和现代战争的重要工具，因此该地区也有战略物资和军用物资流通的潜在需求。

1.3.3　用货运物流产业链整合临空产业

从前文介绍的四个临空产业链中，我们会发现各产业链之间存在功能重合或功能搭接的情况。例如，机务维修和保税航材这条产业链，它所需要的航空物流、仓储和保税仓储功能，与物流产业链完全重合。如果我们把两条产业链进行合理的整合，例如将常用航材的存储功能直接放在一级货运设施内，就可以便捷地从空侧交给维修机库，免去了航材出港存储，以及多次安检等一系列环节。对于保税航材，也可以在保税区内申请一个保税仓库，这样就能免去更多的中间环节，那么机务维修这个产业链在机场周边的功能设施就可以合并到物流产业链中了。这带来的是双赢的结果，既能改善原来资源浪费的问题，又能使机务维修提升效率、节约成本。对航空货运来说，在提供了并不复杂的定制化服务之后，增加了一项高附加值的业务。因此，我们有必要研究一下关于机场各产业链整合的问题——从航空货运区这一航空城的核心功能区出发，看看延伸出去的物流产业链能将哪些其他产业整合起来。

我们还会发现，航空产业链、生活配套产业链和商务产业链上的众多产业也都离不开物流产业的支持和服务。如果我们认真梳理并整合一些产业链分支，并与物流产业链对接，就会形成聚集的合力，这个力量肯定大于分散状态下的力量，会对航空物流产业的发展带来更大的促进。

我们还要意识到，整合产业链本身往往也是打通产业链的过程。例如浦东国际机场的冷链货站，也可以理解为是将具备严格分区温控要求的专业医药设施与航空货站功能进行了整合，因为这样的整合同时满足了不同产业链条上多个企业的需求，它的可实施性就变得非常确定。其建成后的运营效果也证明这个产业链的通畅和壮大得到了进一步的加强。因此，我们在航空货运物流规划中就需要更加重视对功能整合、流程整合、服务提升和监管创新等方面的研究。

对于小体量机场来说，做好功能整合、产业链整合就相当于给初期发展加了助推器。如果我们站在小机场的角度来分析产业链问题，会发现小机场的整合更容易实现。道理也很简单，体量小的时候关系好协调、设施便于共用、业务流程便于调整优化，而且能很快显现出成效。现在很多机场都只能看着货量增长缓慢而又无能为力，其实不应该是这样的，我们要先去研究明白怎样构建适合自身特点的、合理的产业整合方案。

1.4 航空货运发展预测

冷战结束以后，美国基于其在民航业界的巨大优势，在全世界范围内大力推行“天空开放”政策，客观上促成了世界民航业的快速发展。时至今日，这种快速发展的势头依然持续。而亚太地区现在已经担负起进一步高速发展的重任，成为世界民航发展的核心，同时也成为航空货运物流发展的核心力量。

毫无疑问，经过 40 余年改革开放的中华大地，已经成为亚太地区民航发展的主力，其航空货运物流也实现了 30 年的高速发展。目前，我国的航空货运物流又面临着一系列的机遇与挑战。研究这些机遇与挑战是我们做好机场规划、航空货运物流规划的前提。

1.4.1　全球航空货运发展现状及趋势

在全球经济稳步发展、市场逐渐回暖的背景下，全球航空货运周转量增速稳定，航空货运需求呈现良好的发展态势。2016 年起，国际航空运输协会（International Air Transport Association，IATA）和波音公司都调整了对全球航空货运发展速度的预判。从全球航空货运市场和全球主要机场的货运发展现状看，全球航空货运呈现稳中向好的发展趋势，全球航空货运业复苏的态势已形成。航空货运运量和运力在 2011 年后增长逐渐稳定，2016 年运力增幅超越运量增幅。2017 年 11 月需求同比增长 8.8%，2017 年成为自 2010 年以后航空货运表现最为强劲的一年。2018 年航空货运平稳发展，国际航空货运继续保持乐观发展态势。2018 年以来，虽然全球出现了一些贸易保护主义的杂音和贸易争端，短期内会对全球航空货运量数据带来一些影响，但我们认为，IATA 和波音公司对全球航空货运的预判是基于更长远的发展来考量的，我们不能因为短期的突发事件草率地调整自己的预期。总体趋势依然是全球航空货运市场供不应求，国际航空货运继续保持乐观发展态势。航空货运运力和运量增长情况如图 1-9 所示。

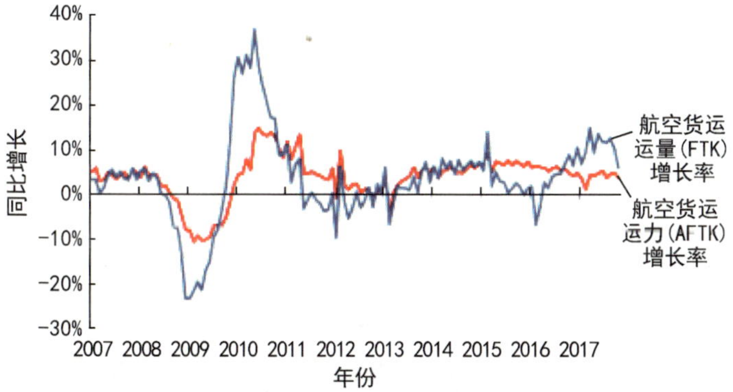

图 1-9　航空货运运力和运量增长情况

全球航空货运周转量 FTK 和世界贸易额关系如图 1-10 所示。从全球航空货运周转量 FTK 与全球外贸额的对比分析中，可以看出 FTK 和全球外贸额显著相关。2013 年以来，FTK 的增幅一直高于全球外贸额，2018 年全球航空货运需求按 FTK 计算同比增长 3.5%，高于全球贸易增速，全球航空货运市场整体稳中向好。

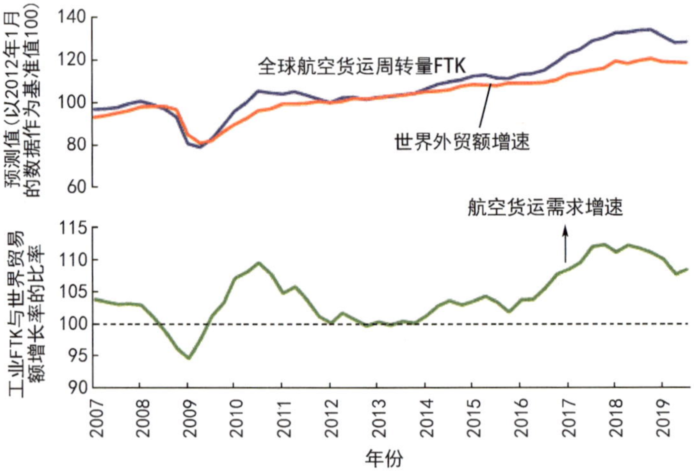

图 1-10　全球航空货运周转量 FTK 和世界贸易额关系

波音 2013 年预计未来 20 年全球货运 RTK 介于 GDP 增速与客运 RTK 之间（图 1-11）。IATA 预计未来几年航空货运形势乐观，消费者信心十足。全球电子商务和药品等对时间及温度敏感的商品运输需求不断增多。总体而言，与 2017 年 9.0%的增长率相比，货运增速将放缓，预计未来的货运需求年均增长率将达到 4.5%。

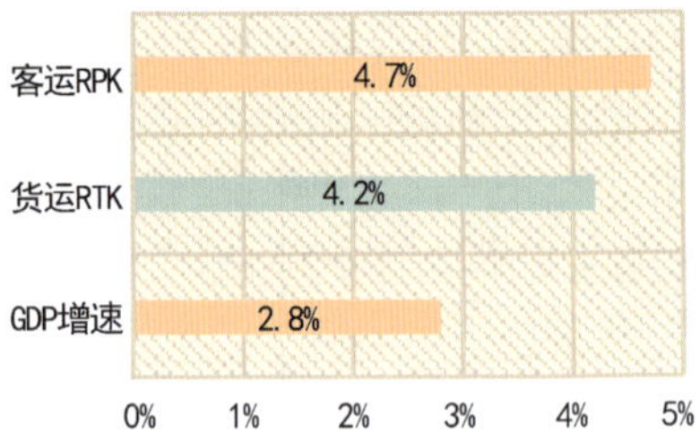

图 1-11　波音公司对未来 20 年客运、货运和 GDP 增速的预测

1.4.2　亚太地区航空货运发展现状及趋势

在全球航空货运市场中，亚太市场值得我们特别关注。波音公司数据显示，亚洲、北美和欧洲之间的航线是全球长途航空货运的主要力量，全球货运量最大的 5 个航段中有 4 个是亚太与其他地区之间的，亚太国际航线在全球航空货运市场中扮演着越来越重要的角色。2018 年，全球航空货物运输量约为 6360 万 t，同比增长 3.4%。从全球航空货运市场份额分布图（图 1-12）中可以看出，亚太地区和北美地区航空货运繁荣发展，亚太地区份额占比最高，达到 35.4%。同时，亚太和中东地区航空货运总体增速也高于全球平均水平。由此看出亚太地区航空货运市场潜力是巨大的。

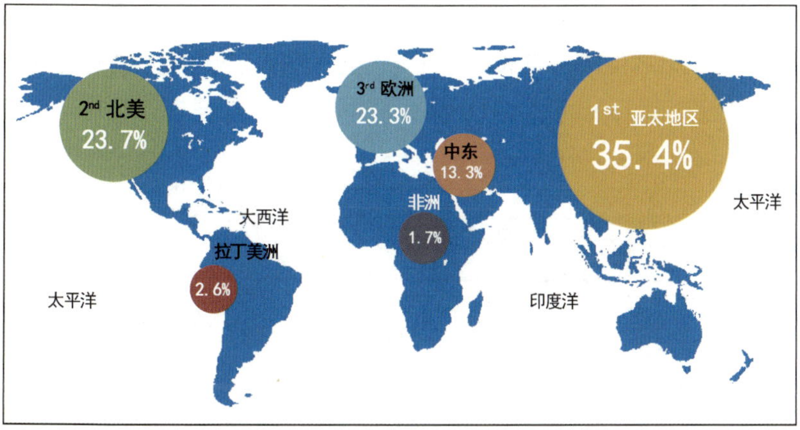

图 1-12　全球航空货运市场分布

2018 年国际排名前 20 位的机场货邮吞吐量合计约 5061.7 万 t（表 1-2），同比增长 6.8%。亚洲地区机场的航空货邮吞吐量占整个国际排名前 20 位机场航空货邮吞吐总量的 53.47%。国际排名前 20 位的机场中，有多达 10 家来自亚洲地区。其中，香港国际机场为第 1 位，上海浦东国际机场为第 3 位，台北桃园国际机场为第 8 位，北京首都国际机场为第 16 位，广州白云国际机场为第 17 位。前 20 位机场中，亚太地区 10 个，欧洲 5 个，美国 5 个。由表 1-2 可以看出，世界排名前 5 位的机场大多为亚太机场，体现了亚太地区在全球航空货运中占据着越来越重要的地位。

表 1-2　2018 年全球机场航空货邮吞吐量　（万 t）

排名	机场	货邮吞吐量	排名	机场	货邮吞吐量
1	香港国际机场	512.08	11	多哈国际机场	219.83
2	孟菲斯机场	447.02	12	新加坡樟宜国际机场	219.5
3	上海浦东国际机场	376.86	13	法兰克福国际机场	217.64
4	仁川国际机场	295.21	14	巴黎戴高乐国际机场	215.63
5	安克雷奇国际机场	280.67	15	迈阿密国际机场	212.97
6	迪拜国际机场	264.14	16	北京首都国际机场	207.4
7	路易斯维尔机场	262.3	17	广州白云国际机场	189.06
8	台北桃园国际机场	232.28	18	芝加哥奥黑尔国际机场	186.89
9	东京成田国际机场	226.1	19	伦敦希斯罗国际机场	177.13
10	洛杉矶国际机场	220.99	20	阿姆斯特丹史基辅国际机场	173.8

从全货机运载货物的份额来看（图 1-13），在亚太与欧洲、亚太与美洲地区之间的航空运输货物中，全货机运载份额占 75%，可见全货机已经成为跨洋航空货运的主导运输方式。

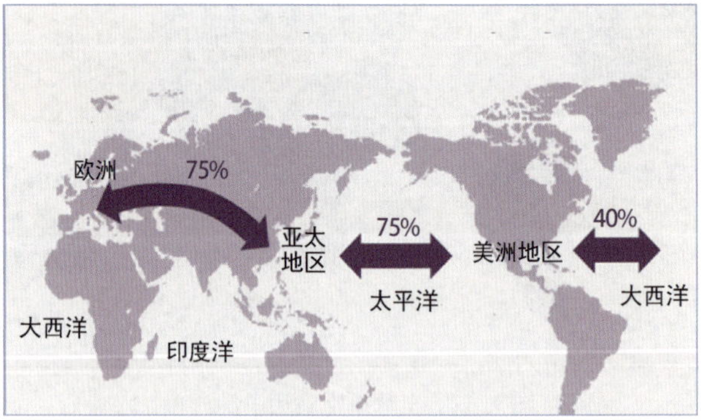

图 1-13　货机载运的航空货运量份额

总之，与亚洲相关的航线方向航空货运周转量增速明显。2014 年 6 月—2019 年 6 月，所有航线方向的货运周转量均呈增长趋势，其中亚洲—北美、欧洲—亚洲是增长最快的两个方向。亚洲—北美、欧洲—亚洲占据较大的市场份额且保持增长趋势。近年南美异军突起，中东与非洲受政治经济形势影响，呈下降趋势。从市场份额和增长趋势来看，亚洲—北美、欧洲—亚洲、欧洲—北美、亚洲内部，占据较大的市场份额且保持增长趋势。而中亚—南美、南美内部、欧洲—南美、北美—南美虽然市场份额比较小，但是增长速度非常迅猛。其余市场份额较小且增长趋势缓慢。

众所周知，在国际航空货运的运力占比中，全货机一直占据着主导地位，但现在有越来越多的分析认为，未来全球航空货运市场中全货机的占比将呈逐步下降的趋势。再结合目前国内外客机腹舱的载运率情况和货运成本等方面因素，如何发掘民航客机腹舱的货运运力是非常值得研究的问题。

1.4.3　国内航空货运发展现状及趋势

近 5 年，我国航空货运年均增长率低于 GDP 增长率与客运增长率，但仍高于国际货运年均增长率平均水平。从经济发展的角度看，我国单位 GDP 对应的航空货运量规模（特别是国际航空货运量）低于西方发达国家的水平，这也说明我国航空货运市场还有广阔的发展空间。

2019 年，中国民航完成货邮运输量 753.2 万 t，居世界第 2 位，约为美国同期水平的 60%。其中，国内货邮运输量为 511.2 万 t，占总量的 68%；国际货邮运输量为 242 万 t，占总量的 32%。对比美国同期，国际航空货运量约为 780 万 t。2019 年我国客货运增长率与 GDP 增速如图 1-14 所示。

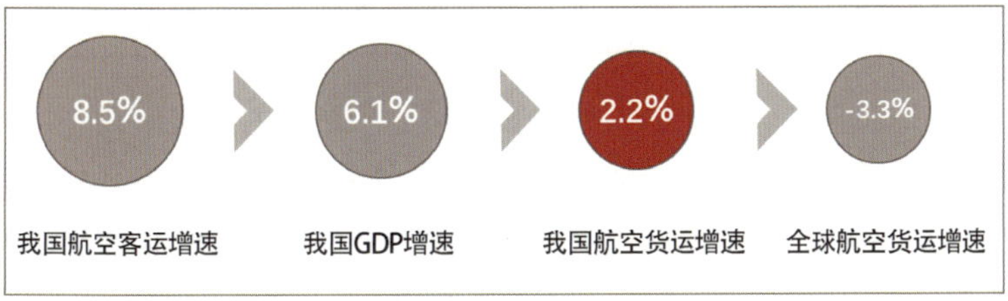

图 1-14　2019 年我国客货运增长率与 GDP 增速

未来亚洲将保持全球最大航空货运市场地位，中国市场将是增长最快的区域。从全国范围来看，华东地区机场货邮吞吐量占比最大，中南地区占比处于第 2 位，占比分别达到 40.4%，27.0%。我国航空货运量地区分布如图 1-15 所示。

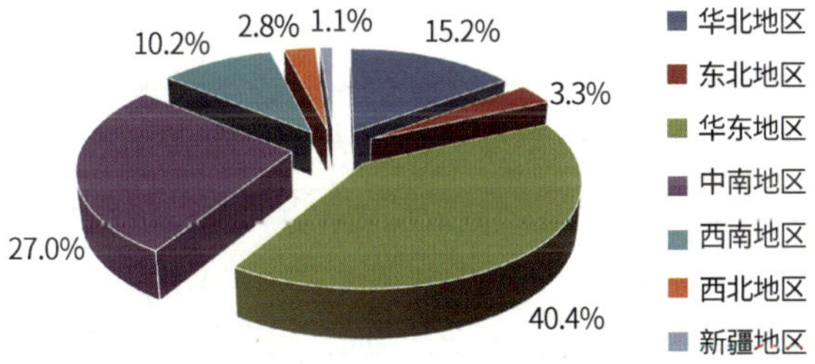

图 1-15　我国航空货运量地区分布

近 5 年，我国电子商务推动了航空物流在运输货物品类、流向及服务等方面的快速发展与转型。在国内航空货物中，网购电商货物约占 50%。根据国务院印发的《关于促进快递业发展的若干意见》：到 2020 年，快递市场规模稳居世界首位，快递的年业务量达到 500 亿件。随着国内电商和跨境电商等新业态的发展，以普货为主的传统航空货运结构受到冲击，快件量占比越来越高，未来我国航空货运中的快件占比依然会继续加大。同时在传统的普货运输上，我国发达的公路和铁路网络依然会持续冲击普货对航空运输的需求。因此，我国航空货运未来有可能全面转向快递市场。这也是航空货运设施需要面对的货物结构持续变化对规划、建设和运营带来的挑战。

近年来，中国冷链物流市场规模和需求增速加快。罗兰贝格咨询公司2020年预测，中国冷链物流行业至少未来5年将保持年均25%的高速增长。冷链物流对温度与时间有双重高要求，陆运及海运耗时长、环节多，导致制冷成本高且货物易受损，再加上冷链货物多为高价值商品，因此相比而言航空运输更适合于发展冷链物流。现在，我国冷链产业的发展与经济发展水平是非常不匹配的，仍处于非常粗放和初期的发展阶段。再结合前面提到的经济结构转型及消费升级，必定会带动冷链消费市场的快速增长，包括进口医药需求。同时，我国的整个冷链产业链与发达国家相比存在巨大的差距，这也恰恰说明冷链将会是航空物流发展下一个大的增长点，而且是高价值增长点。

过去30年，我国实现了史无前例的持续高速的经济发展。我们早期粗放型的、以低端制造业为主的经济发展模式，已经不能满足我国现阶段发展的需求。因此，近年来国家一直在推动经济转型和升级，为此出台了非常多的经济和产业政策。“一带一路”倡议顺应经济全球化的发展趋势，为中国经济转型构建了广阔的平台。我国的互联网业非常发达，围绕互联网一系列电子商务产业和科技产业蓬勃发展起来，例如世界电子贸易平台(Electronic World Trade Platform，eWTP)，打造出通过互联网形式实现全球化的“数字丝绸之路”。同时，多项国家战略的加快实施使航空航天、新材料、智能制造装备、生物医药与高端医疗器械、新能源与自动驾驶汽车等一批重大产业项目能够在全国顺利推进。经济转型升级必然会推动航空货运业的发展，使之成为经济转型升级的助力，民航机场都应抓住国家战略机遇，加快推动服务于高端制造业的航空货运产业发展。

另外，我国的经济转型必将拉动服务业的发展、拉动国内消费增长。虽然我国还属于发展中国家，但确实拥有庞大的中产阶级消费群体。对航空货运来说，这样的消费拉动和制造业的拉动显然是完全不同的。刚才说过，我国普货运输市场一直在转向公路和铁路，我国航空货运要全面转向快递市场，而消费拉动的恰恰就是快递市场，这就和航空货运息息相关了。

还有，我国的客机腹舱运力目前利用得不是很好，我们应该从我国客机机型的实际情况出发，分析研究客机腹舱利用的相关问题。我国国内干线机场之间航线的货运主要以客机腹舱为主，但总体来看腹舱利用率仍有较大提升空间。在我们看来，提高客机的腹舱载运率有三个着力点：以客运机场为主，重点提升腹舱装载率；机型升级，提升宽体机比例；充分发挥客机腹舱边际效益带来的成本优势。例如，美国客机腹舱的市场需求是被其国内极为发达的货机网络挤压掉了，同时美国虽然是以民航客运为主要交通运输方式，但它的特点恰好是以支线小机型为主，这两个因素都导致美国的航空货运不会去发展客机腹舱资源。我们和美国恰恰相反，我国的航空货机网络建设还处于非常初期的阶段，同时我国的客机最小也是C类机型，宽体机比例还在逐年上升。

总体而言，我国货机运输网络欠发达，客机腹舱货运运力存量巨大，我们应该把腹舱利用好，从而降低行业成本，提升行业总体效益。

第 2 章

航空货运站规划与运营

航空货运站是航空运输货物在陆侧与空侧之间（即陆运与空运之间）双向流动的节点。航空货运站按照航空运输相关规定和承运人或代理人要求，对货物进行全流程的系统处理。航空货运站必须满足空防安全监管要求并设置货物安检环节；其中，国际航空货运站是以国际货物进出境口岸操作为主要功能的综合服务设施，需要满足“航空运输类海关监管作业场所设置规范”等监管要求，接受海关等部门全程监管。

与发达国家相比，我国的航空货运业起步较晚，随着社会经济的发展，航空货运设施和货运园区的发展也相应地经历了几个过程。即使这样，今天我们依然可以看到各式各样的货运站、各式各样的货运设施。这些货运站都有着共同的货物处理流程和相似的处理设施设备。本章对航空货运站的各种类型、不同的模式及其工艺流程中的要点进行归纳、总结和探讨，并希望能指出其发展方向。本章的最后，简要介绍了货运站最常见的设备和系统。

2.1 航空货运站的概念

以往我们讲到航空货运站的时候，重点都放在货运站内部的功能和流程上。实际上，货运站的作业链在空侧是要一直延伸到机坪和跑道的，还和机型直接相关；而在陆侧则是包含停车、检验等设施，一直延伸，与集疏运系统对接的货运车型有关。我们可以简单地了解一下以往提及较少的空侧驳运和装卸机等方面的情况。新建机场在总体规划时就要重视这个作业链延伸对货运区用地选址规划的影响，需要考虑一个空侧等待区和一个陆侧装卸区（图 2-1）。已建成的机场在后续货运站规划设计中也要考虑这个作业链（图 2-2）延伸的影响，要着重分析是否有足够的运营空间、是否存在空侧交通问题以及如何解决。

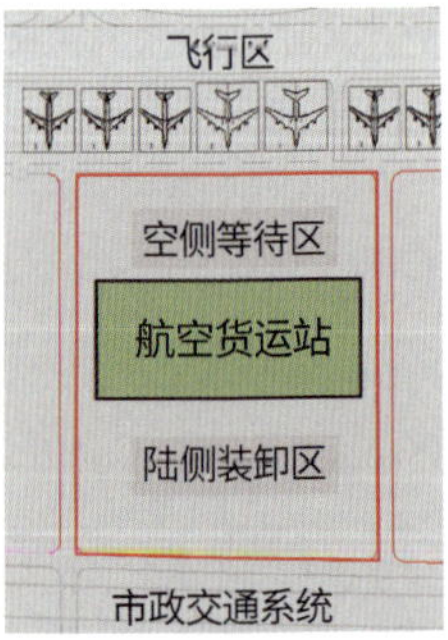

图 2-1 航空货运站的功能布局

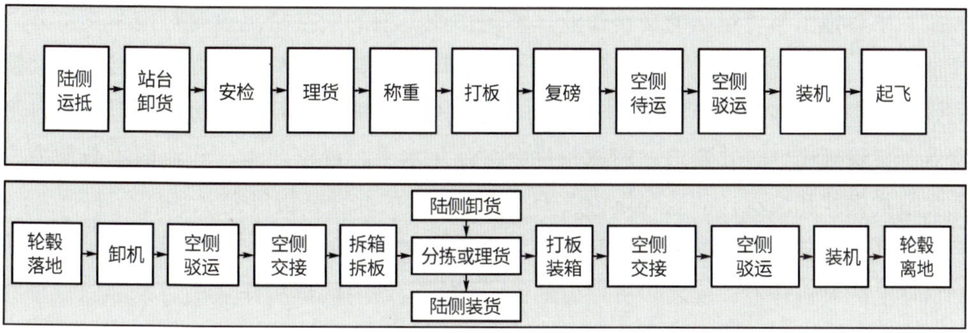

图 2-2　航空货运站的货物离港作业链和空空中转作业链

我国国内机场起降的民航客、货运机型主要包括 C，D，E，F 类机型，总体的趋势是逐渐向大机型转变。同时，客机腹舱和货机在我国各大机场的起降时刻分布特点比较鲜明，差异也比较大。航空货运站的作业高峰时段和作业模式都需要考虑这些特点和差异的影响，而且往往只能去适应它。因此，如何更好地适应机型及起降时刻分布的特点，是航空货运站运营和规划设计都无法回避的问题。

具体来看，因机型不同带来的影响，除了对跑道的规划要求不同外，不同机型的客机腹舱和全货机所提供的货运运力有很大差异，对机载航空箱、航空板的规格要求也不同。装卸机作业及设备、拖车驳运和待运安排、拖车与货运站用来装载货物的集装设备（Unit Load Device，ULD）的交接模式及货运站内装箱打板作业环节等，都需要考虑机型对作业和流程的影响。对每一个作业环节的影响都应该有专题研究，并使我们的货运站规划设计与之对应。越是大型机场，越要重视远期拖车驳运对货运站作业链时效的影响。装卸机作业如图 2-3 所示。

图 2-3　装卸机作业实景图

接下来看拖车与货运站的交接作业，不同作业类型的航空货运设施对拖车交接方式的选择也不同。拖车交接方式可以选择入库交接、库外交接或库内库外同步交接，而交接作业的设备又有非常多的选择及组合。高效合理的交接方式要基于机型、航班时刻、自身货物特点、货量规模、时效要求、用地条件、自动化水平、投资成本、作业面承载能力以及陆侧交接货模式和波次，甚至气候特点等多方面因素的综合分析研究。

最后就到了陆侧站台的卡车装卸车作业区。陆侧卡车的卸货作业之后是货运站内的打板和机坪上的装机作业。反之，机坪上的卸机和货运站内的拆板作业之后是陆侧卡车的装货作业。这就是货运站最主要的出港和进港作业流程。当然，最理想的就是每个环节都无缝衔接、顺畅连贯。但实际情况往往是很复杂的，能掌控物流全链条的大型快递企业会做得好一些，他们的陆侧卡车会尽可能匹配好航班时刻和分拣作业来提前安排到达和出发的时刻。但其他大多数航空货运站的情况就完全不同了，卡车什么时间到达卸货、什么时间能装货离开，都是不确定的，货运站内部的作业就需要从流程上和空间上来应对这种不确定性的影响，才能尽可能保障空侧拖车驳运和装卸机作业正常衔接。因此，看似简单的陆侧站台装卸货作业其实对航空货运站的规划和运营管理有很高的要求。目前，已经有货运站开始根据自己的实际情况，研究陆侧交货卡车的两级叫号智能停车场管理和提货卡车的信息化时间预约管理，相信未来能更好地解决这一问题。

从以上的探讨可以看出，航空货运站的概念包含从货物卸机到货物装车全作业链。对于航空货运站的规划设计来说，需要考虑全作业链的时效和全工艺流程，要对每个环节的作业模式和流程管理有深入的研究，才能做好航空货运站的全流程规划和设计工作。

2.2　航空货运站的模式和类型

航空货运站的基本业务模式还是比较稳定的，但运营管理模式一直在不断地发展和变化。总体而言，随着货运量的不断提高，有两个发展趋势：一是货运业务链不断延伸；二是业务内容日趋细分。航空货运站模式发展如图 2-4 所示。

另外，前文提到过，航空货运的诸多业务均可通过规划一级和二级货运设施来实现功能。一级（有空侧资源）与二级货运设施之间的功能关系紧密，可相互渗透，又可独立运作，模式灵活多变，在设施和用地规划上就有了较高的灵活性。专门的快件和邮件处理中

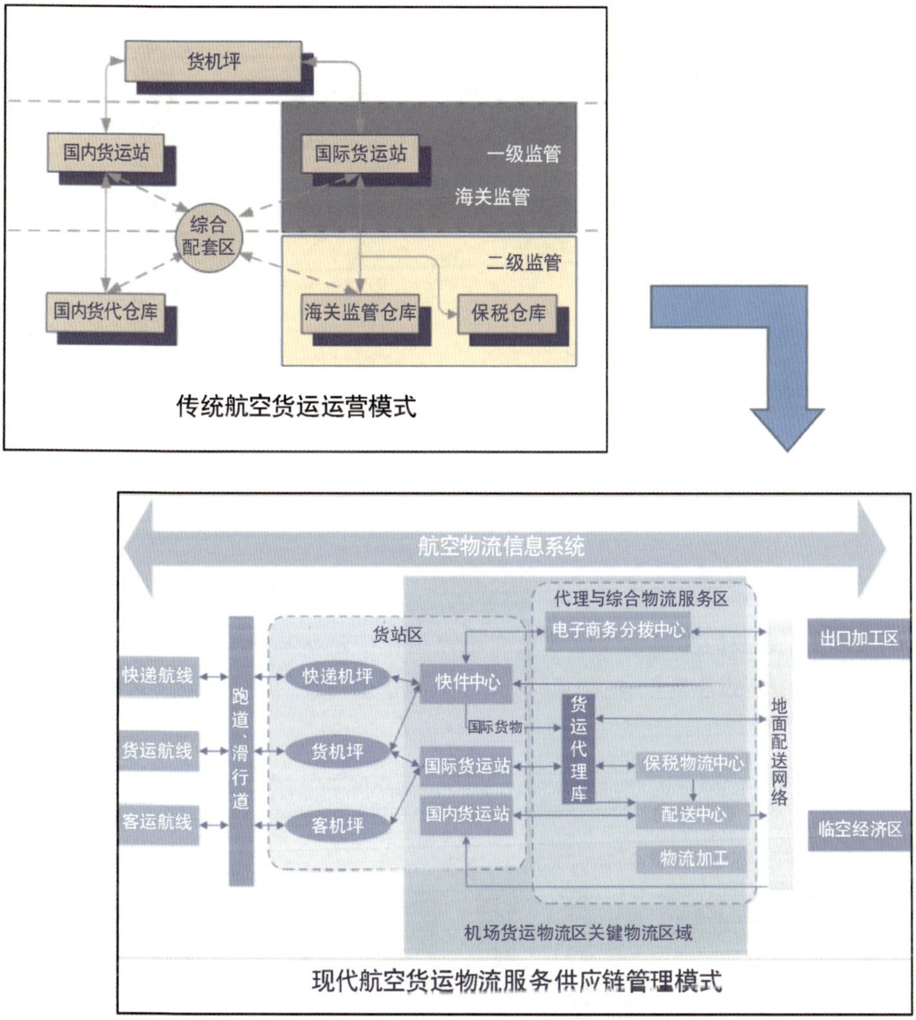

图 2-4　航空货运站模式发展示意

心也可以根据需要建设为二级设施，完成同类型货物出港作业就需要多级设施共同处理。例如，国际快件也可以在二级的快件中心分拣之后再交到一级货运站进行出港作业，这就是多级设施共同处理同样的货物。航空货运设施分级及联动关系如图 2-5 所示。

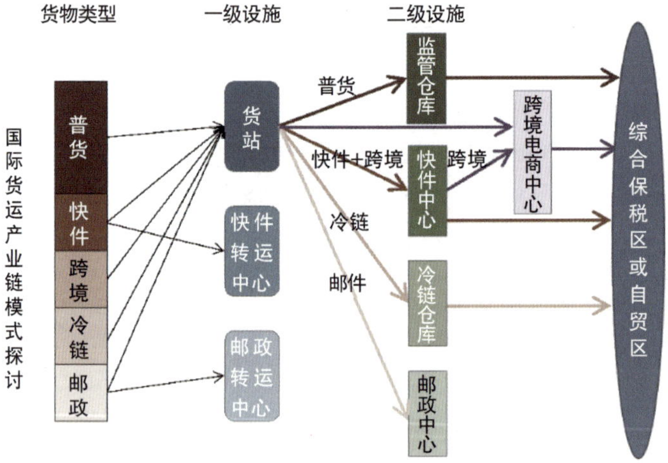

图 2-5 航空货运设施分级及联动关系示意

2.2.1 货运站的基本模式

基于 20 多年来我们在这个领域的规划研究工作中逐步梳理总结出的一些经验性的成果，我们对航空货运设施的模式进行了分类，认为货运站有三种不同的基本模式，如图 2-6 所示。

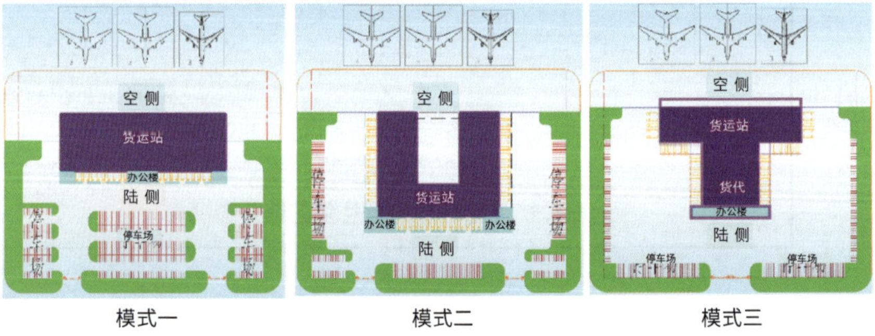

图 2-6 货运站基本模式示意

模式一可称为传统型或集成式。模式一出现于我国航空货运发展初期，适用于货量规模偏小时。在我国经济高速发展的初期，国内航空货运量和国际贸易货物的运量都不大，国内货物的存储功能、国际货物海关的进出口查验和扣留功能全部放在货运站内，这其实是一个功能集约型的货运站形态，属于存储型货运站。这种模式的特点是，货物处理的多环节作业都集中在同一个设施内进行，有利于货物处理流程和作业的灵活调整，在货量小的时候作业效率较高。这样的模式应用于 20 世纪 90 年代建成的首都国际机场和浦东国际机场的国际国内货运站。目前，国内一些小体量机场的货运站依然采用这样的模式，是比较符合其自身特点的选择。浦东国际机场一期货运站总平面图如图 2-7 所示。

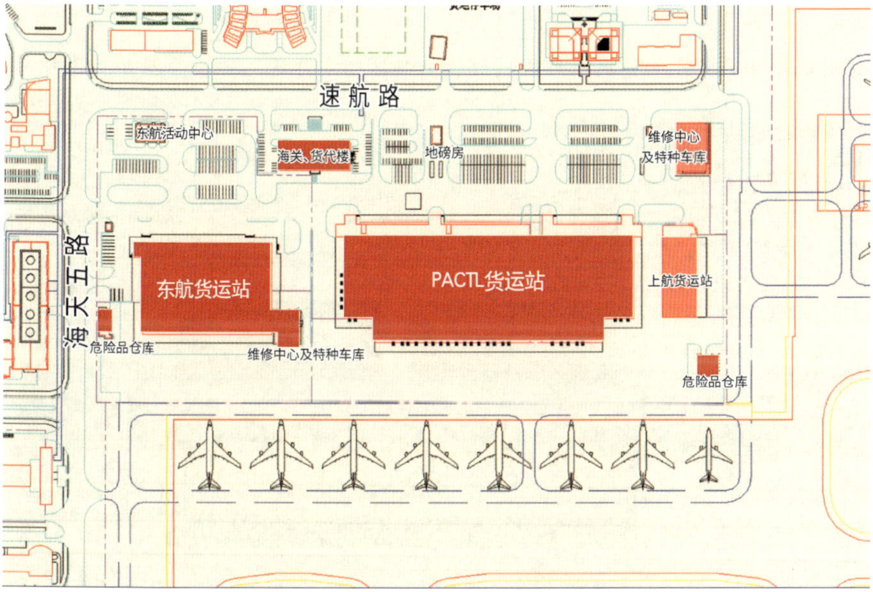

图 2-7　浦东国际机场一期货运站总平面图

模式二是顺应航空货运发展的需要而出现的，即当货量规模增大后，同样规模和条件的货运用地需要处理更多的货物。模式二主要是在模式一的基础上进行了三方面的调整：一是把一些货运代理（简称：货代）的存储需求和海关查验扣留的功能迁移出货运站，放到二级设施中去；二是强化一级货运设施的快速过站作业功能，转移掉非必要的存储等功能后，对内部作业流程进行优化；三是增大陆侧站台开面，提供更多的货车装卸货站台车位，增大空侧拖车交接开面和空侧等待场地。这样的改变和优化，有利于货运区的分区作业和管理，可提高一级货运设施的单位面积货物处理能力。这也是近年来应用较多的形式，例如广州白云国际机场南航国际货运站、深圳宝安国际机场南货运区、成都双流国际机场货运站等。

案例003

虹桥国际机场西区国内货运站

虹桥国际机场西区国内货运站就是将货运代理的存储和理货功能规划在二级设施内，既能与货运站形成较为紧密的作业联动，同时也能再拓展产业链，引入国内快件中心入驻代理作业区。另外，在规划层面还考虑了有利于业务发展灵活变化的可能性。例如将空侧资源延伸至代理作业区，就能引入更多的功能，形成更灵活的运营模式和更高效的作业联动；将货代区建设为多层设施，并引入空侧通道，就可以打造货运综合体，用于市场对设施需求较大且货运用地无法再扩张的情况。虹桥国际机场西区国内货运站总平面图如图2-8所示。

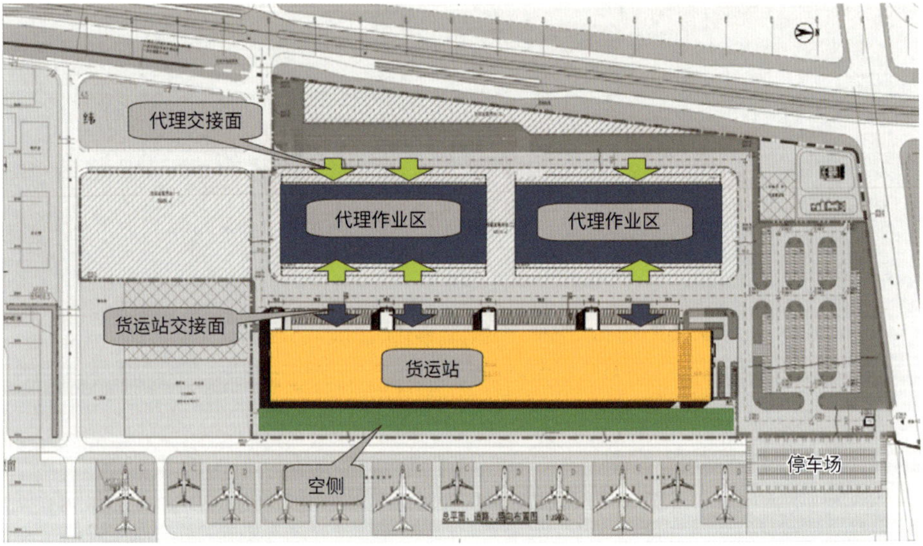

图2-8　虹桥国际机场西区国内货运站总平面图

模式三是功能综合型，不单单要考虑货量继续增大带来的问题，还要考虑机场航空货运服务和作业效率的提升需求。于是，就把为货代服务的二级设施向一级设施靠拢，设施可连为一体，也可贴近建设用通道相连，只要能达到将货运站与货代作业区连为一体的目的即可。同时，在运营和安全监管上进行一些相应的灵活调整，就能实现货运站与货代作业区之间的快速交接货，并且可提升打板效率、降低运输成本，也可减少货运区整体的陆侧交通流量，例如浦东国际机场西区的公共货运站（PACTL West）采用的就是这种模式。还有些机场根据自身的发展需要和现状，把原有的模式一的货运站简单地进行分隔改造，也能够实现模式三的功能综合及效率提升的目标。

案例 004

浦东国际机场西区的公共货运站

浦东国际机场西区的公共货运站是大家比较熟悉的案例（图 2-9），它在规划设计时就考虑了模式二和模式三的结合。1 区、2 区、3 区是内部贯通的一级货运站，三面临空的规划极大地延伸了货站空侧开面，是对空侧资源的高效利用。这样的规划也让 1 区、2 区、3 区的功能具备更灵活的调整空间，在达到设计饱和货量之前，可根据不同阶段运营发展的需求对内部的功能、流程及作业模式进行灵活调整。4 区是能与货运站连为一体的代理作业区，目前用于出港代理的集货和打板区，进行了相应的安全监管和监控的升级调整，使得货运站整体的出港效率大为提升。（图 2-22 为货运站内部的工艺平面布局规划，对应的是远期设计终端货量的功能和设备方案。）

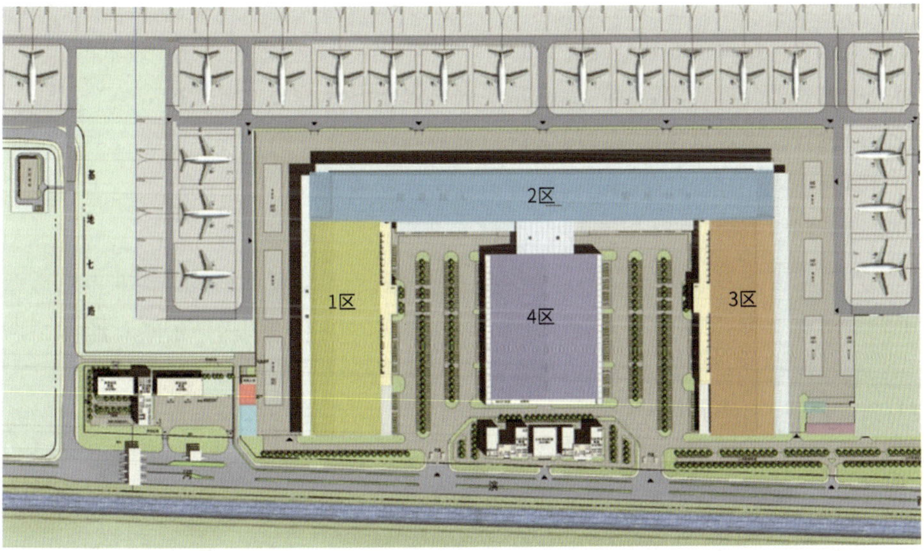

图 2-9 浦东国际机场西区公共货运站总平面图

2.2.2 国际货运站的作业流程

前文提到的货运设施的三种基本模式，是从发展的角度、从大的功能出发进行的总体模式划分。我们还可以聚焦到颗粒度更小一点的货运设施上再来做一些类型划分的研究。在航空货运产业细分后，需要我们对不同的设施、对设施内的重点流程环节进行更深入的分析研究，才能更好地指导我们根据不同的情况和需求进行定制化的货运规划和设计。

我们一直认为我国的国际航空货运产业还有很大发展空间。随着全国通关一体化的推进和各机场对国际航空货运的重视，大型国际航空口岸周边地区的货源将回流。而国际航空货运产业链、国际货运区和国际货运设施的规划研究等，都是更复杂、更有难度的工作。因此希望大家在把握发展机会的同时，也要重视国际货运产业链的研究和相关规划。接下来将具体介绍国际货运站的作业模式、通关流程等，并专门对国际货运站的作业流程进行分类，供大家参考。

我们认为国际货运站主要有三种作业和流程模式。

第一种模式是集成式国际货运站，所有流程环节都在货运站内完成，可以清楚地看到国际货运站内部的大致功能和流程。模式一会使货物整体处理效率提高，功能集约，监管方便，从国际货运站单位面积处理能力的角度评判的话，其处理能力是比较低的。

第二种模式是分离式国际货运站，是把进口货物海关查验、暂存和清关的环节搬移到二级设施内进行，当货量快速增长时就可以释放一级货运站的处理空间，提升单位面积处理能力。同时还能提升国际货运运营链条的灵活性和便利性，但货物在设施之间多了陆侧装卸和转运等环节。

第三种模式可称为“通过式国际货运站”。但它也不是绝对的通过式作业，是将进出口流程中更多的业务环节搬移到二级设施内，可以再细分出不同的灵活模式，能进一步提高一级货运站处理能力。对于货运站内部作业，模式三提高了整板箱货的交接比例，省去大量拆打板作业，处理能力有大幅提升的空间，但同时带来安全监管难度的提升。国际货运站的三种作业流程如图 2-10 所示。

这三种模式都有各自的特点，没有绝对的优劣之分，也能灵活地进行融合调整，都能找到与之相符的实际需求，能适应不同发展阶段和不同特点的机场的需求。例如，广州白云机场国际 1 号货运站是模式一，浦东国际机场一期东航国际货运站是模式二，浦东国际机场西货运区的东航国际货运站和机场公共货运站是模式三里的不同类型等。其实这样的

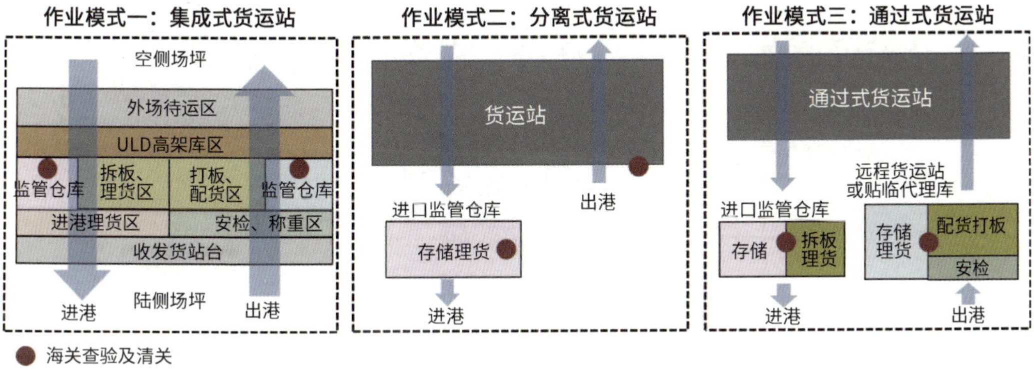

图 2-10　国际货运站的三种作业流程

模式划分只是一种研究手段，实际的情况会更复杂、更灵活，不同货站都有不同的特点，不能生搬硬套，要提倡因地制宜、顺势而为的定制化规划研究。

2.2.3　快件处理设施的模式与类型

对于以处理普货为主的货运站，创新主要集中在安检设备、安检信息化和单证电子化等方面的提升，而安检区、安检流程的设置相对稳定，对单层货运站总体作业流程和设施规划的影响不大。但是对于一级快件处理设施，安检流程的设置则需要综合考虑项目的功能定位、主要业务类型和不同件形等多方面因素后才能确定。也就是说，安检环节设置的不同方案对一级快件处理设施的流程和时效影响是很大的。接下来就分别介绍国内快件处理设施和国际快件处理设施在不同安检环节模式下的类型划分。

根据安检环节在快件处理全流程中的位置，安检环节的设置可以分为三种模式，分别为安检前置、安检中置和安检后置，这三种模式的出港流程如图 2-11 所示。这三种模式各有利弊，没有绝对的优劣之分。例如，安检前置有利于空防管理，但几乎所有操作人员都需要过安检，需安检的人员数量很大，且占用较多空间和时间，而它对空空中转的功能有利。那么这个选择的标准在哪里，到底如何分析它的优缺点呢？这就需要放在具体项目环境中，结合项目的功能定位、货物结构和货物流向流量等诸多因素进行具体分析，才能最终评判它的优缺点，从而选择最合适的模式进行规划设计。这三种模式在很多机场都能找到对应的案例。

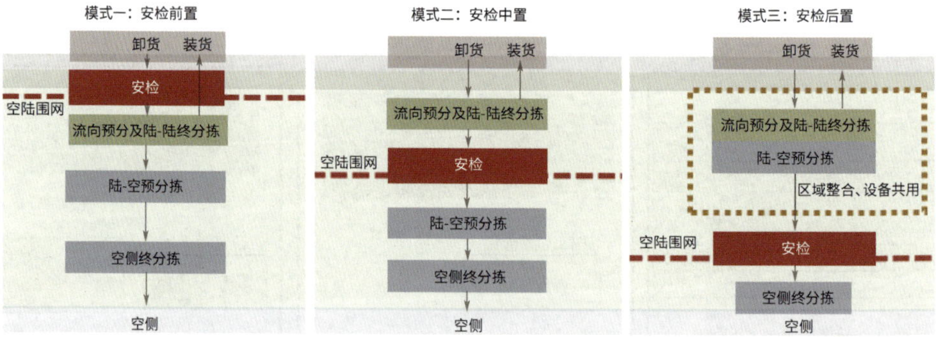

图 2-11 快件处理设施中安检环节设置模式

国际快件处理设施还需要进一步考虑其与安检和海关监管模式的关系。国际快件处理设施与海关查验环节和安检环节的相互位置关系可分为海关位于空侧、海关位于陆侧和海关分设于空陆两侧，这三种类型的流程关系如图 2-12 所示。这三种模式同样没有绝对的优劣之分，因为各地海关对国际快件的监管、查验和扣留的标准分类是细致而详尽的，影响我们决策的因素非常多样、复杂，需要我们因时因地制宜，认真分析、科学决策。例如，第 1 章提到过海关对国际快件需要分为 A，B，C，D 四种类型进行区别监管，目前国际快件中心也在开展跨境电商业务，又多出一类监管要求不同的货物；还有通关一体化流程的影响，再叠加安检的不同模式影响等。

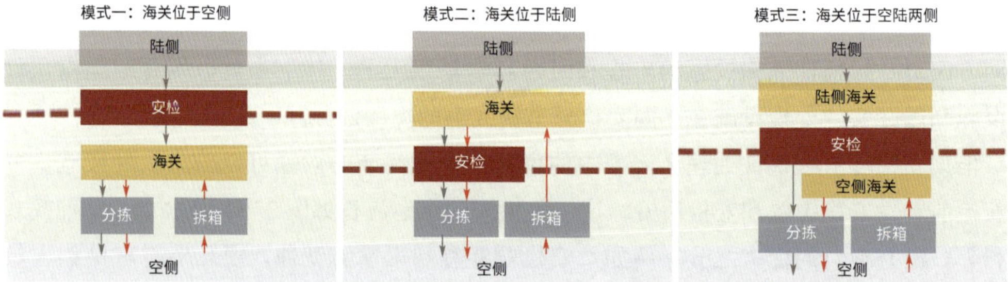

图 2-12 快件设施与海关和安检的关系

前文从快递处理设施内部流程的角度对快件处理设施的模式与类型进行了分类，而从货物的总体流向角度，结合一级设施和二级设施的定位，可以把快件处理设施分为四种不同的模式（图 2-13）（快件处理设施根据其功能定位可以分为快件分拣中心和快件转运中心。分拣中心以进出港业务为主，转运中心以空空中转业务为主）。模式一中的快件分拣中心为二级设施，有快递分拣、通关功能，快件分拣后需要在设施之间驳运，在陆侧与货站进行交接。这种模式只能做快件进出港业务，设施的单位处理能力较高。模式二中的快件中心为一级设施，有安检、分拣、通关等类似货运站的功能。一般是装箱打板后通过空侧驳运与货运站进行交接，装卸机作业由地服完成。模式三是以快件进出港业务为主的快件分拣中心，为一级设施。在模式三中，快件中心的运营方能进行全流程作业，包括装卸机作业，设施的单位处理能力相对较低。模式四是以快件空空中转业务为主的快件转运中心。模式四和模式三的运营相类似，为一级设施，也可视为货运站功能与快件分拣功能完全融合。实际运营中，模式三和模式四都不会是绝对独立存在的，往往是共存于同一个设施内的不同功能，只是主次不同而已。这两种模式适用于快递企业需要处理的快件量大，并使用自己的飞机进行承运的情况。

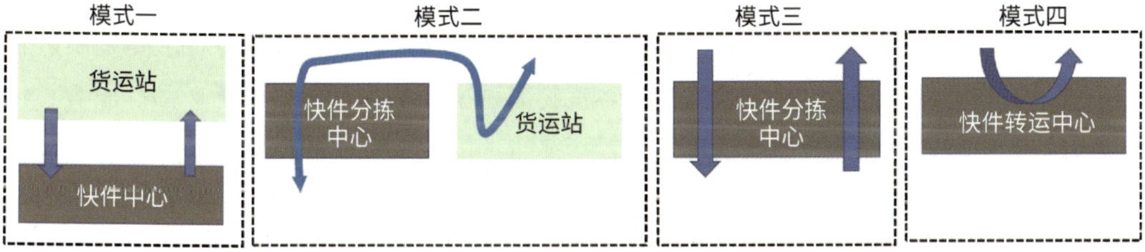

图 2-13　快件设施从二级到一级的不同模式示意

选择这些模式时，一是要考虑与货运站用地情况和运营要求相适应；二是要研究模式的流程时效及快件处理能力。这需要我们通过比较研究来指导快递设施的规模确定和内部工艺的规划设计。这四种模式都能在国内的机场找到对应的案例，这里就不再罗列了。

另外，航空货运产业还细分出其他重要的业态，例如直邮跨境、保税跨境、邮件和各类冷链业态等，这些业态基本上与航空快递相同或相似，在这里受篇幅所限就不展开了，相信大家对此会有触类旁通的认识。

2.3　航空货运站的工艺流程

航空货运市场的不断细分，要求有不同类型的航空货运设施与之相适应，从而不断地推动产业链延伸发展、促进价值提升。下面将梳理一下航空普货货运站、快递公司的转运中心、跨境电商的处理中心的功能设施及其相对应的货物流程。

近年来，航空货运产业链中的新业态集中在快递、跨境电商和冷链等业态。快递和跨境电商的海关监管不同于普货，国外海关对这种新兴货物类型的监管多处于试点研究阶段，政策并不是很稳定，而我国海关对跨境货物的监管政策是走在世界前列的。我们应该重视对快递和跨境电商不同模式的研究，这是公认的未来航空货运的增长点。我们需要研究快递和跨境电商供应链的各环节和处理流程、相关的物流设施形态和特点、快递和跨境电商设施与机场内货运设施之间的关系及运作模式、不同模式下安检和海关监管流程的创新方案等。冷链货运站和冷链物流园区的研究也值得我们重点关注，因为它与我们熟悉的传统航空货运站有诸多不同，但又紧密相关。

2.3.1　普货货运站的工艺流程

在电子商务兴盛之前，国内航空货运的货物主要是国内普货。国内普货主要是制造企业的批量货物，货物形态以托盘货物为主，货物品种主要是成批量的电子产品、服装、化工原材料、机械元器件和有温度要求的温控产品等。因此，普货的托盘货形态和大宗批量化的特点使货运站形成了一套与之相适应的操作模式（图 2-14、图 2-15），包括站台装卸货、安检、称重、理货、拆板、打板和待运存储等作业环节，以及符合其特点的作业设备。所有的作业环节都在国内货运站及空陆侧圈定的场地内完成。

近年来，随着国内电子商务的高速发展和快递业的兴起，国内航空货运中的电商货和快递货占比越来越高，目前有些机场的国内货运站中，电商货和快递货的比例已经达到40%以上，个别机场甚至超过了 70%。现在，国内航空货物结构已经发生了深刻改变，轻抛货逐渐占据主导地位，对原有的国内货运站的作业模式和运营模式都带来很大挑战，这也是我们今后规划国内航空货运站要重点研究和解决的问题。

国际普货主要是制造企业的批量货物，货物形态也是以托盘货物为主，主要以集装货的形式运输，并且进出口业务操作都须接受海关监管，有专门针对国际普货的报关、查验、扣留和清关的一整套流程和要求（图 2-16、图 2-17）。国际货运区和国际货运站在规划设计时都需要重点考虑海关监管流程和要求如何高效地融入作业链条中。国际航空货运站的规划同样要紧密结合前文提到的三种模式研究，而且随着运营越来越灵活、功能越来越综合，国际货运站的规划工作也越来越复杂，个性化的特点也很突出，需要我们认真对待。

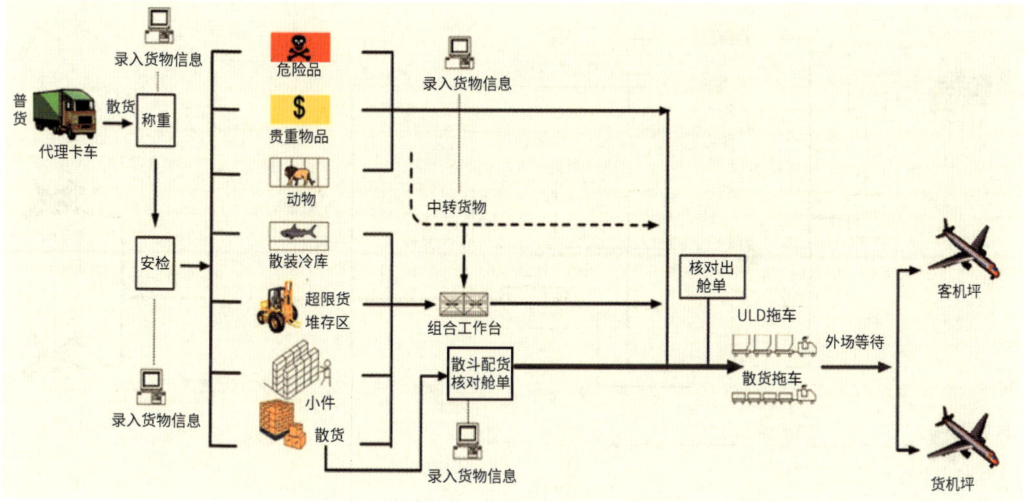

图 2-14　国内货运站（出港）作业流程

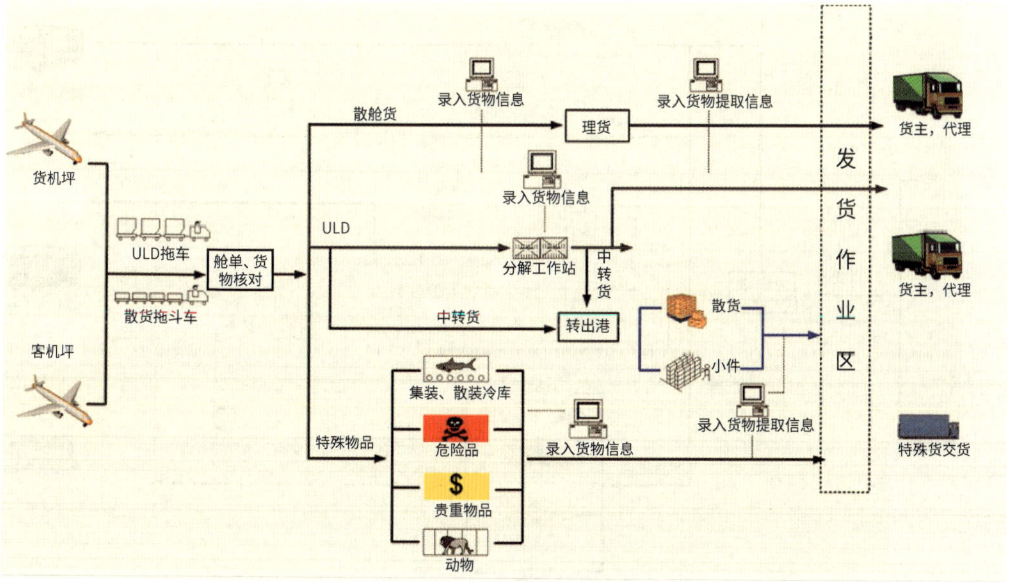

图 2-15　国内货运站（进港）作业流程

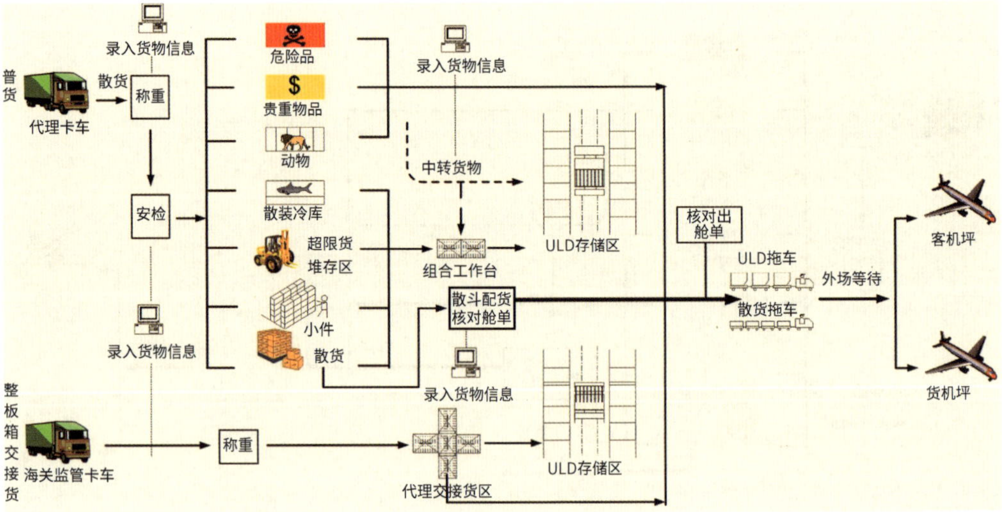

图 2-16　国际货运站出港作业流程

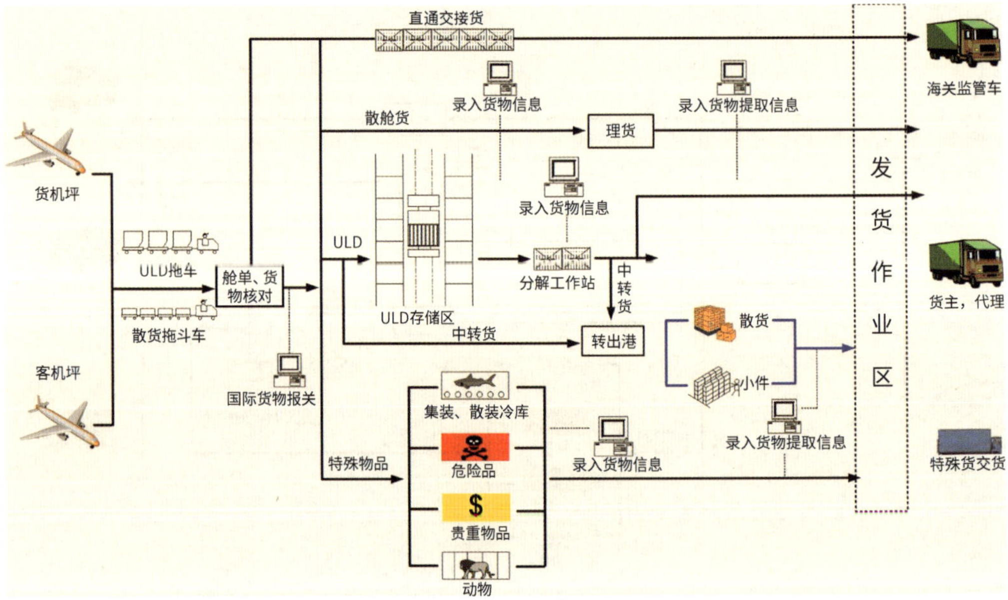

图 2-17　国际货运站进港作业流程

2.3.2　快递公司的转运中心

随着国内电子商务的发展，国内航空货物中快件占比越来越高。快件与国内普货的主要区别在于形态小、种类繁多，货物处理件量大。快件货物形态以包裹、小件及商业信函为主的特点必然带来巨大的分拣量，一般需要采用自动化分拣设备进行分拣。整个分拣处理流程中，主要的瓶颈是安检环节，因为需要件件过机安检。应该加强对高速安检设备和智能化判图领域的研究，解决了这个瓶颈问题才能实现快件处理能力的大幅提高。根据前文提到的国内快件设施的不同模式，规划需要重点考虑的问题也是不一样的。例如，采用模式一，就需要重点规划分拣与货站的流程结合，既便于快件分拣又满足货运站功能设计。采用模式三和模式四，就要采用具有高度自动化水平的分拣设备，设施规划设计需要重点考虑分拣系统方案、与空侧的交接、安检设置、安防要求等。我国的快递物流产业未来还将继续高速发展，与国际快件业务的高门槛相比，国内快件分拣中心和转运中心业务是每个机场都可以去挖掘的增长点，其运营模式和业务模式都可以是灵活的、多样化的，值得我们从航空货运产业链突破口的角度去分析和研究。

国际快件一直是航空货运业务的价值高地，国际上主要由国外三大快递企业——美国联邦快递公司（FedEx）、美国联合包裹公司（UPS）、德国敦豪航空货运公司（DHL）占据着全球市场。随着业务的发展，国际快件从国际普货中分离出来，海关要求独立监管。目前我国国际快件业务发展最好的机场是上海浦东国际机场，集聚了全球三大家快递企业的转运中心（图 2-18）。快件转运中心对货机近机位数量的要求相对较高，从 DHL 在莱比锡的转运中心就能看出这一特点（图 2-19）。

图 2-18　国外三大快递公司在浦东国际机场的转运中心

总体而言，国际快件分拣中心和国际快件转运中心与上述所有类型的货运设施相比，在各方面都具有更高的复杂性和难度。在我国，现在国际三大快递公司基本上就是在首都国际机场、浦东国际机场、广州国际机场和深圳国际机场布点，这些也都是其全球网络中

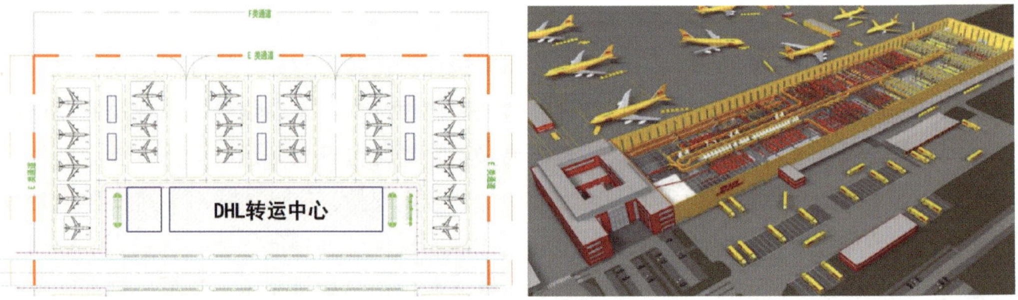

图 2-19　机场转运中心示意

的亚太枢纽节点。我们也希望看到，未来能有像顺丰速运（简称：顺丰）这样的中国快递企业在各大机场进行国际快件分拣中心或转运中心的规划布局。

2.3.3　跨境电商的处理中心

跨境电商近年来发展迅猛，主要增加了国内快件（保税进口模式）货量，在国际快件（跨境直邮模式）中的占比增加。其处理流程和监管要求与国际快件类似，但需要单独监管。未来，跨境电商货源将更丰富化，渠道更多样化，海关监管更阳光化。因此与之相配的高效、畅通的航空物流水平成为跨境电子商务取得更好发展的重要因素，带动保税仓、转运中心、海外仓等航空货运设施需求。保税模式的货物处理特点与国际普货相同，跨境直邮模式的货物处理特点与国际快件相同。跨境电商流程的关键是“三流合一”，监管的关键是清单核放、汇总申报。跨境直邮模式的进出口简要流程如图 2-20 和图 2-21 所示。

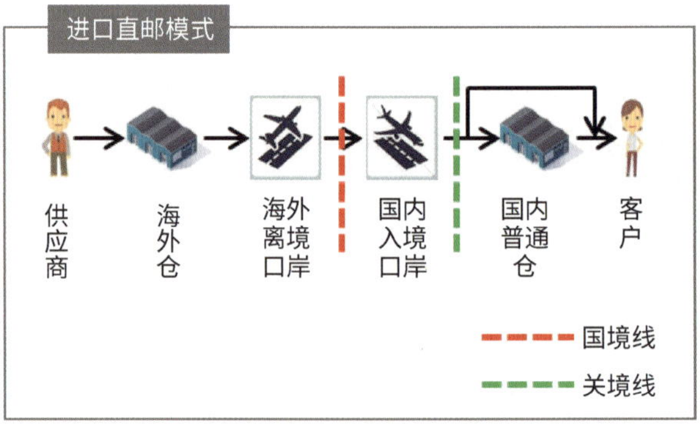

图 2-20　跨境电商业务进口流程

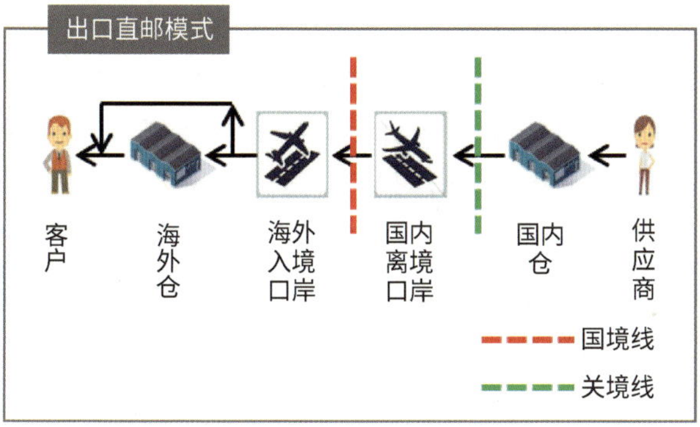

图 2-21　跨境电商业务出口流程

跨境电商的运营模式也是多样化的。目前跨境电商的清关处理在二级设施内完成，随着跨境电商的货运量越来越大，跨境直邮模式的清关功能可以考虑规划在一级设施内，实现货物快速流通。跨境电商货物是由新的国际贸易形式所产生的货物类型，在设施内的分拣方式与国际快件相似，但是信息流程需要满足海关“三单对碰”的要求。目前，无论是我国还是其他国家，海关对跨境电商的监管都还处在逐步完善的研究阶段，国内机场中，把跨境业务做好的也并不多。目前，起步比较早、也算做得比较好的，有杭州空港跨境园区、广州白云机场跨境电商物流园和首都机场跨境电商监管中心等。

提到跨境电商，就不得不提菜鸟网络的全球电子贸易平台（eWTP）项目。借助阿里巴巴旗下强大的电商平台，菜鸟网络在全球的航空 eHUB 布局也在快速推进中，马来西亚吉隆坡机场、比利时列日机场和中国香港机场等都是其重要节点。未来，跨境电商这个航空货运延伸产业会大放异彩。跨境电商业务不存在国际快件业务那样的高门槛，对于大多数机场，跨境电商业务都是值得尝试的国际货运业务拓展方向。

2.4　大型综合性货运站的规划与运营

航空货运站发展的另一个趋势就是功能越来越复杂、建筑体量越来越大，当然，效率也越来越高。具体一点，就是货运站大型化和集约化。在土地条件比较好的机场（例如浦东国际机场），就出现了西区公共货运站这样的案例。在某些土地资源紧张、地价很高、征地困难的机场就会出现多层货运站，例如香港国际机场的超级货运站就是一个很好的案例。

2.4.1 综合性货运站的工艺流程

随着一些大型枢纽机场航空货运业的飞速发展，货运量急剧增长，货物通过货运站的时限要求不断缩短。这些变化因素使货运站的存储功能日趋弱化，货物流通速度不断提升，同时也衍生出将各种功能集中以提高效率的需求。特别值得一提的是货代客户自行打板以及T货等新的功能需求。所谓“T货”是指不在货站进行分拣、理货作业，下飞机后在货运站直接与代理交接的货物。在浦东国际机场西区公共货运站就设置了T货处理区（图2-22）。

为了顺应这种作业模式的发展变化，加强货运站作为连接货主与航空公司的通道功能，各大机场和航空公司的货运站都做了许多探索，出现了一些优秀案例。接下来将介绍浦东国际机场西区公共货运站的工艺流程，供大家参考。

案例005

浦东国际机场西区公共货运站的工艺流程

浦东国际机场西区公共货运站在功能分区设置和区域面积分配方面，更加注重加快货物流通速度和提高货物处理效率，实现货物的快速过站。本书对西区公共货运站的出港货物处理功能区、进港货物处理功能区和代理作业区三大功能区的工艺流程作详细介绍。浦东国际机场西区公共货运站功能分区如图2-22所示。

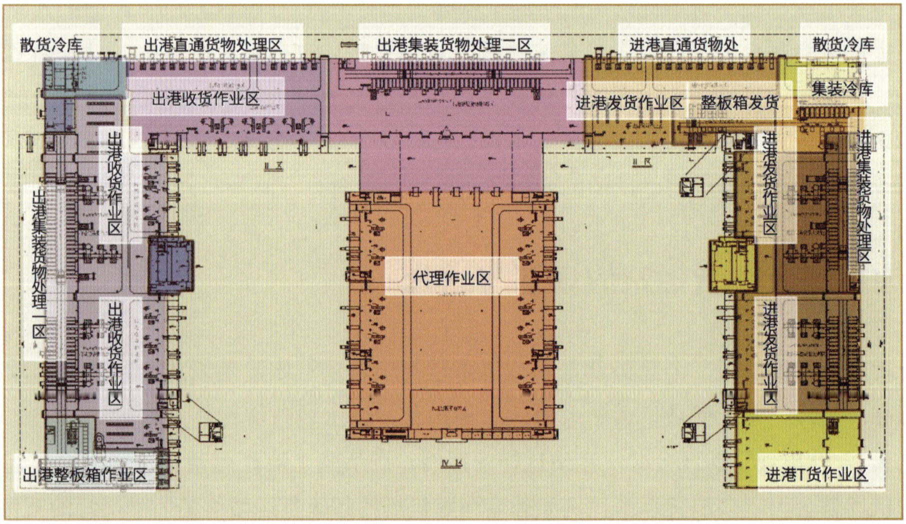

图2-22 浦东国际机场西区公共货运站功能分区

1. 出港货物处理功能区

浦东国际机场西区公共货运站出港货物根据对时间的要求以及交运的包装形式主要可以分为直通货、非直通货、散货和整板箱集装货四种。这四种出港货物对处理的要求各不相同，所以西货运站分别设置了出港直通货作业区、出港非直通货作业区、出港整板箱集装货作业区、代理作业区。其中，出港直通货作业区主要处理直通散货；出港非直通货作业区主要处理非直通散货；出港整板箱集装货作业区主要处理集装货物，包括直通和非直通的货物；代理作业区全部由代理组板作业，主要处理直通货物。

(1) 出港直通货作业区流程　出港直通货作业区主要处理快速通关（在站时间 3 h 以内）的货物，该区域建筑进深短，有利于货物快速流通。货主或代理的散货车辆的卸货作业在汽车装卸站台进行，站台高度为 1.2 m。为了解决车厢底板高度低于或高于 1.2 m 时的汽车装卸问题，在汽车装卸站台上设有电动汽车调平台，高度调整量为 ±0.35 m，便于人工或叉车直接进入汽车车厢进行装卸作业。在直通货收货作业区，卸货后，由叉车搬运至地秤称重。称重后，通过 X 射线安检机进行安检。通过安检后，对于散舱货直接装拖斗，拉到等待棚等待出港；对于装箱货，通过组合工作台组装到集装板箱上之后等待出港。出港直通货物流程如图 2-23 所示。

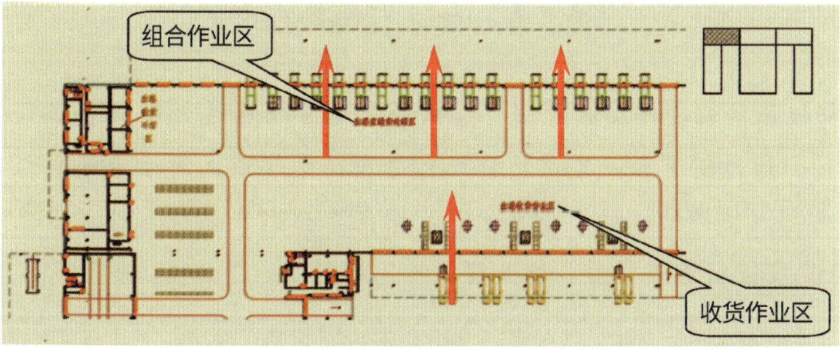

图 2-23　出港直通货物流程

(2) 出港非直通货作业区流程　对于非直通货的收货作业区，卸货后，由叉车搬运至地秤称重。称重后，通过 X 射线安检机进行安检。通过安检后，对于散舱货，装到散货箱中在散货架存储区暂存；对于集装板箱货，在组合工作台组装后，通过辊道输送机送到集装板箱存储区暂存，在需要配货时，通过升降式转运车（Elevating Transfer Vehicles，ETV）转运到集装板箱空侧交接货区出港。出港非直通货物流程如图 2-24 所示。

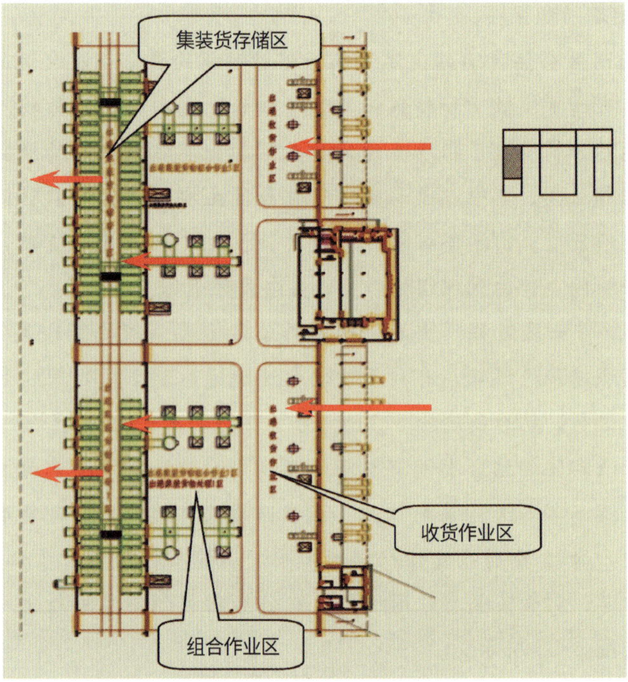

图 2-24　出港非直通货物流程

(3) 出港整板箱集装货作业区流程　整板箱交运货物通过升降式整板箱装卸站台进入整板箱交接货区。通过辊道台，整板箱货物可进入待运辊道。对于直通整板箱货物，可通过拖车直接拉到空侧等待棚；对于非直通货，由拖车拉到集装板箱存放区交接辊道台，通过 ETV 转运至集装板箱货架。出港整板箱集装货物流程如图 2-25 所示。

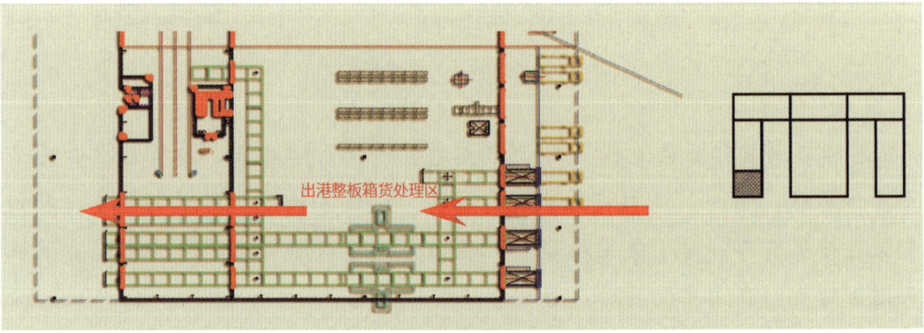

图 2-25　出港整板箱集装货物流程

2. 代理作业区流程

代理作业区的作业人员为代理，处理的出港货物为直通货。货站在代理作业区设置安检机，封闭空侧通道，并允许代理在代理作业区专用收货口交运货物，并且由代理在作业区内组装货物，组装好以后的货物在收货交接区称重交运。代理作业区交运后的货物可以直接等待装机。与代理作业区相连的是集装货处理二区，主要用于存放代理作业区的货物。代理作业区流程如图 2-26 所示。

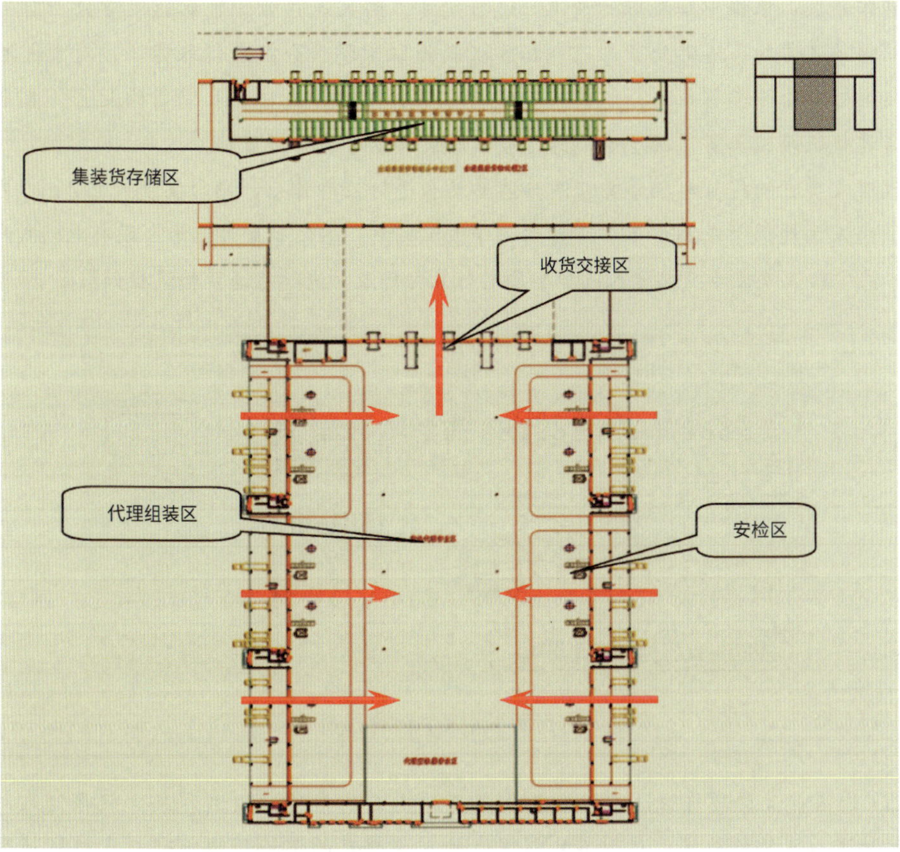

图 2-26　代理作业区流程

3. 进港货物处理功能区

进港货物根据对时间的要求以及交运的包装形式，主要可以分为直通货、非直通货、散货和整板箱集装货四种。对应的西货运站分别设置了进港直通货作业区、进港非直通货作业区、进港T货作业区。其中，进港直通货作业区主要处理直通货物；进港非直通货作业区主要处理非直通货物；进港T货作业区主要处理T货。

(1) 进港直通货作业区流程　进港散货是指从空侧运来的散货。进港的散货到港后，首先要在空侧交接货理货区进行理货，对货物进行清点、核对。然后根据货物的不同情况运送至相应区域。对于进港直通散货，直接进入直通货发货作业区；对于中转散货，运送到中转作业区，根据中转航班的情况，进行配货、组装等作业。进港集装货指由空侧进入货运站的集装货物。进港处理工艺包括整板箱提取货物和分解后提取货物。对于进港直通货，集装板箱由拖车移载到分解工作台进行分解作业后，直接进入发货作业区。直通整板箱货通过整板箱交接货区辊道台，到达整板箱装卸站台进行提货作业。

代理或货主的提货车辆停靠在汽车装卸站台进行装卸作业，站台高度为1.2 m。为了解决车厢底板高度低于或高于1.2 m时的汽车装卸问题，在汽车装卸站台上设有电动式汽车调平台，便于人工或叉车直接进入汽车车厢进行装卸作业。进港直通货物流程如图2-27所示。

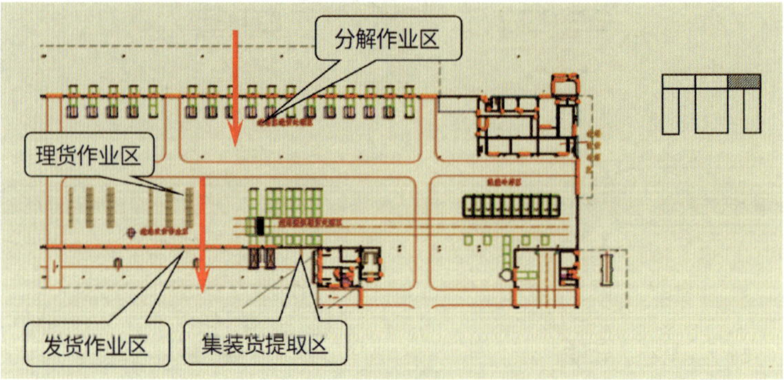

图2-27　进港直通货物流程

(2) 进港非直通货作业区流程　对于不直接提走的散货，运送到散货架存储区，待提货时直接进入发货作业区；对于不立刻提走的需要暂存的整板箱货物可以在整板箱交接货区的辊道台进行暂存，或由拖车运至空侧辊道台进入集装板箱存放区，根据情况通过ETV转运至分解作业区辊道台再输送到分解工作台，进行分解作业后直接进入发货作业区。进港非直通货物流程如图2-28所示。

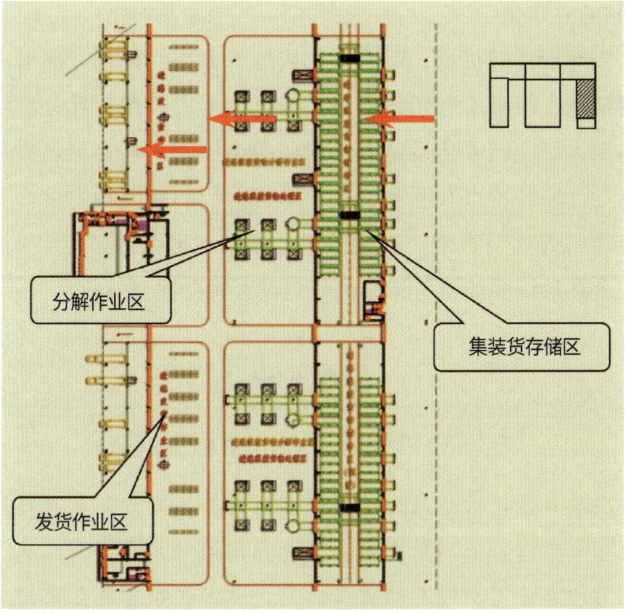

图 2-28　进港非直通货物流程

(3) 进港 T 货作业区流程　T 货的特点是单票货量大，往往一票货能占据一个航空集装器；交接迅速，因为此类货物都是运往海关监管仓库完成清关手续，所以在货运站不用停留；占进港货量的比例大，且由于交接迅速，许多有实力的代理往往申请使用这种方式提货，此类货物占浦东机场国际进港货的 60%以上。进港 T 货流程如图 2-29 所示。

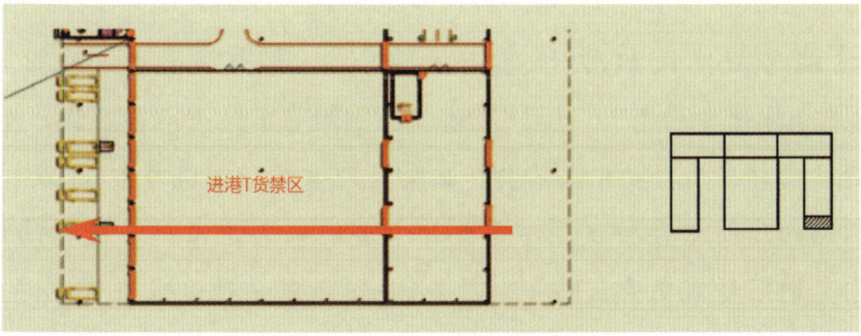

图 2-29　进港 T 货流程

2.4.2 货运站的立体化

某些距离市区相对较近的机场、用地紧张或地价太高的机场，都出现了货运用地紧缺的问题，看得到货量增长却看不到用地新增。因此，未来会在一部分机场出现多层航空货运站。我们应该先深入研究已有建设运营经验的香港国际机场多层航空货运站，分析它的流程特点、运营特点、监管特点和服务特点，学习他们的精髓和内核，避免盲目照抄“多层”的外形，要追求的应该是神似，否则照搬过来的“形似”必定会水土不服。2019 年，我们做了国内第一个多层国际航空货运站的规划设计，见案例 006。

案例 006

杭州萧山国际机场东货运区货运站

随着城市经济发展加速，杭州萧山地区的土地价格不断升高，且征地日趋困难。萧山国际机场由于用地十分紧张，且用地成本高、新征用地难度大，因此从“尽可能提高土地利用率，提升货运站综合使用功能”的目标出发，决定在东货运区采用多层货运站方案打造货运综合体，大幅提高土地利用率和货运站运营效率。

多层货运站的定位是对标国际一流货运站，打造“功能综合、业态综合、运营综合”三位一体的高效、灵活、前瞻性航空货运综合大平台。

(1) 功能综合：集货运站、快邮件中心、代理仓库等功能为一体的复杂建筑体；

(2) 业态综合：集普货、快邮件、跨境电商、冷链等业务统一处理的综合货运站；

(3) 运营综合：集机场、航司、快邮件企业、货运代理等运营商和口岸机构一起协作运营的高效平台。

该多层货运站总用地面积约 11.8 万 m^2，为三角异形用地，项目总建筑面积约 15 万 m^2，货运综合体面积约 12 万 m^2。规划三层陆侧货车停靠站台区域，空侧只有一层与机坪接驳，货运站内部采用自动化集装货、散货处理系统，实现每年 60 万 t 设计处理能力。

该多层货运站的陆侧站台共 3 层，需要让卡车能够到达每一层进行陆侧交接货作业，因此陆侧的竖向交通问题需要重点解决。图 2-30 所示是该项目多层货运站陆侧交通方案，包括单向两坡道、双向螺旋坡道和双向剪刀型坡道三种完全不同的方案。每种方案都有自己的特点，关键是要结合项目本身的运营管理特点、功能布局，以及当地货运产业链的市场需求和发展预期等因素，找出最适合的交通方案。

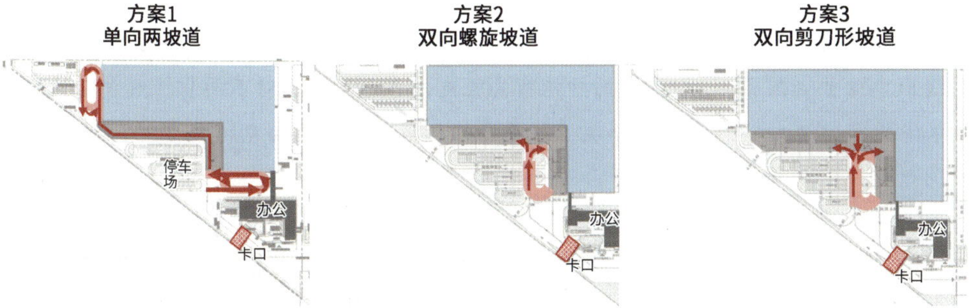

图 2-30　多层国际货运站陆侧交通方案

多层货运站还有一大难题是由垂直交通引起的。该多层货站的空侧交通需要考虑多种不同类型货物的垂直运输以及相互之间的功能联动关系。由于空侧以拖车为主，我们采取主要依靠设备来进行垂直运输。可选设备包括托盘提升机、ULD 提升机、集装货处理系统（Containerized-cargo Handling System，CHS）和散货处理系统（Bulk-cargo Handling System，BHS）等。从其内部（剖切）效果图（图 2-31）中能看到部分设备的规划布置。设备的选择和布置、功能和流程联动关系对设备的要求、设备分期衔接和灵活发展、经济性和时效性的平衡点评判等问题，只有在充分调查和分析之后，才能找到适合项目特点及实际需求的垂直交通解决方案。

图 2-31　多层国际货运站内部（剖切）效果图

我们对功能分区和工艺流程进行深入研究和多方案比选之后，最终选择的方案是将普货及快件等货物的出口功能放在一层，进口功能都放在二层，三层则服务于大客户和代理们的进出口业务（图 2-32）。这样的功能布局既充分考虑了海关对不同货物监管流程的便捷性，又考虑了货运站功能流程的合理性、便捷性和灵活性，还特别考虑了全流程作业的时效性问题。

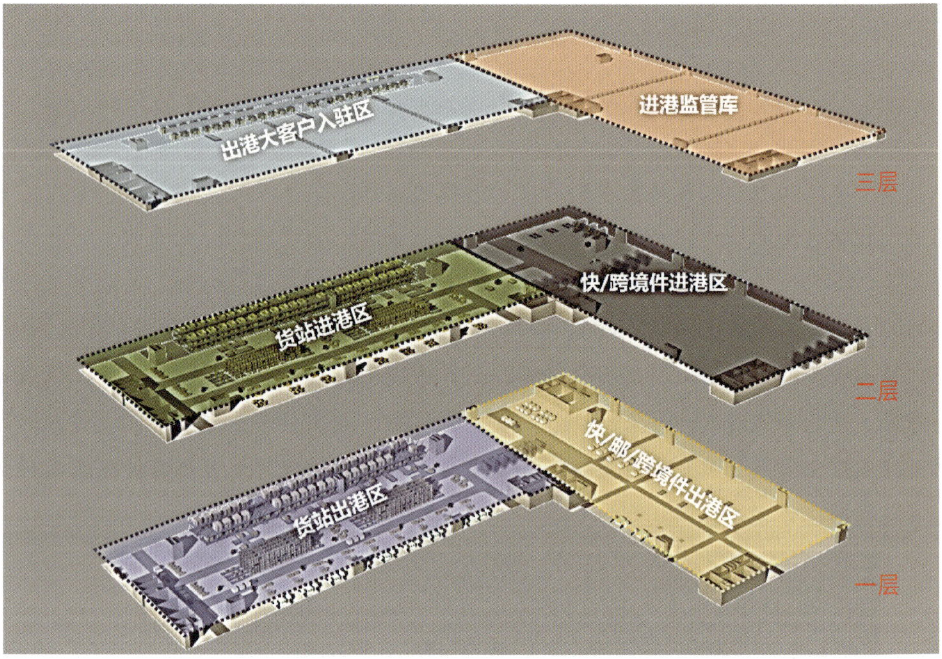

图 2-32　多层国际货运站功能分区示意

工艺流程和功能分区是有严格对应关系的。进行功能布置的时候需要考虑流程设计，进行流程研究的时候又能反向优化功能布置。在该多层货运站规划设计中，这种往复校正的工作最终让我们越来越接近正确答案。图 2-33 所示是多层国际货运站内部工艺流程，大致体现了进出港、中转和快件的流线。深入细化后的流程会更加完善和复杂，需要我们考虑每一种货物类型在实际操作中的各环节细部流程和相关设施，包括安检环节的设施、不同类型货物的海关进口和出口查验清关、工艺设备布置及选型等因素。

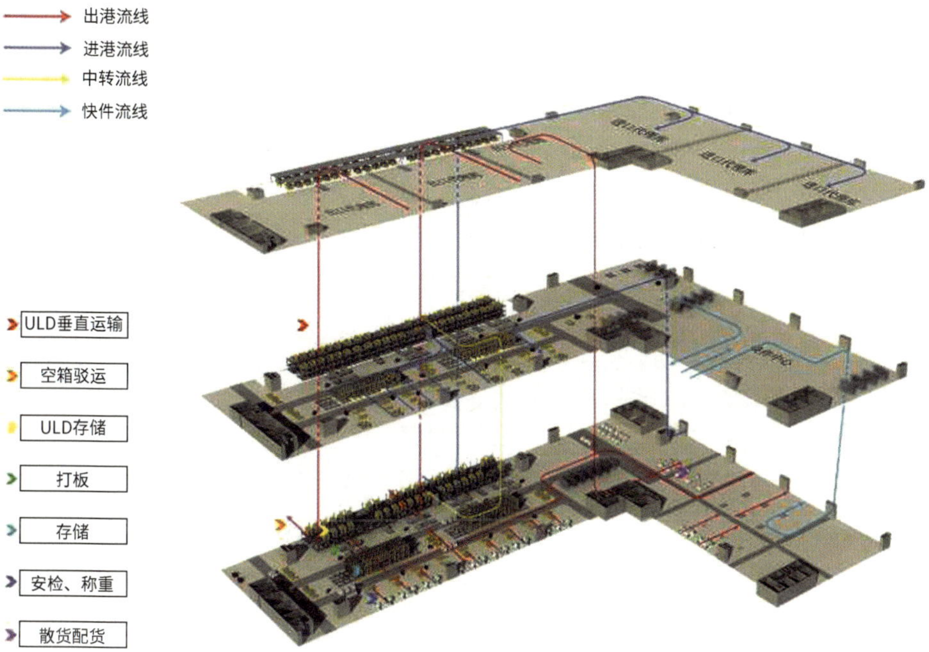

图 2-33　多层国际货运站内部工艺流程示意

多层国际货运设施一定需要重点研究多运营主体带来的功能布局和流程问题。多功能综合有集约高效的优点，也有运营方案复杂、安全隐患增加等问题，还需要考虑多层货运站在水平和竖向两个方向的运输和货物流程、海关对不同货物分类监管查验的要求等因素的影响。这需要我们从更多的维度去研究比选功能布局方案，因此也需要认真搭建出多维度、全链条的功能布局方案比选指标评价体系，才能科学地比选出功能合理、运营方便的方案。此外，复杂的流程、工艺计算、设备选型、空侧和陆侧的垂直交通等都是重点和难点问题。

2.5　航空货运站的工艺设备

最后简要介绍一下航空货运站中常见的相关设备，让大家对航空货运产业有一个更形象化的认识。我们先了解一下浦东国际机场一期货运站和西区公共货运站的主要工艺设备（表 2-1）。由于储存功能的弱化，西区公共货运站没有设置散货架、立体库，仅配设了必需的集装货架，其货位数量较一期货运站增长 168 个。在一期货运站的实际运营中，转运车（Transfer Vehicles，TV）和工作台数量不足在一定程度上制约了货运站的处理能力和处理速度。因此，转运车、工作台、安检机、地磅、叉车等常规设备在西区货运站的配备数量明显增加，其中，转运车和工作台数量增长了 5 倍以上。

表 2-1　浦东国际机场一期货运站和西区货运站的主要工艺设备及其台套数比较

序号	设备	数量	
		一期货运站	西区货运站
1	高架立体库	1 100 个货位	—
2	散货架	2 980 个货位	—
3	集装货位	762 个货位	930 个货位
4	升降式转运车	3 台	5 台
5	转运车	4 台	3 台 20' 和 21 台 10'
6	分解组合工作台	24 个	8 个 20' 升降式 100 个 10'（40 个固定、60 个升降）
7	汽车装卸平台	2 套	4 套
8	安检机	8 台	8 台
9	地磅	—	34 台（5 t 型 26 台，30 t 型 8 台）
10	叉车	104 台（3 t 型 83 台、7 t 型 10 台、10 t 型 10 台、16 t 型 1 台）	39 台（3 t 型 33 台，7 t 型 3 台，10 t 型 3 台）
11	拖车/牵引车	30 辆	9 辆
12	闭路电视监控系统	—	409 个摄像头
13	无线手持终端	—	—
14	直通集装货处理系统	—	—

航空箱、航空板在机坪和货运站空侧场坪的驳运主要是依靠拖车，在货运站内的驳运可以使用拖车也可以使用转运车，如图 2-34 和图 2-35 所示。辊道如图 2-36 所示，是用于航空箱、航空板水平双向运输和分拣的设备。

图 2-34　拖车

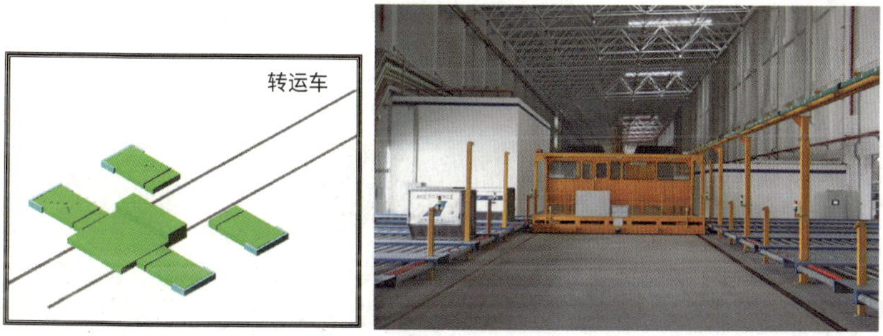

图 2-35　转运车

图 2-36　辊道

航空货运设施内散货存储的货架有两种形式：一是多层托盘式与搁板式货架，对应的是人工以叉车为操作工具的作业模式；二是自动立体散货架，对应的是自动化程度较高的作业模式，可进行自动存储及拣选处理，分别如图 2-37 和图 2-38 所示。

图 2-37　多层托盘式与搁板式货架

图 2-38　自动立体散货架

航空货运站进出港作业都有可能需要对航空箱和航空板进行一定时间的存储，这时候需要用到的就是多层自动存储货架系统，航空箱和航空板的垂直提升设备就是 ETV。如图 2-39 所示，中间黄色的是 ETV，两边是集装货架。这套系统还具有航空箱、航空板自动拣选功能。

航空货运站内的一个主要作业环节是拆打板，拆打板需要用到分解/组合工作站，包括固定式升降打板台和移动打板台，如图 2-40 和图 2-41 所示。

图 2-39　高架立体库/集装货处理系统

图 2-40　固定式升降打板台及作业现场

图 2-41　移动打板台及作业现场

安检是航空货运站内货物出港的重要作业环节之一，而安检机有多种型号，分别适用于多种场景。图 2-42—图 2-44 所示是几种不同情况下使用的安检机。

图 2-42　货运站 X 射线安检机（空防安检）

图 2-43　快件中心 X 射线安检机（空防安检）

图 2-44　快件中心海关 CT 机（海关查验）

地磅是设置在地面上的大磅秤，也分为多种型号，对应不同的适用场景，有的用于国际货运区卡口处进行整车称重（被称为汽车衡），有的用于货站内打板称重及打板后代运复重等作业环节。汽车衡示意模型如图 2-45 所示，海关卡口汽车衡如图 2-46 所示，货站内打板称重地磅如图 2-47 所示。

图 2-45　汽车衡示意模型

图 2-46　海关卡口汽车衡

图 2-47　货站内打板称重地磅

叉车是对货物进行装卸、堆垛和短距离运输作业的搬运车辆，而航空货运站内的叉车主要用于叉取托盘、集装板、集装箱等货物。叉车根据驱动方式分为内燃叉车、电动叉车，目前最为普遍的叉车为电动叉车（图 2-48）。

图 2-48　叉车

闭路电视监控系统（图 2-49）是重要的安防设备，通过摄像机及其辅助设备（镜头、云台等）直接观察被监视场所的情况，同时可以进行同步录像，从而实现人们在无法直接观察的情况下对航空货运站进行监控。

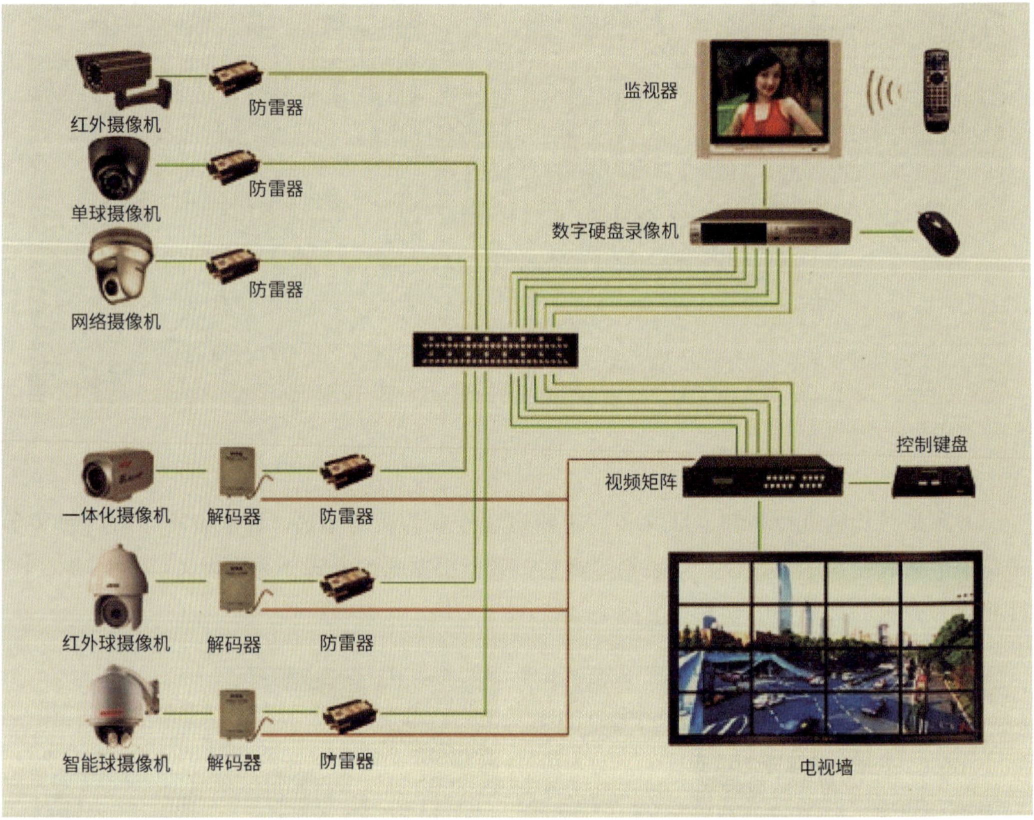

图 2-49　闭路电视监控系统

第3章

货运物流产业园区规划

本章主要介绍机场的货运、物流、产业园区的设施规划，包括：机场货运区的设施规划、物流产业园区的布局，以及货运物流集疏运系统的规划。

机场货运物流产业园区内最重要、最核心的设施是机场的货运区。这是航空物流产业链的龙头，是连接空陆的关键环节。机场货运区的布局往往直接影响整个航空物流产业链，还影响整个机场周围区域的航空物流效率、市场应变能力和持续发展潜能。

以机场货运区为中心，向陆侧延伸方向会集聚多种类型的物流设施直至形成园区，这是连接机场货运区与机场周边核心产业，以及整个城市核心产业的物流过渡环节。航空物流园区的主要作用是集中和疏散航空货物，而且有些航空物流园还具有政策优势，例如综合保税区的保税政策特别有利于国际货物的集散。那么，如何规划好机场周边的物流园区呢？我们认为既要与机场货运区有便捷的连通，又需要满足下游临空产业发展的需求，还需要有可持续发展的空间。

除此之外，物流集疏运系统也是航空货运物流产业园区规划的重中之重。现在机场的功能十分丰富，甚至成为城市的支柱产业和区域经济发展的动力源，但机场最核心的功能还是交通枢纽，也就是它的集疏运功能。因此，解决好机场的交通问题，规划建设一个高效的集疏运系统，是衡量 座机场是否成功的最核心指标。在货运物流产业园区规划时，我们必须对物流集疏运系统的规划给予最大程度的关注。

3.1　机场货运区规划

机场货运区的主要功能是货物装机之前和卸机之后的各项准备及作业环节，包括民航安全检查、一关三检的出入境检查、货物单元的组装和拆解等。所有这些相关设施规划建设和运营管理的目的就是要能够便捷、顺利地装机和卸机。要实现这个目标并不是一件容易的事情，例如最初大家都希望把货运区规划在紧邻机坪、紧邻旅客航站楼的地方，以方便装卸机，但是往往不可能在机场的核心位置给货运物流预留出足够的发展空间，这就出现了“货运区得到了紧邻飞机、装卸机方便之利，机场就必然失去扩大和发展的空间”这样不可调和的矛盾。因此，机场货运区规划是一项影响因素复杂、限制因素多样、个性化强、专业性强，并需要考虑一定灵活性和前瞻性的综合性规划设计工作。

影响因素包括：国内外货运发展、新型航空货运业态、机场所处区域及周边环境、规划用地的位置和交通条件等。

限制因素包括：机场总体规划、其他上位规划、机场货运发展定位、用地条件（包括位置、交通、形状、大小、现状设施、周边情况）等。

个性化包括：机场自身传统货运发展特点，运营商货运运营的习惯、货运运营模式和管理方式等。

专业性包括：规划设施的专业性（国内国际货运站、快件中心、邮件中心等）、衔接设施的专业性（空侧运营车辆和设备、机坪、飞机等）、设施运营的专业性（自动化立体仓库、航空集装器等）、操作流程的专业性（货物安检流程、海关、检验检疫监管流程等）、空防安全管理级别高（紧邻机坪和飞机）等。

灵活性包括：应对未来的变化可灵活调整、货运设施灵活适应不同需求（使用方的变化、国内国际的变化、机型的变化等）、具有改造的可能性等。

前瞻性包括：规划适应目标需求，并能够前瞻性地预测未来 5～10 年甚至更长，为未来的调整预留可能性等。

3.1.1 机场货运区发展模式

建一座机场，无非就是要运客和运货，从规划的角度来看，就是要有航站区和货运区。但是，除了货运枢纽机场，几乎所有的机场都是把旅客航站区放在首位，“重客轻货”是理所当然的，并且绝大多数机场的货运都是从客机带货开始起步的，只有货运量到了一定规模，货运区的规划问题才会突显出来。因此，为了规划建设好机场货运区，我们必须处理好航站区与货运区的关系，还要处理好近期和远期的关系。

改革开放 40 余年来，随着航空货运量的不断提升，许多机场的货运区都得到了很好的发展，还出现了大量的专业货机。在一些机场，甚至出现了同一高峰时段大量客货机集中装卸货物、中转货物的场景。随着货运量的快速增长，许多机场已有的货运区没有足够的货运飞机停靠的货机位、陆侧交通客货运相互干扰严重，没有拓展空间，不得不开辟新货运区，于是许多机场就出现了多个货运区。

在机场总体规划中，对于大型枢纽机场来说，货运区的规划布局大体上有两种模式。即“集中式”和“分散式”。所谓集中式，就是将机场所有的货运、物流、产业设施集中在一起连片规划建设的开发模式。它最大的优点是运营效率高、管控成本低，同时产业链连通性好，且发展空间广阔；问题是起步阶段投入较大，运营效率受影响，需要有一个很好的分期分批发展规划和强大的规划管控能力，当然更需要有做大做强的信心和决心。采用这种规划发展模式的典型案例是韩国仁川国际机场。

分散式规划布局模式的典型案例是浦东国际机场。浦东国际机场最早的总体规划中，旅客航站区采用的是 4 个单元式航站楼，于是货运区就采用了分散式的模式。分散式的优点是启动时投资规模相对较小，对运营管理水平的要求不高，在早期客机带货的情况下，运营便捷、成本较低。但是，机场货运规模的提升，会不断地提出新建货运区的需求。形成多个货运区之后，会增加货运区运营管理的成本和监管查验的成本，同时会出现货运区之间的中转运输问题，会出现货运区运营效率下降、中转效率低下等问题。

此外，还有第三条道路，那就是“单元式成片区开发”模式。这需要规划工作者结合机场实际，编制出一个分期分批、连续发展的货运物流产业园区规划。

案例 007

韩国仁川国际机场货运区规划布局

韩国仁川国际机场规划时立志成为东北亚地区的货运枢纽，连接洲际航线和主要的辐射市场（中国、日本等）。基于这样的定位，仁川国际机场的货运规划设施高度集中，能够实现设施之间货物的快速中转。然而作为一个物流枢纽，货物转运的业务往往无法支付全部的成本。为了生存和发展，仁川国际机场重新定位为全球性的贸易中心和国际物流枢纽，特别重视航空货运业务延伸出来的物流和产业设施的规划建设。机场在紧邻货运区的位置规划建设了自由贸易港区，有专用通道与货运区相连，再往外延伸还形成了一大片临空产业集聚区（图 3-1）。集中式的片区规划，自然形成了一条高效、集约的临空产业链，在全球范围内都具有很强的竞争力。

仁川国际机场的大型货运综合区，共有 6 个货运航站楼、5 个独立货仓、36 个停机位以及行政办公楼。每个货运航站楼都能提供货机所需要的各种基础设施和服务，以及一个

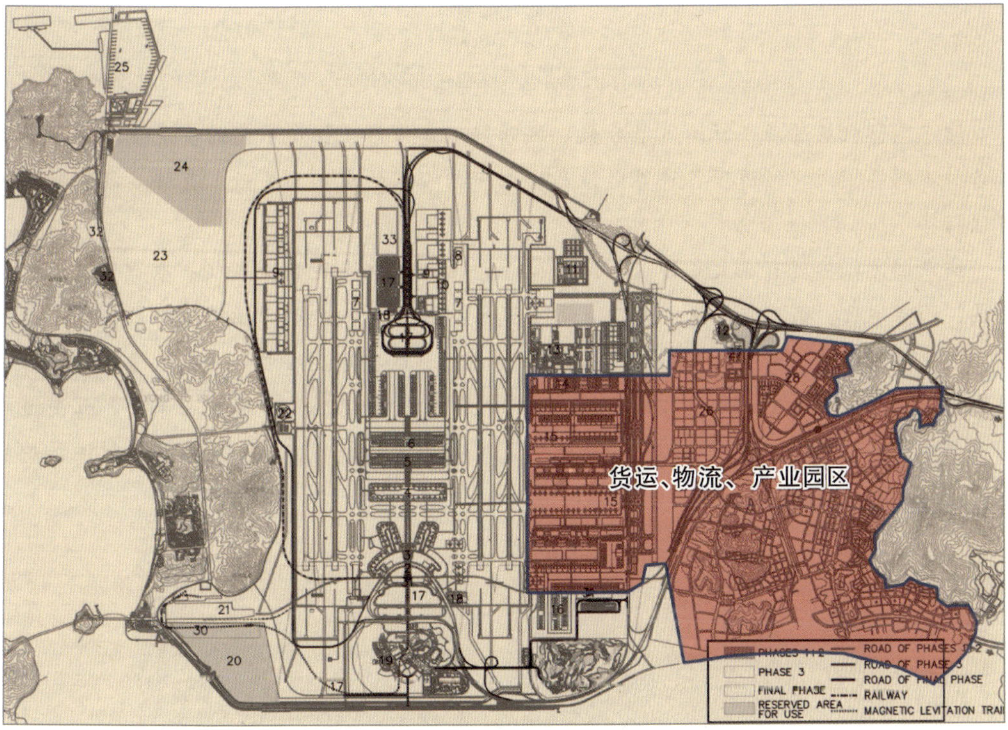

图 3-1 韩国仁川国际机场货运物流产业园区布局

容积约 3 500 m^2 的货仓。截至 2020 年，货运综合区的容量为每年 380 万 t，到第二阶段工程结束后能达到每年 490 万 t。6 个货运航站楼中，A 号航站楼和 B 号航站楼分别由大韩航空货运公司和韩亚航空货运公司两家韩国最大的航空货运公司运营，C 号航站楼由仁川国际机场外籍货运航空公司航站楼管理公司运营，主要租赁人为 FedEx 和 UPS。其他货运航站楼由极地航空、澳洲货运航空、芬兰货运航空和其他公司使用。DHL 在仁川国际机场设有专属货物处理中心，用于将韩国、日本以及俄罗斯远东地区的货物进行分类整理。

仁川国际机场的货运区布局特点较鲜明。由于需要满足 40% 以上中转货量的处理，货运区对货机位的需求非常大，因此，货运区在规划时采用“港湾式”货机位布局，实现所有一级货运设施都能对应相当量的货机位，在实现陆侧灵活连通的同时，也满足空侧机位配置需求。

案例 008

浦东国际机场货运区规划布局

浦东国际机场的多个货运区很分散，规划得不是很好。但在不同的货运区，我们尝试了各种不同的模式，经历了各种货运设施规划布局模式的成功与失败，有许多经验和教训可供借鉴。

浦东国际机场现有三大货运区、两大监管仓库、多个海关查验点（一期货运区、东货运区、西货运区、第一监管区、第二监管区 5 个主要海关查验点），西货运区西侧还有一个综合保税区（现升级为自由贸易区）。现存的货运设施主要布局在机场的西北方向，这与航站区的位置和主要的交通集散方向有关。未来规划的新货运区集中布置在第四、五跑道之间，未来的货运区和自贸区的新片区等货运设施将向东侧转移。浦东国际机场货运区规划如图 3-2 所示。

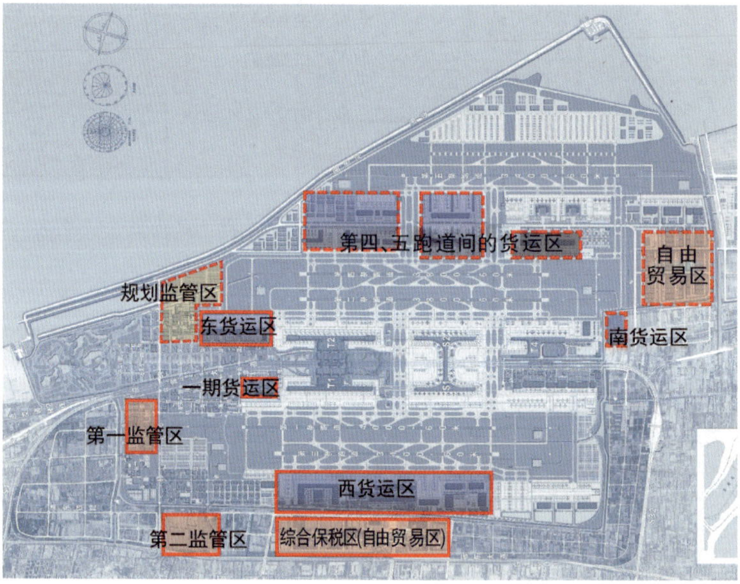

图 3-2　浦东国际机场货运区规划

导致多货运区、多监管区现象的主要原因是货运区规划与发展预测不一致、航空货运特征变化很大以及机场发展可持续性的需要。一期货运区规划的最大好处和特点就是贴近航站区布置。但当时，我们是坚决反对规划在这里的，因为随着货量增长，货运区扩展用地肯定不足，更不要提与之相配套的物流产业园区了，与旅客航站区的扩展也相互影响。一旦未来发现货运区发展用地不足，就会需要选址规划建设另一个货运区，如此下去必然造成多个货运区分离布局的场景，整个货运体系的效率提升和运营管理成本控制就成问题了。所以，最初我们是希望集中规划在西货运区这个位置的，但由于当时货运量基数低，再加上没有真正重视货运发展，很多专家也不相信浦东国际机场未来能把货运量做到每年 500 万 t，因此一期货运区选址在一号航站楼北侧。

一期工程投运以后，国家经济飞速发展，一期货运区的业务量马上饱和。于是我们立刻着手规划建设东货运区（位于一期货运区对面，二号航站楼北侧）。在东货运区建成投运后，很快就发现东货运区的能力还是不够，一方面是设施不够，另一方面是货机位配置不足。至此，我们才下定决心把西货运区建设起来。

当时，我们书面提出在第四、五跑道之间的区域规划建设大规模货运区的方案，如果把未来的货运区规划在东面（临海），首先是东面填海成本低，不牵涉征地的问题；其次是第四、五跑道之间夜间运营没有噪声问题，全货机晚上起降不受限制；再次是用地广大，还便于封关，有利于集聚临空产业。但最终还是由于诸多原因放弃了该方案，我们选择规划建设了西货运区。当然西货运区规划也留下来很多经验和教训，在《浦东国际机场规划故事》（上海科学技术出版社 2019 年 6 月出版）里有相关的描述，在此不再展开叙述了。

西货运区的选址确定后，我们就开始着手策划综合保税区的规划，当时西货运区和综合保税区二者的功能布局、交通流线、监管流程等都是统一规划的，能使两个不同区域之间的货物能够快速便捷地流通，我们做了很多工作，也取得了许多成果。但是由于诸多原因，后来实施得并不理想，但总体的规划布局、卡口设置、交通组织等，为未来实现统一监管、港区联动提供了最重要的基础条件，创造了最大的可能性。

3.1.2　机场货运设施规划布局

货运区内主要的设施包括：一级设施（即货运站，包括国内货运站、国际货运站、邮件中心、快件转运中心等）、二级设施（代理仓库、快件中心、跨境电商仓库等）、监管设施（海关卡口、海关围网、查验场地、查扣库、空防围网、空防道口等）、办公配套（业务办公、出租办公、便民设施、食堂餐厅等）、公用配套（变电站、消防站、污水站等）。现在大家都更重视智能化、人性化货运区的打造，希望提升整个区域的智能化管理，配置完善的便民设施。智能化管理体现在设置车辆自动识别系统、全区域智能监控、停车场叫号系统等；便民体现在配置银行、便利店、食堂、餐厅、公共卫生间等设施。

以浦东国际机场西货运区为例，它是一个功能设施相对完备、比较典型的机场货运区，设施主要包括：海关卡口、货运站、代理库、危险品库、维修设施、配套办公及公用设施配套（消防站、变配电站等）。在货运区西侧一河之隔（机场红线外）规划了综合保税区和普通物流园区，综合保税区与西货运区相邻规划是希望实现统一监管、无缝对接，从而形成机场物流园区的形态。浦东国际机场西货运区设施布局如图 3-3 所示。

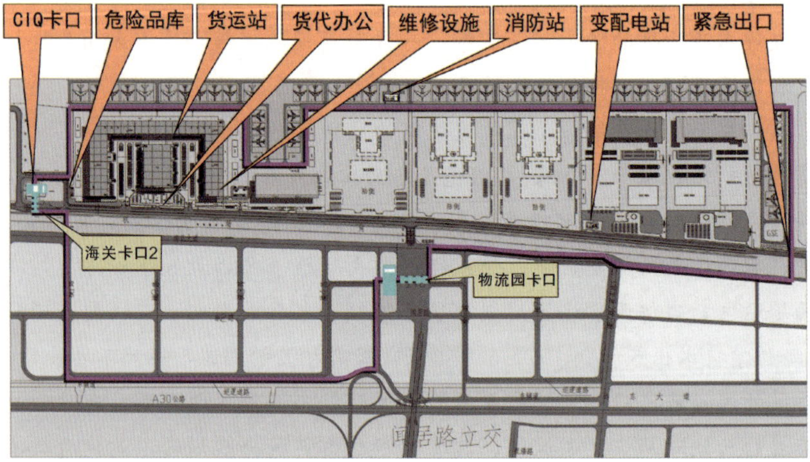

图 3-3　浦东国际机场西货运区设施布局

3.1.3　监管查验设施布置

除了与空侧联动的货运作业，机场货运区还需要满足海关的分类监管要求和其他口岸部门及安检部门的要求。国内、国际货运设施要进行分隔，国际普货、国际邮件、国际快件及跨境电商等货物处理设施和区域需要分隔监管，这都会影响机场货运区规划布局。

对于国际货运区来说，海关监管设施是十分重要的。其选址和功能、流程的设计都关系到监管的便利性，即货物通关的时效性，这是评价国际货运运作效率高低最重要的指标。

我们在设计浦东国际机场西货运区主卡口时难度很大，既要满足高峰时刻大量车辆进出的要求，又要满足查验和非查验区域相对独立的要求，确保进出卡口的交通流线与查验区和非查验区都能顺畅连接。在西货运区海关主卡口处，我们规划了完备的海关查验所需要的设施，包括：进出卡口、边防海关办公设施、查验场、查验站台、扣留库等，实现了出港车流、进港车流、被检车流、扣货车流的流线顺畅，并满足海关的监管查验要求。浦东国际机场西货运区主卡口设施及流程如图 3-4 所示。

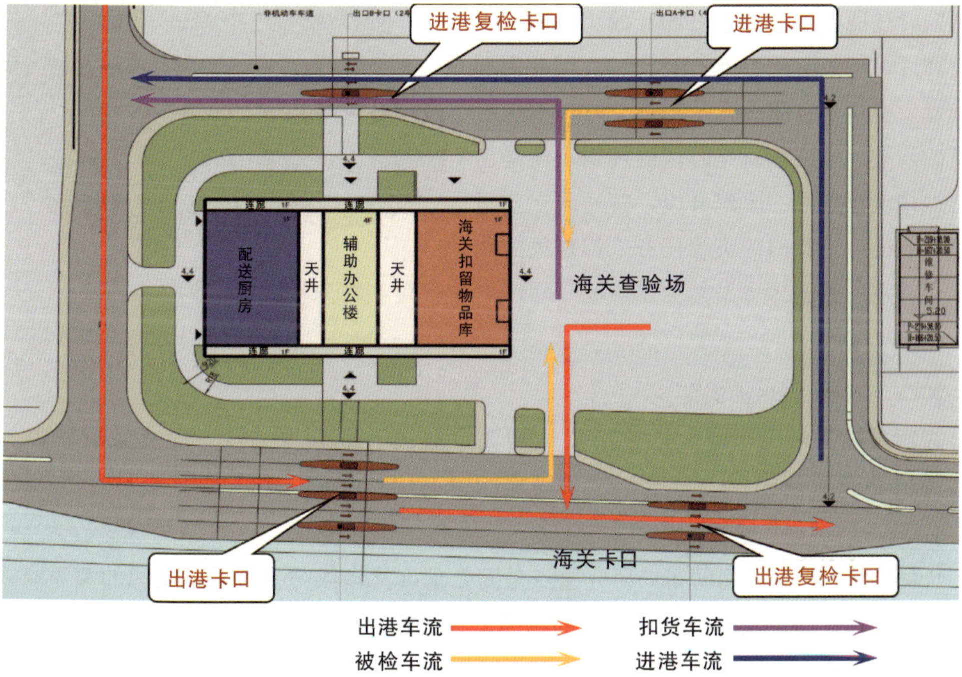

图 3-4　浦东国际机场西货运区主卡口设施及流程

围界是很重要的监管设施。由于货运区、保税区等分属不同的海关监管部门，会有不同的封关要求，甚至围界的规划设计规范也会不一样，所以我们需要做好相关协调工作，在规划建设方面既要最大限度地满足监管查验要求，又要敢于担当、勇于创新，做好与围界一体化的巡场路的规划设计。

3.2　物流产业链的空间布局

机场货运区是航空物流产业链的龙头。与之相关的各种物流园区、海关监管区、综合保税区，以及临空产业园区等，都希望与机场货运区直接对接，以减少货物的装卸和运输成本；同时还能直接对外部市场开放，直接对接城市和区域的集疏运系统（图 3-5）。因此规划工作者要有这个空间关系的理念，时刻不忘产业链的问题。无论是新建园区的规划，还是已有货运物流设施群的改建升级，打通航空货运物流产业链都是我们的头等任务，都是决定我们工作成败的关键。

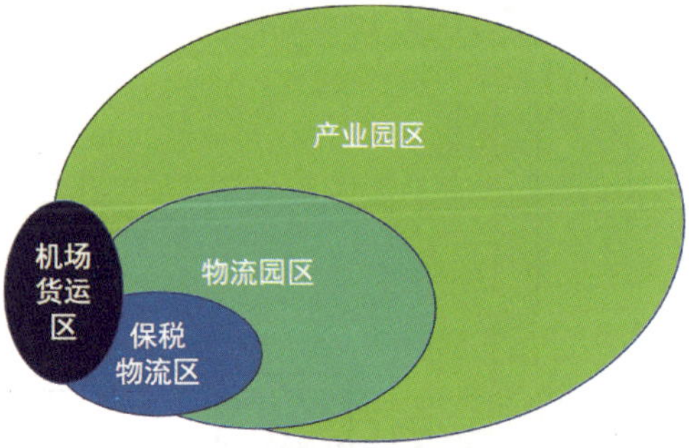

图 3-5　货运物流产业园区的相互空间关系

3.2.1　物流园区的类型

我们可以从设施布局上把机场货运物流产业链大致分为三段，即货运设施群、物流设施群和产业设施群。当然，这三段之间没有绝对界限，相互之间是你中有我、我中有你。

机场物流产业链的空间布局研究重点是要处理好货运区与物流园区之间的关系，以利于空港与临空产业以及城市产业之间的快速联系。作为连接机场货运区与机场周边产业、以至于整个城市产业的物流设施群，航空物流园区布局研究的主要目的是要高效地集中和疏散航空货物。因此，其规划布局要尽可能地满足以下需求：与机场货运区紧密相邻；满足航空货运运营管理要求；有足够大的扩展空间。为了最大限度地提升与机场的联动效率，物流园区与机场货运区甚至货运站本身要紧密相邻，连接得越直接越好。减少装卸次数、缩短运输距离就能够降低整个物流链条的成本，提高物流链的时效。

机场货运区与物流产业园区的关系如图 3-6 所示。

由于不同的市场需求和不同的监管查验方式，航空物流园区有很多种不同的类型，一般可以分为国内物流园区和国际物流园区。

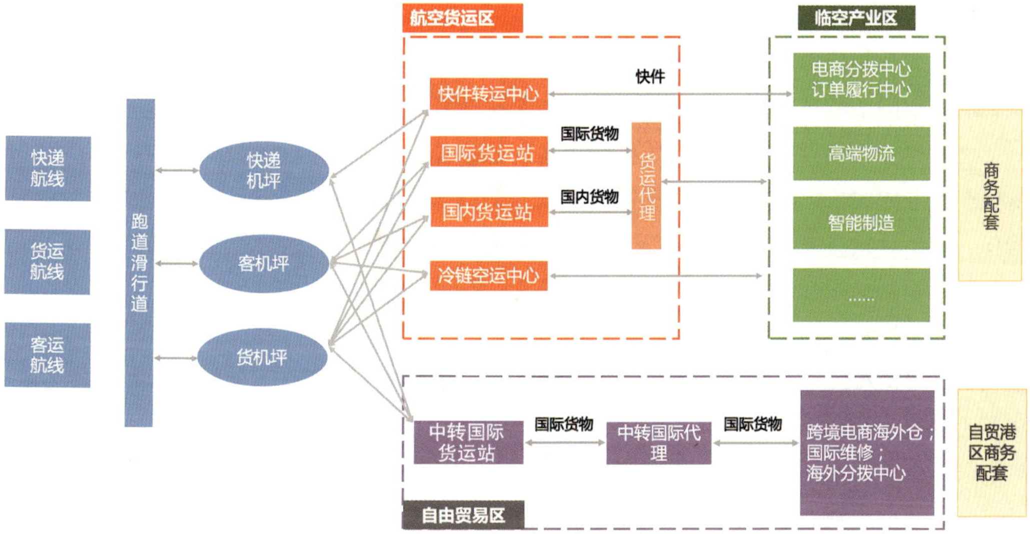

图 3-6　机场货运区与物流产业园区的关系

国内物流园区规划建设的门槛较低；而国际物流园区需要有海关的监管，有门槛较低的海关监管区和门槛较高的综合保税区。一般而言，海关监管区只能做一般仓储业务，而综合保税区就可以做加工、组装和生产等业务，甚至还可以做一些被容许的房产、金融服务。

国际货物可以分为国际普货、国际快件和跨境电商货等，而海关对快件的监管要求是不一样的，也需要有特殊的监管设施，最好有自己的园区。

国内货物与国际货物之间还需要相互中转，因此国内物流园区应与国际物流园区或国际货运站相邻。海关监管仓库区、综合保税区或自贸区，最好也要与国际物流园区或国际货运站相邻，以利于提高运营效率。

既然物流园区是有层次的，我们也要有分层规划的概念，而这些物流园区之间，以及它们与机场货运站之间都是紧密联系的。它们之间没有、也不应该有明确的界线，在规划上应该强调的是物流产业链的连通与高效。

3.2.2　物流园区规划

机场货运区延伸出去就是航空物流园区，物流园区内集聚了大量的企业仓储设施。要规划好这些航空物流设施，需要注意以下问题。

第一，企业的物流仓库是希望与机场货运站便捷对接的。但实际上真正要对接好是很困难的，空间不够是瓶颈，物流产业链上各个环节的管理商、运营商太多了。当然，对接好了之后是会有很大好处的。例如机场货运区的仓储与工厂生产仓储合二为一，将大大降低生产企业的成本。本来货物从飞机下来到企业的生产车间有诸多环节，对接好之后装卸操作会减少，物流成本必然降低，这对于企业来说非常重要。例如美国路易斯维尔机场内就设置了福特的国际汽车配件中心，实现了汽车零配件的快速配送。

从浦东国际机场来看，无论是海关监管区，还是综合保税区、自由贸易区，都是希望能与货运站对接的，但每个货运区、物流园区的情况都有所不同。一期货运区和东货运区，由于土地紧张的原因，使得海关监管仓库区统一规划在货运区外面，形成了第一监管仓库区和第二监管仓库区。西货运区内配置了少量的监管仓库，并与综合保税区（现在的自由贸易区）统一规划（图 3-2）。机场外围集聚了很多物流园区，为下一级代理或企业提供了货物存储和分拨的操作设施。

第二，必须满足航空物流的操作特点、监管特点及安全管控要求。特别是对于机场的国际货物来说，设施规划和流程设计都需要满足两个方面的法规，一个是民航规划建设和运营管理方面的法规，一个是以海关为代表的口岸机构与监管相关的法规。海关监管又可以分为口岸区监管、保税的监管、自由贸易区的监管等。

浦东国际机场西货运区与综合保税区是独立监管的，都有各自的隔离设施，但在监管和流程上是可以整合好、一体化运营的（图 3-7）。我们也的确花了很大的力气去整合它们，希望能够实现货运区与综合保税区统一围界、统一监管。据我们掌握的资料来看，国内外各机场货运区与物流园区实施的具体做法和运营标准都不一样，但是基本都是形成这种布局和形态。从图 3-7 可以很清楚地看出货运区、保税区、非保税物流园区这几个功能区之间的关系。

第三，浦东国际机场西货运区案例是货运区与物流园区统一规划、彼此相邻的方案，而浦东国际机场的第一监管区和第二监管区与货运区是分离设置的，像浦东国际机场这种多货运区且货运量较大的机场，在货运区外面统一设置监管仓库区也是合理的。由于货运代理们需要把货物送至多个货运站，这就必然造成机场内各个货运区与物流园区之间车流量很大，这种情况下，货物在空、陆侧的运输都是问题。这几年浦东国际机场一直在研究货运区之间整合的问题，不能随着货量的增长又增设新的货运区了。整合优化是必须的，

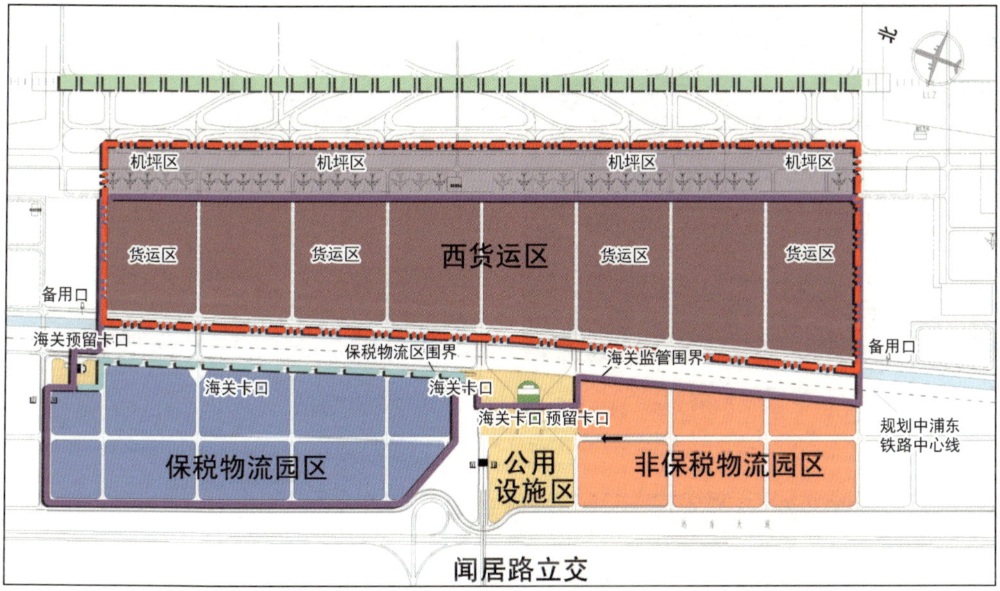

图 3-7　浦东国际机场西货运区与物流园区的规划布局

也只有这样才能够提高整个机场的物流效率。

浦东国际机场第一监管仓库区（现状与规划如图 3-8 所示）由上海机场集团统一投资、统一规划、统一开发、统一运营，占地约 40 万 m^2，仓库建筑面积约 16.7 万 m^2，集聚了国内外 30 多家国际货运代理商。主要的功能是作为浦东机场进港普货的进境放行、转关操作、海关查验、代理理货的场所。仓库以个性化需求设计为主，大的代理公司可以租用一个单体仓库。

除此之外，东方航空公司（简称：东航）牵头规划建设了第二监管库区（图 3-9），占地约 60 万 m^2，仓库建筑面积约 21 万 m^2。第二监管区内除以代理监管仓库为主外，还建设了东航物流的远程货运站，弥补了当时东航在机场内货运站能力的不足。远程货运站是指在没有飞行区岸线的用地内的航空货运站。在这样的货运站内，货物完成安检、理货、打板后，由封闭的监管车，通过社会道路运输至机场内的东航货运站或机坪，最后装机。根据现行民航安全管理的相关法规，这种类型的货运站正被要求整改或取消。

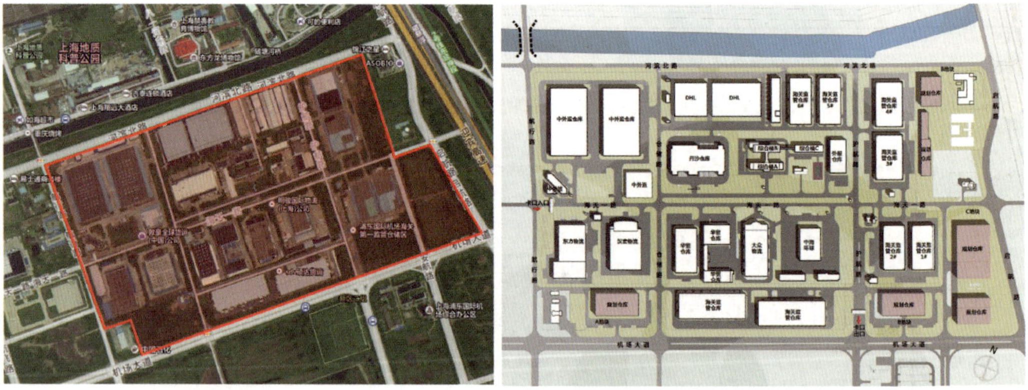

图 3-8　浦东国际机场第一监管区现状与规划

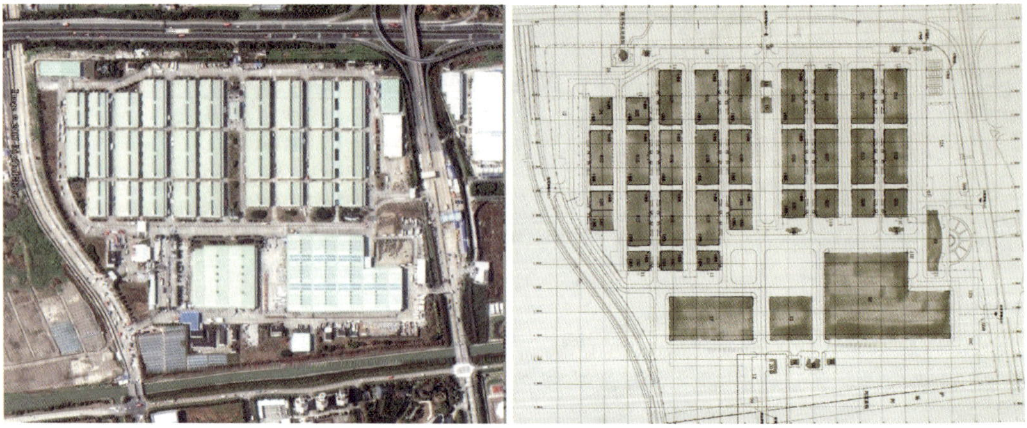

图 3-9　浦东国际机场第二监管区现状与规划

第四，物流园区的规划布局需要考虑可持续发展性和规划调整的灵活性。既要考虑未来货量增长的设施需求，预留足够的扩展空间，又要灵活规划以应对物流设施未来发展的不确定性。

3.2.3　产业园区规划

大型枢纽机场会吸引产业设施，会在机场周围地区集聚形成产业园区。做好大型枢纽机场临空地区的总体规划是一项很重要的工作，然而现在很多机场在这一点上考虑不够周全，只考虑货运区放在哪里便利，并不思考货运区与外部产业园区的联络问题。这就会造成产业园区与货运物流园区之间的货物交接不畅通，就会增加物流操作环节，那么势必带来物流成本的增加。因此，在规划的时候要考虑怎样处理好机场物流园区与周边产业园区的关系，使得整个货运物流产业链条高效，并能够有空间生长，这是最关键的工作。

我们一直想在浦东国际机场规划一个奔驰、宝马等高端原装汽车的配件物流中心。高端车辆跟飞机一样，很多零部件价格昂贵且无法修理，所谓修理其实只是更换这些零部件，所以这些汽车厂商会在全球各大洲设立零部件物流配送中心。一般的汽车修理厂是不可能积压很多现金储备这些昂贵的零部件的，因此，我们可以在中国设立一个备件配送中心，保证 2～3 h 之内运送到全国各地的修理厂。这样的市场需求肯定是有的，即使增加物流成本，厂商也希望提高时效和提升服务。例如，在杭州萧山国际机场的顺丰全国转运中心内就设置了一个苹果手机的全国配送中心，保证客户下单后，半天之内手机就能送达客户手中，最大限度地发挥了顺丰航空快递的高效优势，满足了苹果手机对配送时效和服务水平的要求。

案例 009

北京大兴国际机场物流产业规划建议

北京大兴国际机场最初的规划方案，考虑到与城市交通便利对接等因素，将货运区规划在西侧。但实际上西侧已有的交通系统并不能够从根本上解决货运高峰时期交通量大的问题。不仅如此，如果货运区规划在西侧，用地紧张且发展空间有限，并且物流相关链条延伸没有发展空间，甚至只能建几个货运站，无法规划建设物流产业园区。这样的规划方案可能会造成机场货运物流产业发展受限，对临空区域及城市经济的带动不够等问题。

当时，我们就提出把机场的物流和机务设施都规划在机场东侧的建议。东面靠近廊坊的一个工业区，很小，也不景气。但如果将机场的货运区、机务区等功能设施布置在东侧，就能在机场与廊坊之间发展出一个较大的货运物流产业园区，并与机务产业进行联动，势必带动工业园区内产业的发展，从而带动整个区域的发展，最终在两个城市（北京与廊坊）之间形成一个新临空产业园区。图 3-10 所示是大兴国际机场产业园区的规划建议草图。

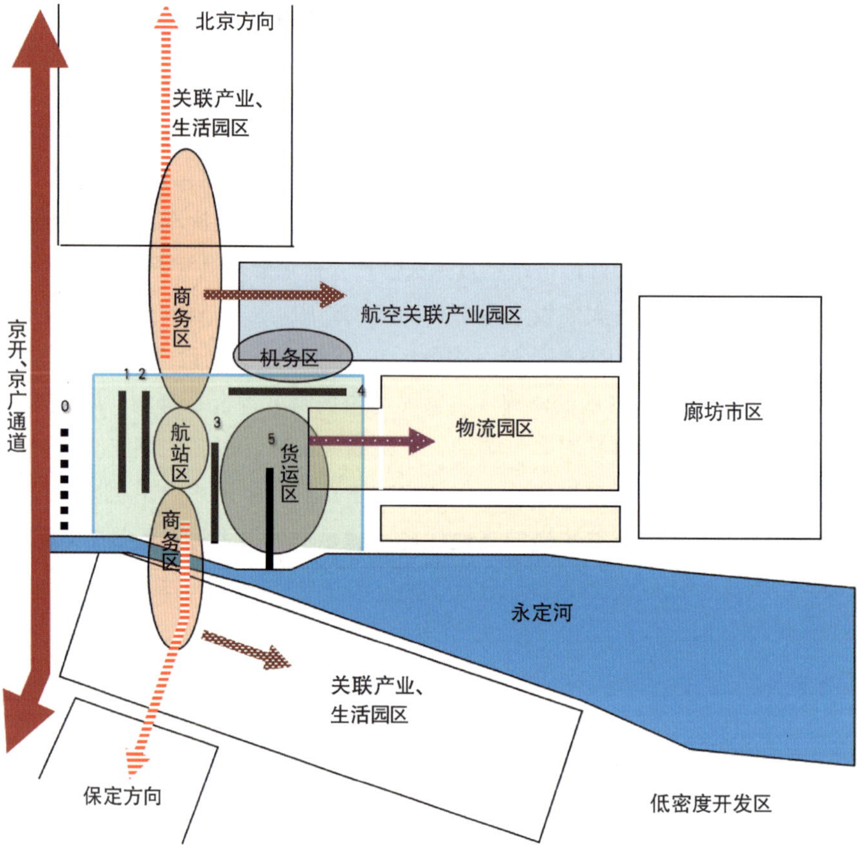

图 3-10　北京大兴国际机场产业园区规划建议草图

案例 010

荷兰阿姆斯特丹史基浦国际机场产业规划布局

荷兰阿姆斯特丹的史基浦机场是吞吐量仅次于伦敦希思罗机场、巴黎戴高乐机场以及法兰克福机场的欧洲第四大机场。史基浦机场依托其辐射整个欧洲的交通枢纽优势，通过系统的规划，在陆侧不断建成一系列大规模为客流服务的设施，逐渐形成了如今的史基浦航空城。

史基浦机场的史基浦中心（Schiphol Center）位于机场的核心地区，是航空城开发的重点，被称作“Dynamic Heart”，开发的设施包括世贸中心、喜来登酒店、希尔顿酒店等，可以提供大规模的交流和商务服务。

史基浦机场周边集聚了 2 000 多家国际公司，形成九大产业集群，包括：物流业、航空航天业、时装业、鲜花易腐业、专业金融服务、健康产业、高科技产业、汽车高端服务业、高端商贸业。机场临空经济区的空间结构与机场的功能分区相适应。物流园区与机场货运区相邻规划，并连接水路、铁路运输物流园，为多式联运提供了条件。史基浦机场航空城空间布局如图 3-11 所示。

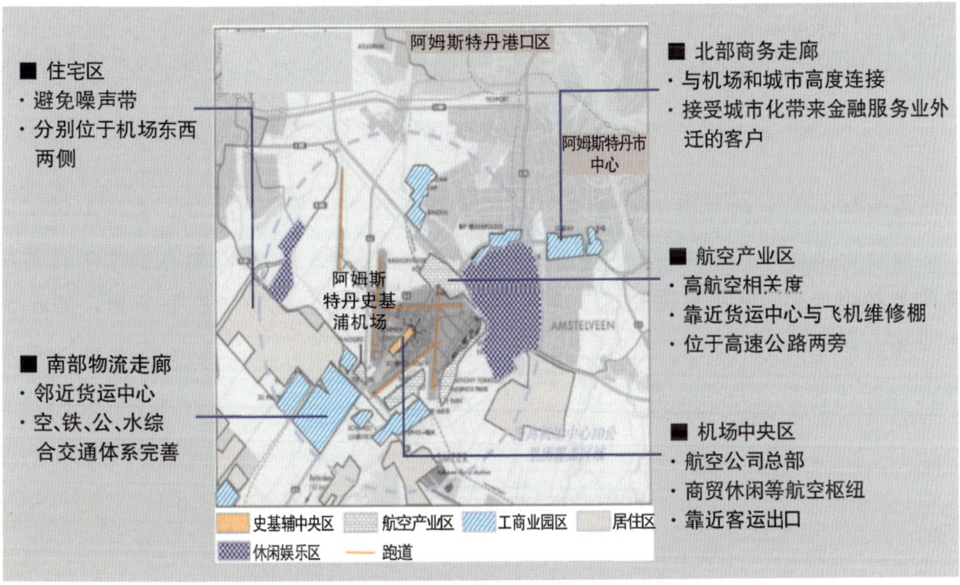

图 3-11　史基浦机场航空城空间布局

史基浦机场的物流园区布置在机场的南部地区，配备了非常完备的铁路和道路等集疏运设施，已经有雅马哈、Hoya、京瓷、霍尼韦尔、佳能、尼桑等企业的欧洲分销配送中心，瑞士 PANALPINA 集团的欧洲货运枢纽等一大批企业入驻。史基浦机场货运区及物流园区布局如图 3-12 所示。

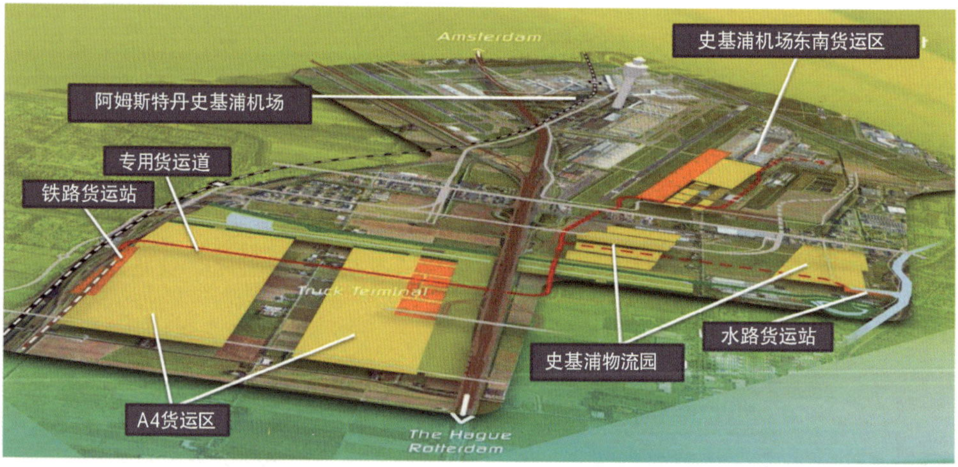

图 3-12　史基浦机场货运区及物流园区布局

史基浦机场25%的货源来自生鲜产品，集聚来自世界各国约 1 500 家花卉商家的产品，机场每年花卉运量约 40 万 t，其中 75%销往世界各地，鲜花、食品等生鲜货物成为当地最重要的产业。机场周边聚集了世界最大的鲜花拍卖、交易与服务市场，具备提供生鲜货物特殊服务的货代企业、海关清关区和陆海联运体系，占地71.5 万 m^2，是世界上最大的鲜花贸易交易设施群。

案例 011

美国路易斯维尔国际机场产业规划布局

阿姆斯特丹史基浦机场是客货并举发展的机场，类似于国内的浦东国际机场和首都国际机场。美国路易斯维尔国际机场则是以航空快递企业运营为主的货运枢纽机场，类似于我国正在建设的湖北鄂州货运枢纽机场。路易斯维尔国际机场周边集聚的产业具有非常鲜明的特点，大多为时效要求高的产业。

周边的主要聚集产业和提供的服务包括以下八个类别。

(1) 国家级儿童流感疫苗中心：利用空港可完成 72 h 覆盖全国的儿童鼻吸式流感疫苗配送。

（2）普莱利农场（Prairie Farms）乳制品：依托机场向各地递送新鲜奶制品。

（3）珠宝 JIT 配送：为珠宝商提供高级别安保仓储，并提供全国范围的 JIT 配送。

（4）福特国际汽车配件中心：24 h 内覆盖全国的汽车配件 JIT 配送，甚至能在全球范围内快速调拨汽车配件。

（5）美国红十字会应急救援中心：依托枢纽迁入红十字会应急医药救援中心，UPS 负责物资的日常维护，如处理过期药品、采购新物资等。

（6）美国军队：UPS 负责军用物资日常维护和随时投放。

（7）Sprint 手机 JIT 配送：帮助 Sprint 在全国范围内完成手机隔日配送。

（8）医疗器械/医药厂商跨国配送中心：心脏支架的全国范围 JIT 配送，帮助医院将快过期的药品快速送达非洲需要药品资助的医院。

路易斯维尔机场主要设施布局如图 3-13 所示。

图 3-13　路易斯维尔机场主要设施布局

3.3 货运集疏运系统规划

航空货运集疏运系统的规划要抓住机场运行的特点，结合航空货物的时效要求，以及不同机场的特殊条件。我们认为机场货运物流交通规划的主要原则是：客货分离，快慢分道，兼顾多式联运。

一是客货分离。机场是所有综合交通规划里面最复杂的一类，规划一套完善的机场货运交通体系，既能够满足货运区高峰车辆集散，以及未来货运交通量增长的需要，又能与客运交通体系相对独立，这是十分重要的。一般小机场都没有为货运设置专用通道，绝大多数是客货混用的。但是对于大机场，特别是大型枢纽机场，如果道路还是客货混用，那么最终受到影响的肯定是货运，因为如果出现拥挤和矛盾时，一定是优先保障客运通行的。其实再小的机场都应该规划客货道路相对分离，因为旅客和货运对通行时效和道路的要求都是不一样的，混行既影响效率，又不安全。

二是快慢分道。在货物运输中肯定有时效要求不一样的需求，有快有慢，建议快车与慢车（拖车）也不要混行，因为会影响时效性，该快的货物快不起来，就得不偿失。例如国际快件货物的运输时效要求就比国际普货高，机场货运站处理货物的时效要求比代理仓库或其他物流园区要高，客机腹舱带货与全货机货物时效和特点又不一样。因此，我们在规划机场物流交通时需要透析不同类型货物的物流特点，合理规划物流交通，提出科学的交通组织方案，特别是拖车和有动力车要分道行驶，这样才能实现整个园区甚至机场的交通顺畅。

三是多式联运。通过多种交通方式在机场货运物流园区集散货物，实际上是把这里变成了一个货运枢纽，所有的货物在这里都可以被看成是联运产品，因此航空货物都是“多式联运”的，我们必须为这些货物的中转规划最高效的联运设施。

3.3.1 陆侧货运系统规划

机场货运物流规划里还有一个非常重要的规划内容——道路系统的规划。道路系统是城市发展、机场发展的骨架和血脉。上海市的货运车辆进入外环线以内是受限的，外环线及其以外的道路系统已经与浦东国际机场做了很好的对接（图 3-14）。浦东国际机场可以通过五洲大道、龙东大道、华夏东路、迎宾大道对接市内货物运输，通过迎宾大道、机场高速、远东大道对接长三角地区的航空货运，这些道路都是可以封闭管理的，为浦东国际机场的航空货物集散提供了比较充分的保障。

图 3-14　上海两大机场与城市货运道路

机场内的货运道路更应该强调客货分离、快慢分道。以浦东国际机场为例（图 3-15），目前机场主要有三个分离的货运区（一期货运区、东货运区、西货运区），各货运区相对独立运营。机场内货运道路与外部衔接顺畅，并高效地联络所有货运、物流园区。在浦东国际机场货运区之间货物的交互并不多，即使有货物需要在货运区之间转运，陆侧道路虽不能专用，也基本能够满足时效要求。但如果需要大量货物在各货运区之间实现空空中转，那空侧驳运所需的时间就太长了。浦东国际机场陆侧的客运通过高架的方式和货运道路完全分开，客货交通体系相对独立，基本实现了“客货分离、快慢分道”的目标。

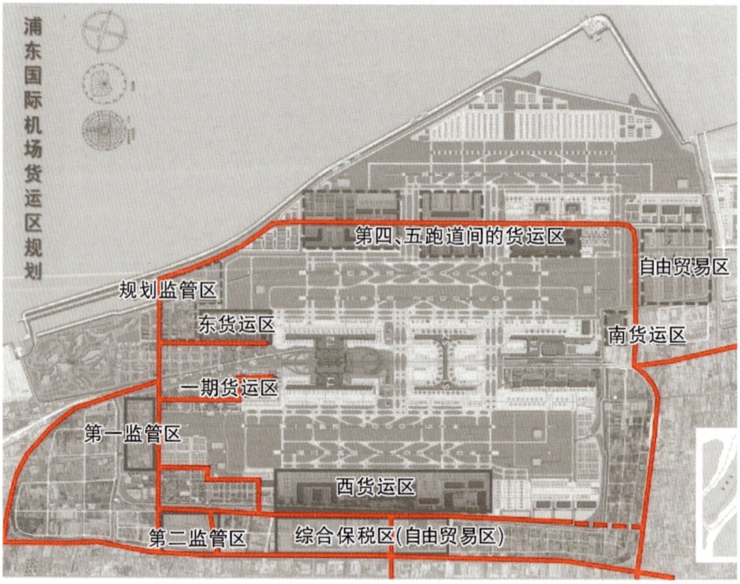

图 3-15　浦东国际机场陆侧货运道路

多数情况下，机场范围外的交通规划都还可以按照城市交通规划的相关法规和技术规范执行，但城市交通规划对货运交通年的计算和预测往往就不适用了。例如按城市交通算货运区的交通量，最小为 2 t/pcu，机场一年 300 万 t 吞吐量，交通量就不大了。这里有两个问题：第一，2 t/pcu 的最小值不适用，航空货物常常是为了几个小包裹开辆车来机场，甚至是为了一封信开一辆车来机场的。另外，还有货运区之间货车的往复运输也未考虑。第二，未考虑货运交通量的集中度。一般晚上或半夜货车的活跃度最高，像浦东国际机场每天就那么几个小时是货车交通高峰，大家都反映道路拥挤。因此，机场货运交通规划的时候如果不能抓住航空货运交通的这两大特点，就无法规划出适应航空物流园区的交通系统，未来就可能会制约货运物流产业的发展。这两点值得相关规划人员特别重视。

3.3.2　空侧货运系统规划

机场空侧的货运交通规划对于机场空侧运营效率的保障是非常关键的。空侧货运交通的最大特点就是以拖车运输为主，这是我们规划设计的前提条件。

大型枢纽机场的空侧货运系统规划，重点是要认真研究空侧道路须尽可能避免与飞机滑行道的平面交叉，空侧道路的通行效率将影响货运服务的水平和机场运营的水平。在浦东国际机场，我们在航站区用下穿和高架的方式，实现了空侧货运道路系统与飞机滑行道系统和陆侧交通系统的完全分离，互不干扰。浦东国际机场空侧货运道路立交部分如图3-16所示。

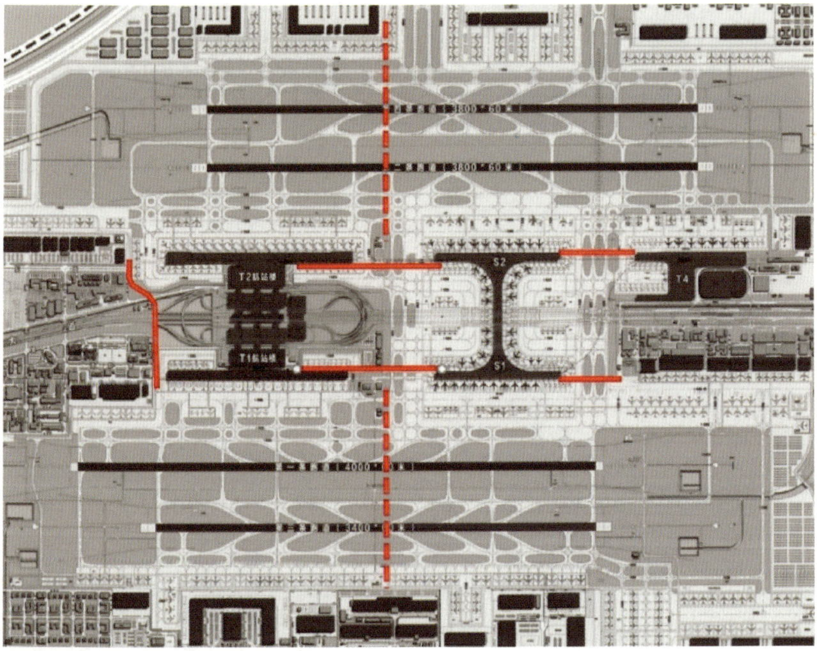

图 3-16　浦东国际机场空侧货运道路立交部分

综上所述，浦东国际机场基本实现了飞机滑行、空侧交通和陆侧集疏运系统的有效分离，既提高了效率，又保障了安全。唯一剩下没有实施的规划就是两条穿越跑道的地下货运通道，如果这两个通道得以实施，航站区与东西区之间的货物转运效率就会大大提高，这是非常有利于浦东国际机场货运枢纽高效运营的项目，应该紧盯该项目，一旦时机合适就要抓紧实施。浦东国际机场综合交通系统规划如图 3-17 所示。

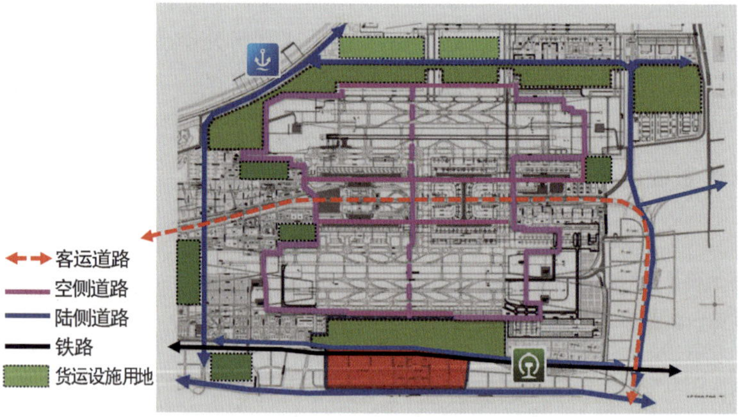

图 3-17　浦东国际机场综合交通系统规划

3.3.3　多式联运的设施规划

我们常说的多式联运主要是指旅客的联运，而现在大家开始关注货物的空铁联运了。但我们不是很看好货物的空铁联运。首先，我国的铁路货运体系还是比较完备的，但其运输的货物与航空运输的货物时效性和附加值不匹配，很难实现联运。其次，我国的高铁系统在最初规划建设时未考虑货物的运输，因此未规划高铁货运的基础设施。现在我们看到高铁车站是没有货运物流设施的，少量的车上用品的通道与旅客通道是混合的，也就是说不仅没有货物通道，连配餐、垃圾等都未设置专用通道。所以我认为要实现高铁货运大规模的运输是比较难的，与航空联运就更有挑战性了。

尽管如此，在浦东国际机场还是有点机会的。因为在浦东国际机场西侧，浦东新区规划了上海铁路东站（图 3-18），我认为可以适当考虑货物运输设施的设置，探索实现空铁联运。当然，这不是一个站点有了货运设施就能实现的目标，而是整个高铁网络的问题。要做好空铁联运，除了车站设施外，车辆、集装箱、时刻等方面都需要研究和探索，才能制订出完整系统的解决方案。总之，受到基础设施的制约，高铁货运发展不会太快，量也不会很大，现阶段可以作为一种补充型运输方式开展研究与试点。

浦东国际机场的多式联运还可以考虑建设一个码头，但这个事情一直都有不同意见。首先，浦东国际机场是具备建设条件的；其次，运量不会太大；再次，由于岸线太宝贵，

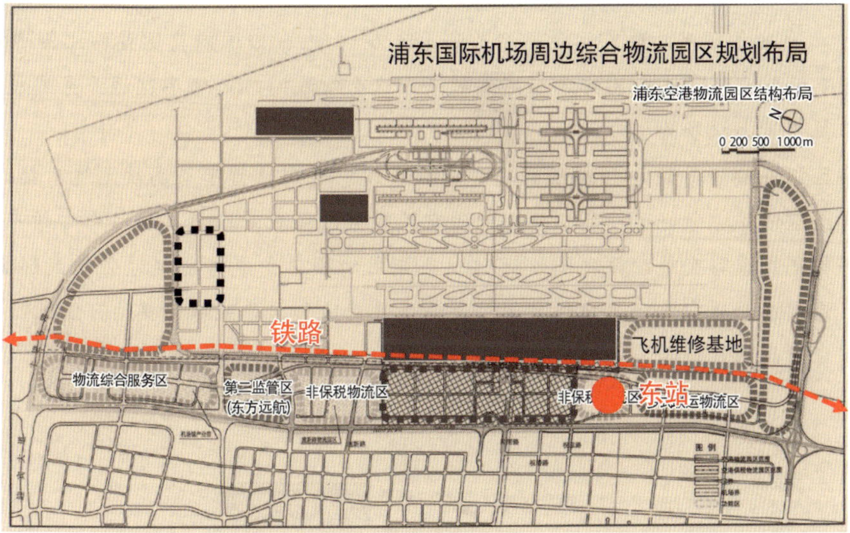

图 3-18　浦东国际机场西侧的上海铁路东站

相关管理部门是反对的。但紧邻机场在跑道喇叭口延长线的净空控制范围内，也没有其他使用方案，不如探索一下，做一个小码头，船可以直接开到浦东国际机场，客人下来后乘地铁进入上海市。我觉得也可以延伸产业链，结合码头在其邻近地区规划建设一个小型的海产品流通中心，即海鲜市场。当然，该中心的规模肯定不会太大。

案例 012

鄂州货运枢纽机场的空铁联运设施规划

鄂州货运枢纽机场经过多年的前期工作，已经开工建设，它的规划用地约为 12 km^2，一次性建设两条远距离平行跑道和一个顺丰专用的 68 万 m^2 的转运中心。建设完成后将以顺丰为主运营，成为顺丰的货运枢纽机场，它将会在这里进一步探索空铁联运，特别是飞机与高铁联运的可行性。

过去，顺丰在高铁运输方面做了诸多尝试。其 2018 年公布的高铁极速达产品已覆盖 48 个城市，开通 205 个流向，高铁顺手寄产品覆盖 34 个城市，开通 69 个高铁车站。全年陆路运输快递业务量为 30 亿票，占公司总快递业务完成量的 77.3%，铁路等其他运输方式完成业务 0.5 亿票，占公司总快递业务完成量的 1.2%。

同时，2018 年顺丰的航空运量已增长到 123 万 t，占我国国内货运量的比例达到 23%。目前，顺丰的航空运输基础网络已经建立起来，这个航线网络是顺丰空运业务发展的基础，而它是以杭州萧山机场为中心的。

顺丰已经在鄂州货运枢纽机场的转运中心建设中规划预留了与高铁无缝对接的联运设施，为实现空铁联运做好了准备。规划中的空铁联运设施布置在顺丰转运中心的东南方向、空侧机坪与陆侧道路交通设施之间，通过一条专用的铁路支线与已经运营的武鄂黄城际铁路连接，为以后开展空铁联运规划预留了设施建设用地和工艺流程对接的可能性。

鄂州货运枢纽机场的空铁联运设施规划如图 3-19 所示。

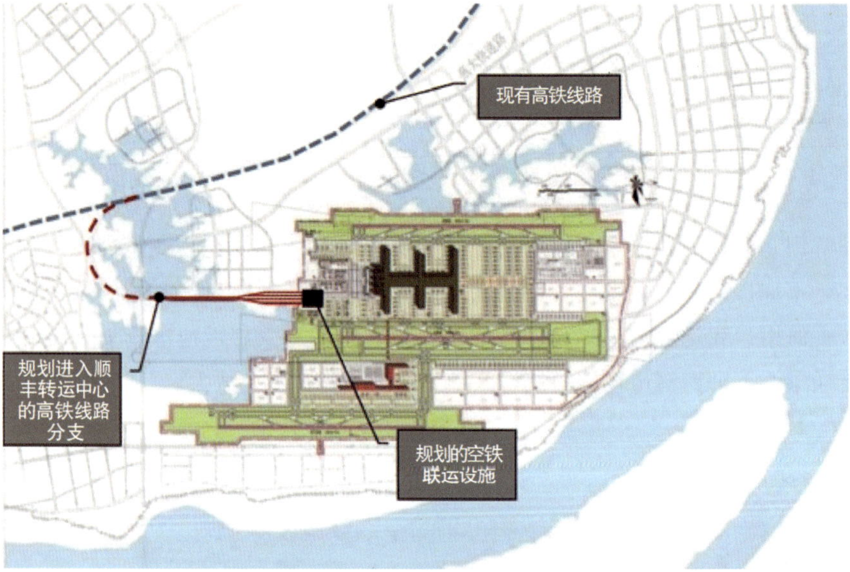

图 3-19　鄂州货运枢纽机场的空铁联运设施规划

第4章

机场综合保税区规划

本章主要讲述空港区域内依托航空货运和临空产业发展需求而产生的特殊政策区（保税区或综合保税区）的规划特点。因此，不得不在此讲清楚机场与临空产业的关系，因为保税区或综合保税区是为了更好地服务临空产业、更有利于机场与临空产业互动而形成的特殊功能区域；并且保税区、综合保税区内也集聚了适宜发展的企业，大多以物流功能为主，也会逐渐发展出制造业，并延伸至服务产业。因此本章以机场附近的保税区、综合保税区为重点展开，通过剖析机场与临空产业的关系，找出适合发展的临空产业内容，以及设施开发使用的强度和产业政策等内容。

在这里我们要研究的临空产业是具体的、落地的，具体到应该规划什么功能、什么设施，到底服务哪个产业链条，而非抽象的概念。其实我们经常听到的“临空经济”就是产业经济的概念，是对某一个产业链的研究，是一个纵向的维度，但是冠以区域经济的表像，以“临空”的面目出现，因此我们不用临空经济这个词，而是讲“临空产业”，把目光放在产业链上。我们在这里讨论的是在综合保税区内，在紧邻机场的范围内适宜引入和落地的产业类型、业态形式、设施形态等。因此，本章要介绍的主要是临空综合保税区的产业规划，目的是想让大家对产业生态（即产业链的规划）建设给予最大程度的重视。

4.1 保税产业及其设施规划

我们在研究的过程中发现，园区内外并没有绝对、明显的分界线，机场内外也没有明显的分界线。机场及其周边园区在产业规划上都是由产业链紧密地联系在一起的，甚至空港与整个城市的产业链的关系也是一脉相承的。因此，机场内外保税产业的规划既是区域范围内具有航空驱动特点的园区规划，也是城市产业规划的一部分。以前我们说的是“城市的机场”，现在说“航空城”，我们认为机场是城市经济的原动力之一。随着机场以及临空产业对城市的贡献越来越大，城市与机场的相互依赖度也越来越高。

保税产业是国际机场临空产业中的特色和高端产业。保税产业链的内涵是什么，其功能布局和设施规划应该怎么做，这些是我们最关心的。

4.1.1　保税产业的发展链条

机场最大的资源是集聚了大量且高端的人流、货流、信息流和资金流。在这个时代，流量就是最大的资源，不同的流量会给我们带来不同类型的产业。以国际机场的货运为例，机场传统发展的产业主要是航空物流和与之相关联的航站楼运营、货运物流、飞行区运营保障、飞机维修、飞行培训、原材料供应、生活配套等。一旦建立起不同类型的保税区，赋予园区综合保税功能，那么机场货运就可以延伸出物流产业、会展产业、商贸产业、现代制造业等临空产业，更可以进一步整合出高科技产业、总部经济、金融服务、房地产业，以及与之相适应的旅游产业、交通产业、休闲文娱产业、酒店服务产业、餐饮服务业等。综合保税功能会是这一产业发展进程的催化剂和黏合剂，对于用货运物流产业链整合临空产业会是一个极大的利好，如图 4-1 所示。

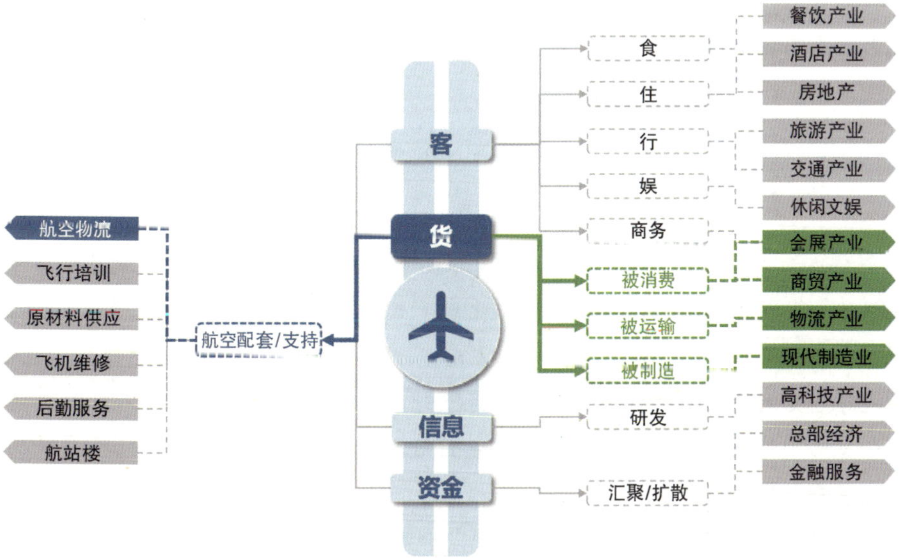

图 4-1　用货运物流产业链整合临空主要产业示意

临空保税产业链需要我们从三个维度来开展研究和规划。第一个是“行业”维度。要明确机场功能本身所带来的产业，即机场与生俱来的、必须发展的产业，例如航空货运、飞机维修、飞行保障等。第二个是“地域”维度。要结合城市本身发展较好的产业进行选择，找出本地具有发展优势的产业，例如海南的农林渔牧产业、杭州的电子商务产业、广州的外贸加工产业等。第三个是“政策”维度。要研究政策引导发展的产业，即当地出台各种优惠政策促进其发展的产业，例如海南自由贸易港出台的促进医养一体产业发展的相关政策。只有通过这三个维度实施多角度的分析和研究，才能选择和规划好保税产业的发展，更好地发挥机场的产业龙头作用，从而带动产业链的快速发展。

从这三个维度选择出来的保税产业应该如何发展、如何规划落地，更需要结合当地经济特点，抓住机场发展机遇。例如保税会展产业，在上海浦东国际机场和虹桥国际机场就可以规划面向全国，甚至全球级别的会展项目（如中国国际进口博览会的展馆）。但在其他二三线城市的机场未必就适宜了，在昆明机场附近规划的就应该是面向东盟的会展项目了。

综上所述，临空保税产业的研究应该就是保税产业链的研究，我们在这里要强调的是用保税物流产业链整合临空产业，推动枢纽机场航空城的发展。对于不同的国际机场来说，这种保税产业链的选择和整合都会是不同的，因地制宜进行个性化的策划，才能更好地指导规划落地和设施建设。

案例 013

海口美兰国际机场临空保税产业策划

海南全岛都是自由贸易区，因此美兰国际机场的物流产业园区实质上就是综合保税区。我们在做海口美兰国际机场产业规划时，就基于上述三个维度进行分析。首先，我们针对当地的产业特点开展工作。海南的产业特点还是十分鲜明的，是非常典型的热带岛屿型经济，航空运输是最重要的运输手段之一，对于时效性要求高的货物具有不可取代的地位。于是我们就必须抓住当地产业特点，并充分利用自由贸易港政策的红利选择合适的产业，并分析这些产业里面有多少是跟航空运输相关的产业。最终，我们选择的临空关联产业是农林渔牧，核心产业是航空物流，特色产业是会展业和医疗健康产业。海口美兰机场保税产业选择分析如图 4-2 所示。

同时，我们还结合当地的环境，详细分析每个产业的发展特点及其产业链特征。例如农林渔牧业，我们从市场基础分析，对企业发展状况和政策指导作用做了调查研究。我们提出

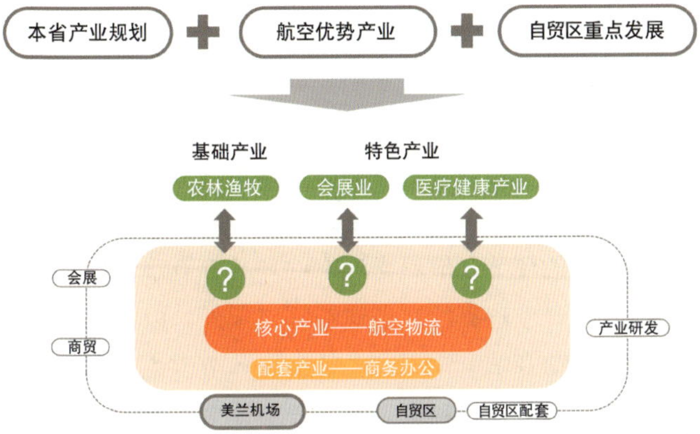

图 4-2　海口美兰国际机场保税产业选择分析

海口应充分发挥本地热带水果、海鲜产品的优势，提升产业层次，努力提高高端化和精细化水平，重点完善产品终端销售的冷链运输和个性化包装。因此在临空产业规划中，我们将冷链物流问题作为重点突出，要求必须建立完整的、高水平的冷链物流链，为水果和海鲜的冷链储存和加工包装服务提供全链条服务。海口美兰机场“农林渔牧产业”分析如图 4-3 所示。

图 4-3　海口美兰国际机场“农林渔牧产业”分析

4.1.2 产业链设施的临空偏好

从前文我们读懂了不是所有的产业都有临空偏好。这里我们要讨论的是在有临空偏好的产业链中，也不是全产业链上的所有环节和所有设施都有临空偏好的，亦即一个产品从原材料的组织、零部件的生产、产品的组装与加工，到包装与流通，到最后交到消费市场、到消费者手中，必须有很多的环节，但不是所有的环节都有临空偏好。一般而言，附加值越高、精细度越高、时效性要求越高的环节越有临空偏好。以水产品冷链为例，可以将其产业链分为五个环节，即产前环节、产中环节、产后环节、流通环节和消费环节。产前环节是饲料业、种植业、信息服务、品种规划等；产中环节是水产养殖、养殖管理、技术服务等；产后环节是水产加工、冷库储藏、食品深加工等；流通环节是冷链物流、渠道规划、物流管理、信息服务等；消费环节是产品提供、消费引导、广告宣传等。五个环节中后三个环节是有临空偏好的（图 4-4），只有这些具有临空偏好的环节上的产业设施才有可能在临空综合保税区内选址。

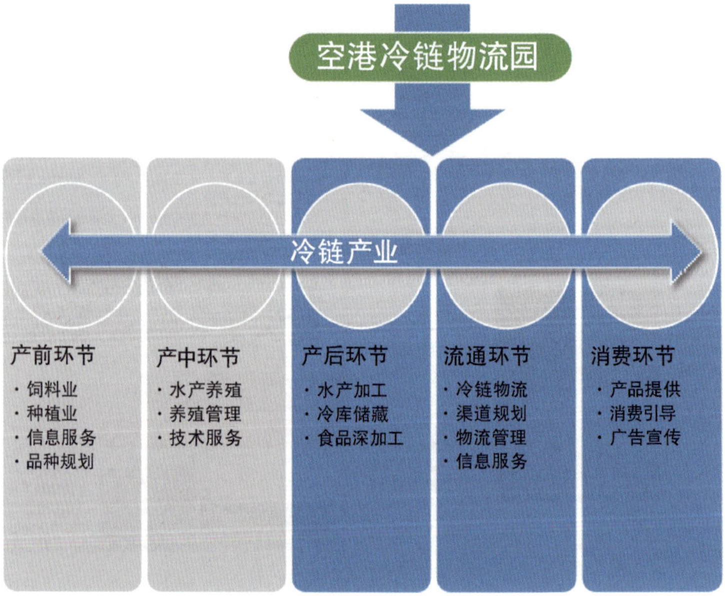

图 4-4 水产冷链产业各环节的临空偏好

4.1.3　保税设施的布局特点

综合保税区的产业功能设施在规划布局中，除了一般城市规划要求以外，还特别需要注意以下三个方面的布局特点。

（1）要与机场保持相互促进、相辅相成的关系。航空货运是高科技产品的主要运输方式。这些科技含量高、附加价值高、体积小、重量轻、市场敏感度高、交货期短的产品将越来越多地选择空运，而航空物流业的发展，特别是综合保税政策的实施，又势必吸引更多高科技企业在机场周边地区集聚。当然，这些保税产业的发展反过来也会带动机场货运量的增长，成为机场货运区发展的重要支撑。因此我们需要在规划布局中平衡好两个方面的需求，找到最佳平衡点，并为双方保留最大的发展空间。

（2）要保障产业链的生产效率。从产业链的角度分析机场货运产业与临空保税产业的关系，才能透析它们的内在联系。从与航空运输资源的密切程度来看，产业链上各环节可以分为核心环节、紧密关联环节、引致类环节等。核心环节主要包括直接和航空业独特资源有关的环节，如飞行器及机场资源，这是航空业独立存在的基础，主要是指航空运输及航空制造。紧密关联环节主要是指航空产业中的专业服务业，如研发、租赁、金融、贸易、物流、维修、咨询、培训、法律等，对核心环节起到支撑作用。而引致类环节，主要是指由前两类产业引发的产业，如相关的展览、旅游、房地产、零售等商业服务产业。在这里我们要特别关注产业链的内在逻辑，就是要“打通产业链”，即最大限度地满足其生产上的效率要求，也就是要降低成本、提高效率。

（3）要关注产业设施圈层式发展的特点。航空港区域一般呈现由机场向外圈层发展的趋势，综合保税区的发展也具有圈层发展的特征（图 4-5）。机场的核心为机场运营必需的功能设施区域，包含机场基础功能设施和机场相关功能设施。机场核心区外围为空港紧密区：一是主要针对航空运输需求而产生的附属产业设施的集聚；二是借助航空运输快捷优势及其网络覆盖区域巨大的优势而吸引的航空关联产业。空港紧密区以外为空港辐射区，一般既有更高端的产业设施，如高科技制造、总部基地、教育培训等，也有受机场吸引从别处转移过来的产业链上更远的产业设施。

为了最大限度地发挥航空港辐射临空区域的作用，机场内外功能设施的规划建设需要协同一致，机场货运产业规划与综合保税区的产业规划要有最好的协同与分工，有内外合作的开发机制与运营体制。具体而言，就是要将两个产业规划合二为一，既能使机场口岸

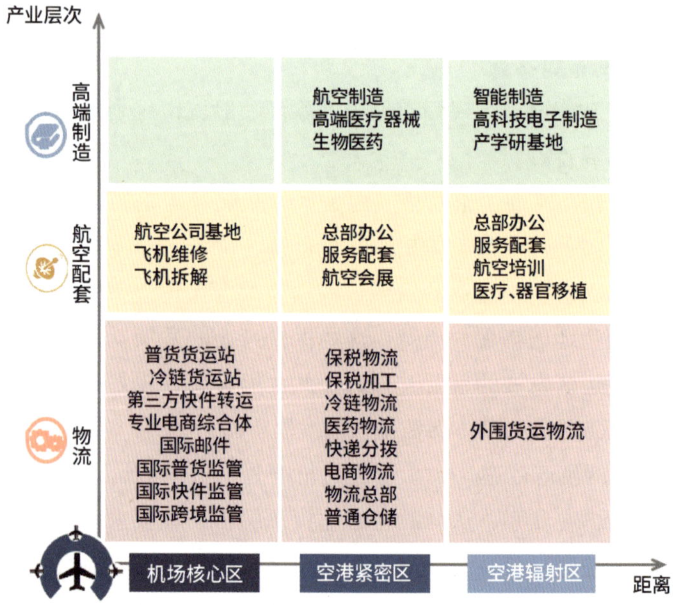

图 4-5　机场及保税产业设施的圈层构造

快速周转，又能使综合保税区的产业设施有最好的效益，使整个产业链的时效性、经济性最高。我们做的海口美兰国际机场综合保税区规划就是这种圈层结构的典型案例。

案例 014

海口美兰国际机场综合保税区的圈层结构

圈层结构的规划理念包括："港"——机场口岸区、"产"——物流增值区、"城"——商业配套区三个圈层概念。如果把科学合理的海关监管方式融入其中，对应的就是口岸区、保税区、保税加工区的海关监管体系。当然我们规划设计的目标是要真正实现口岸监管区与保税区的融合。

基于对海口美兰国际机场航空货运三个维度的产业研究，我们在美兰国际机场货运区及保税区规划中运用了圈层结构的规划理念（图 4-6），进行了"港产城一体化"规划。主要的圈层结构包括三个部分。

（1）机场核心圈层（货运区）：包括货运站、快件中心、邮件中心、代理仓库等。

(2) 空港紧邻区（保税区或综合保税区）：包括保税物流、冷链物流、医药物流、快递分拨、电商物流等物流园区。

(3) 空港相邻区：包括总部办公、酒店、综合服务、航空培训、医养一体等设施。

图4-6　海口美兰国际机场综合保税区的圈层结构规划

4.2　综合保税区产业规划

综合保税区需要一个系统完整的产业规划，而且还要是一个适合政策导向和市场环境，且不断更新的规划。这里我们不准备对综合保税区产业规划做系统完整的介绍，只对保税产业规划的要点和产业链规划做些研讨。

4.2.1　保税产业规划的要点

综合保税区是设立在内陆地区的具有保税港区功能的海关特殊监管区域，由海关参照有关规定对综合保税区进行管理，执行保税港区的税收和外汇政策，可以集保税区、出口加工区、保税物流区、港口等功能于一身，可以发展国际中转、配送、采购、转口贸易、出口加工和金融服务等业务。

机场综合保税区都是应机场货运物流产业发展的要求而产生的。规划的重点就是利用好综合保税区的政策优势和航空货运的高效优势，促其联动发挥乘数效应。那么，怎样实现互相促进的发展呢？我们认为在保税产业的规划上应重点从以下三个方面来进行研究和突破。

第一，充分利用政策利好。这是真正发展好、管理好综合保税区的核心所在，因为综合保税区的存在本身就是政策创新的产物。常见的综合保税区主要政策包括：国外货物入区保税、货物出区进入国内销售按货物进口的有关规定办理报关并按货物实际状态征税、国内货物入区视同出口实行退税、区内企业之间的货物交易不征增值税和消费税等。

第二，高水平的产业引入。根据政策优势研究引入其他地区难以复制的产业，发挥政策红利，带动产业发展，提升整个区域的经济效益。当然，产业的引入和规划也应该因地制宜，与当地发展特点相结合。

第三，契合实际需求的监管创新。综合保税区主要服务于跨国贸易和跨国生产企业，那么在同时具有口岸监管的情况下，如何与机场货运区之间形成便捷、高效的连通是规划的重点工作内容。需要创造性地研究和规划好综合保税区与机场货运区各自的口岸监管模式、监管流程、监管方式等；需要研究好综合保税区与其他临空区域之间的产业逻辑关系和监管流程。

综合保税区规划的关键就是要打通产业链条，既要便捷地与货运区连通，又要规划合理的产业链延伸空间和高效运营的工艺流程。只有打通了产业链，这些保税物流产业才能真正有效地带动地区经济的发展。

4.2.2　土地使用强度与产业分级

综合保税区对土地价值的挖掘可以大致分为四个阶段。

第一个阶段是机场基础功能设施的建设。主要包括国际货运站、国际转运中心等国际口岸和中转设施，是为了完成货物出港、到港、中转等作业的货运核心功能的规划建设。包括土地取得、货运站规划建设、监管仓库的规划建设、转运中心的建设、海关及其他口岸设施的规划建设等。这个阶段对应的就是一些基础的运输产业，属于最初的产业层级。

第二个阶段是物流功能设施的建设。包括园区用地的取得、保税仓库、分拨中心、简单加工工厂的建设、配送中心的规划建设等。这个阶段要利用好综合保税政策优势为高附加值产业（例如高端零配件企业、电子产品企业、生物医药企业、跨境电商企业等）提供物流延伸和增值服务。包括：多国加值拼货服务——国内外原材料、半成品或成品在区内集结仓储，进行重组、简单加工、增值等服务后再出口；国际物流分拨服务——国内外制造的成品在区内集结仓储、对库存进行管理，或进行重组和简单加工等增值服务后，再进行进出口转运及配送；售后维修服务——提供国内外厂商维修用零部件的仓库管理及客户退修产品的检测、维修、再出口等服务。

第三个阶段是商务功能设施建设。表现为大量的商务办公楼及配套的科技研发、商务服务、金融、会展、房地产等新兴服务设施和大量贸易公司、结算中心、金融公司、跨国公司区域总部的出现。在这一阶段要特别注重发展保税科研、保税贸易、跨境电商、供应链金融。除传统的出口加工企业集聚以及国外高科技企业招商引资外，更强调科研、贸易、金融功能的引入。

第四个阶段是城市功能设施和政策环境的建设。包括各种城市综合服务设施、生活服务设施的完善，基础教育、文化娱乐体育、媒体等，要进一步开放平台、加强监管体系建设和风险防范能力建设。这个阶段要特别注意新兴产业的引入和培育。在货运物流领域要抓住机遇，引入或培育国际中转业务、高端制造业的全球分拨中心、生物医药物流增值业务、保税航材、跨境电商的海外仓、转运中心、离岸金融业务、投融资业务等。

其实可以看出土地开发的四个阶段，还对应着四个不同的土地使用强度区间（图 4-7）。刚开始的第一阶段土地使用强度是很低的，随着园区的发展，使用强度会逐步提高。从机场航空运输的角度来看，随着运输量的提高，人们会想方设法提高土地利用率，提升土地开发强度，产业设施也会不断增加。从产业链发展的角度来看，随着产业设施的增加，高端产业会越来越多，高端产业设施自然会形成空间上的集聚。一方面产业效率的问题要求这些设施要尽量靠近机场，另一方面国家要求节约用地，最后我们看到的自然就是土地使用效率的提高。于是我们看到的风景就是：从机场到园区到城市，容积率越来越高，设施与机场的关联度越来越低。

从规划建设的角度，绝对不能放松对土地开发效率（强度）的追求。目前，大多数货运区摊得太大，土地使用效率较低。为什么就不能把货运站、代理、快件、仓储等规划在一个综合体里呢？这就是我们想说的重点，无论是机场内货运区规划还是综合保税区规划，都要尽量提升土地的开发强度，从而提升园区的整体运营效率和效益。

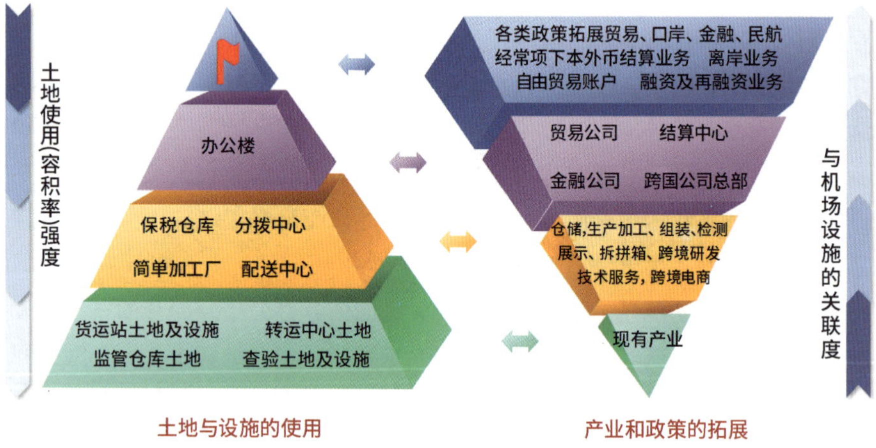

图 4-7 土地使用强度与产业设施群

在上述产业链的拓展中，综合保税区的产业设施也大致被分成四个层次（图 4-8）：交通运输层、物流产业层、商务办公层、城市综合层。虽然这四个层面不是绝对分开的，在

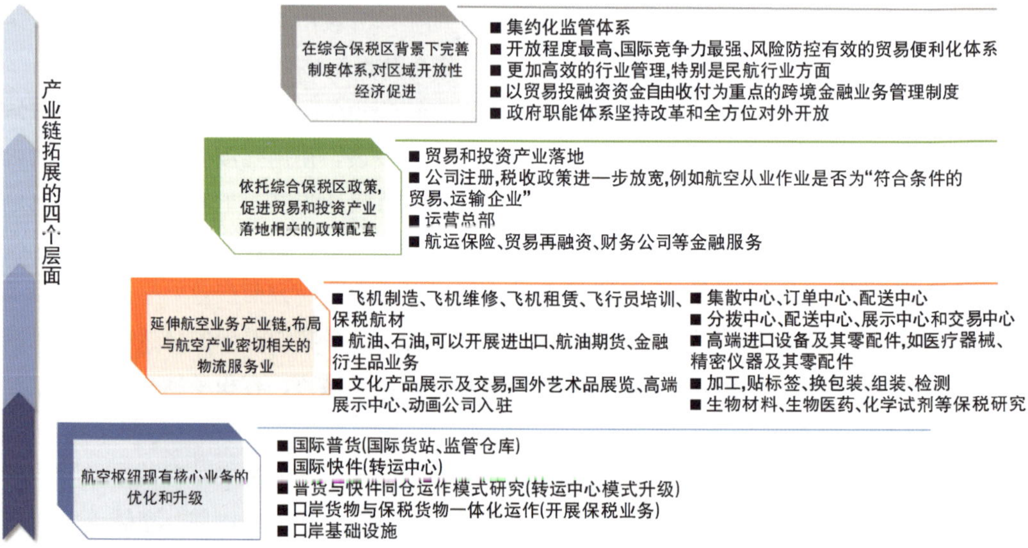

图 4-8 产业链拓展的四个层面及其内涵

设施建设和运营管理上它们是相互搭接、并行发展的，但其功能上是有明显区分的。为了促成它们的发展壮大，我们必须充分认识其内涵，掌握它们的发展规律，适时发布相关帮扶政策，提供有利于其生长的客观环境。

土地集约利用，功能适度整合，加上产业链层级提高，这就是航空物流产业规划的趋势和方向。

4.2.3　我国综合保税区实践

接下来介绍几个国内已经投入运营的机场综合保税区规划和实施的案例，主要从功能布局、产业规划、政策编制，以及引入产业的情况及其发展优势等方面来进行介绍。

案例 015

首都国际机场综合保税区

首都国际机场旁边的天竺综合保税区总体规划面积为 5.944 km²，分为南北两个围网区。其中，南区为北京天竺出口加工区，规划面积为 2.726 km²；北区包括北京首都国际机场航空货运基地和北京空港保税物流中心等用地，规划面积为 3.218 km²。园区按照“统一规划、整体围网、分区管理、分期建设”的原则，规划建设口岸操作区、保税功能区两大功能片区、一个进出口货物海关监管区，以及一个综合办公区。首都国际机场综合保税区如图 4-9 所示。

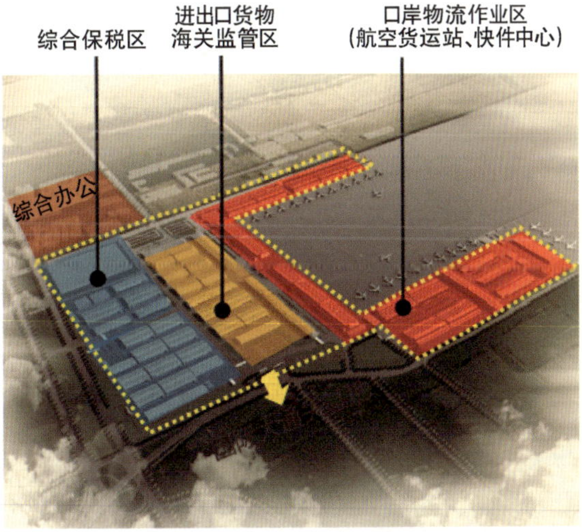

图 4-9　首都国际机场综合保税区布局

综合保税区主要规划发展七大产业：率先发展现代物流、着力发展国际贸易、优化发展保税加工、鼓励发展保税研发、引导发展检测维修、加快发展保税展览、创新发展特色金融租赁服务。希望通过着力打造以生物医药和医疗器械为引领的国际采购分拨中心、以高精端国际商品和文化创意产业为特征的国家对外文化贸易基地、以飞机租赁为突破口的离岸金融中心、以机务维修和飞机发动机维修为主体的航空器材及IT产品保税维修中心、以跨境电商产业园为核心的进口商品直营中心五大中心，使天竺综合保税区成为联结国内国外两个市场，集聚各类高端生产要素，带动周边产业升级，促进区域经济发展的动力源。

首都机场综合保税区的主要发展优势有以下几个方面：

(1)“区港联动”的功能优势。对保税区与国际货运区进行整合，实现“区港一体、以区促港、以港兴区”，真正意义上实现保税区与港口的区域联动、功能联动、信息联动、营运联动，形成保税区与港口的良性互动。

(2)“空海陆铁”的联运优势。与天津东疆保税港区、滨海新区综合保税区和大连大窑湾保税港区实现产业链衔接，资源共享，错位发展。

(3) 监管创新优势。海关通过区域化、网络化、电子化管理，简化通关手续，满足企业对货物快速流通和海关对货物有效监管的要求，吸引物流企业投资，从而推动保税区和港区物流业的发展。

(4) 配套服务优势。拥有市政、教育、医疗、文体娱乐等服务产业配套设施，为企业提供优质的后勤保障服务。

案例 016

郑州航空港经济综合实验区

郑州航空港经济综合实验区是国家级航空港经济综合实验区，也是河南省三大国家战略的重要组成部分，其发展规划于2013年3月7日获得国务院正式批复。实验区位于郑州市东南方向25 km，规划批复面积为415 km^2，具有一个集航空、高铁、城际铁路、地铁、高速公路于一体，可实现“铁、公、机”无缝衔接的综合交通枢纽。

航空港经济综合实验区重点发展具有临空指向性和关联性的高端产业，培育临空高端服务功能和知识创新功能，构筑中原经济区一体化框架下具有明显特色和竞争力的空港产业体系。具体以八大产业园区呈现：智能终端（手机）产业园、航空制造维修产业园、生物医药产业园、商贸会展产业园、精密机械产业园、电子商务产业园、电子信息产业园、航空物流产业园。郑州航空港经济综合实验区布局如图4-10所示。

图 4-10　郑州航空港经济综合实验区布局

为了实现上述规划构想，郑州航空港经济综合实验区积极响应国家“一带一路”倡议，实施东联西进，借势发展，推进综合交通体系和枢纽本身的建设，以及开放平台和营商环境的建设。主要举措包括：

(1) 强化航空枢纽地位。郑州国际机场作为八大区域枢纽机场之一和三大经济圈的地理中心，2.5 小时航空圈覆盖全国人口的 90%，覆盖全国经济总量的 95%，为此郑州市规划了“一网”“两链”“四港一体”。

(2) 构建多式联运体系。郑州已经建成国家“米”字形高铁网络和铁路枢纽，开通了豫欧班列，而且还是国家高速公路、干线公路的重要枢纽城市和中原城市群城际轨道的核心枢纽，这都为开展以航空运输为核心的多式联运奠定了很好的基础。

(3) 打造开放载体平台。郑州航空港经济综合实验区已经建成了综合保税区、出口加工区、保税物流中心、E贸易平台、电子口岸、铁路集装箱中心站、中原国际港，航空和铁路一类口岸等，初步打造完成一个开放的产业平台。

(4) 提升国际营商环境。郑州航空港经济综合实验区已经建立起“两级三层”管理体制，借鉴了上海自贸区相关政策，为建设全面深化改革、体制机制创新的示范区开了个好头。

案例 017

新疆喀什综合保税区

喀什临空经济区包括喀什经济开发区深圳产业园、综合保税区、总部经济区、深圳城、喀什发展商务区、综合服务区等，其发展规划是以喀什机场及与之相连的综合保税区为核心规划建设产业集聚区，旨在营造空中通道，创造商贸机会，充分利用好优惠政策，以商贸物流引导产业发展，将喀什打造成为丝绸之路经济带上的综合交通枢纽和物流集散地。

《喀什临空经济区发展规划》根据当地产业现状和总体发展目标，规划了临空传统产业、航空物流业、临空特色旅游业、临空航空运输保障业、临空通用航空业、临空高科技产业、临空高端商贸业、临空会展业八大产业。

喀什综合保税区具有铁路、公路、航空等立体交通网络优势，紧邻喀什国际机场和国道 314、315 线，阿喀高速、喀和高速、喀伊高速环绕综合保税区；南疆铁路和规划中的中吉乌铁路、中巴铁路紧邻综合保税区，并在北部设有国际铁路货运站，规划有两条专用线连接综合保税区。保税区结合机场和高速公路出入口设置了出口加工区，用来发展仓储、流通加工、国际采购、国际中转集拼和其他航空物流服务。

喀什综合保税区（图 4-11）位于喀什国际机场北侧、恰克马克河以南的区域。规划面积为 3.56 km^2，主要设置保税仓储、保税物流、保税加工、展览展示、口岸操作、航空货运和综合配套服务七大功能区，具备国际中转、国际配送、国际采购、国际转口贸易和出口加工等功能。喀什综合保税区具有保税区、出口加工区及保税物流园区等各项功能的叠加优势，是集国际中转、配送、采购、转口贸易和出口加工等业务于一体，在新疆开放程度最高、政策最优惠、功能最齐全、手续最简化的海关特殊监管区域。

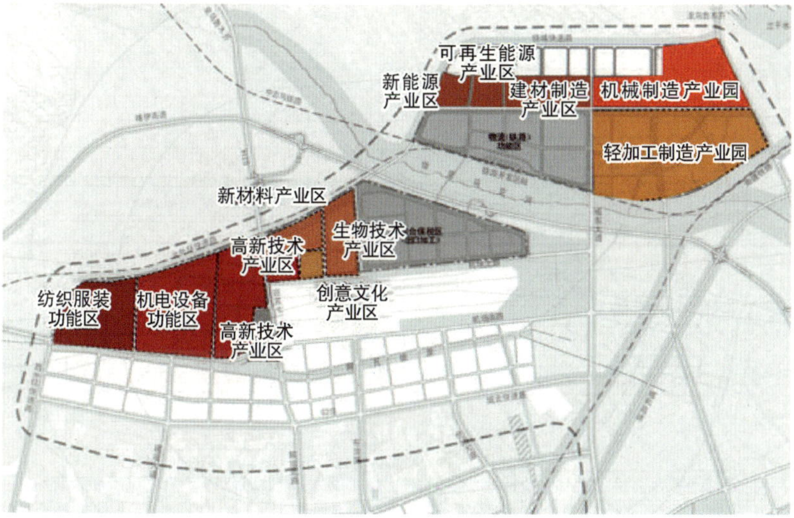

图 4-11　新疆喀什综合保税区布局

案例 018

成都双流综合保税区

2012 年 1 月，经国务院批准成都高新综合保税区扩设双流园区，2012 年 7 月 3 日正式验收合格。双流综合保税区（图 4-12）地处成都天府新区核心起步区，总规模面积为 15.48 km^2，其中围网区面积 4 km^2，配套区面积 11.48 km^2。区内企业有仁宝、纬创等世界 500 强企业。

双流综合保税区是四川自贸试验区内唯一的海关特殊监管区域。在综合保税区、自贸试验区、跨境电子商务综合试验区、临空经济示范区等多重政策机遇的叠加优势下，双流综合保税区确定的重点发展方向包括：

(1) 保税加工制造产业进一步丰富和完善。依托仁宝、纬创等企业大力发展以智能终端为主的加工制造产业，探索形成集芯片研发、封装测试、核心零部件和移动终端制造于一体的立体信息技术产业集群。

(2) 航空保税维修产业方面聚焦高端化、特色化。依托四川国际航空发动机保税维修基地项目，带动园区保税维修产业快速发展。

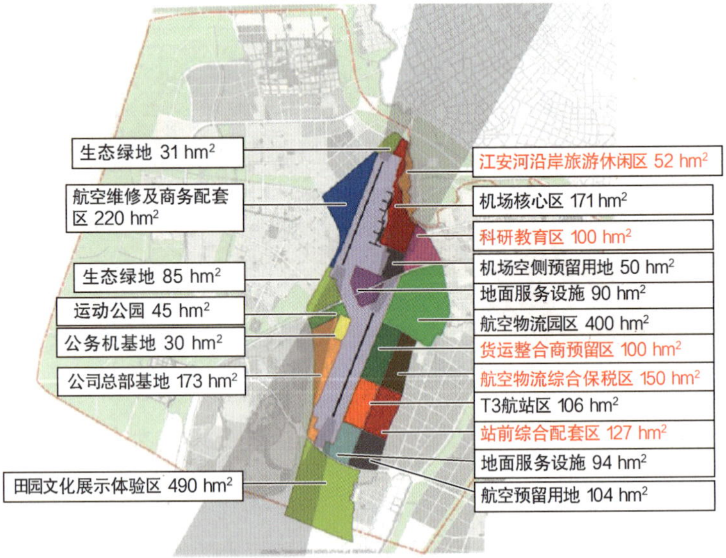

图 4-12　成都双流综合保税区布局

(3) 跨境贸易产业方面重点发展 B2B、B2C 跨境电子商务保税备货进出口业务，着力完善跨境电商生态体系，打造成都跨境电商示范区。

(4) 临空服务业方面大力发展以融资租赁产业为特色的临空服务业。联合海关实施飞机融资租赁“综合保税 + 空港”海关异地委托监管模式，积极开展飞机整机、飞行模拟器、备用发动机等融资租赁业务。

(5) 积极推动中国（四川）—东盟自由贸易合作中心项目落地。

为实现综合保税区高质量发展，双流综合保税区按照“强服务稳存量、抓项目拓增量、搭平台蓄流量”三大工作思路，以服务企业为基础，以项目招商引资为抓手，以优化营商环境为保障，多措施并举，重点做好以下工作：

(1) 紧抓航空维修产业链的关键环节，致力于打造门类齐全的一站式航空发动机保税维修基地，塑造航空维修产业世界竞争力。

(2) 进一步丰富园区主导电子产业类型，力争项目投产达效。

(3) 加快发展跨境电商保税备货进出口业务，实现跨境电商产业的规模化发展。

(4) 依托空港和综合保税区现有功能平台优势，以投资便利化、服务智能化为目标，进一步提升信息化水平，降低企业通关成本，提升通关效率。

4.3　海关政策与监管

海关的监管政策、监管模式、监管技术等都是随着国家改革开放的步伐而不断进化的。未来，负面清单（negative list）制度将是影响海关政策和监管演进的最关键要素。

负面清单制度是一国政府在引进外资时，对那些本国不允许外商投资或有限制要求的领域和产业，以清单形式公开列明，清单以外领域则充分开放的管理制度。

4.3.1　负面清单制度

到目前为止，我国的对外管理一直采用的是《外商投资产业指导目录》模式，即“正面清单”管理模式，在这份由国家发改委和商务部制订的目录中，列出了我国鼓励、限制、禁止外商进入的行业，所有的外商投资只能在规定的范围内活动。而“负面清单”是给不开放的行业和受限制的商业活动列一个清单，明确告诉外商哪些领域和行业是限制或禁止其活动的，那么，只要未列入名单的就是法无禁止即可为。日前我国自由贸易区的负面清单是指《自由贸易试验区外商投资准入特别管理措施》，这个 2015 年版的负面清单，共有 15 个门类、50 个条目、122 项特别管理措施。

负面清单制度最重要的意义，首先在于更好地厘清了政府和市场的边界，推动行政审批制度的改革。未实施负面清单前，政府没有规定不能做的，也不一定就可以做，还是要过审批这一关。有了负面清单后，凡不在清单以内，只需要备案而不用审批，这是一个非常明显的进步。负面清单从根本上和制度上实现了简政放权，真正把权力一放到底，这是政府在管理体制变革上跨出的重要一步。其次，有助于创造公平竞争的环境，激发市场主体的活力。最后，有助于更好地接轨国际贸易与国际投资规则，进一步提升对外开放的水平。

作为改革开放的一步，我国负面清单制度的创新意义大于经济驱动意义。把改革开放放在第一位，把制度创新放在第一位，这是我国贸易发展的核心内涵。在对外开放上，就是要进一步思考政府如何管理市场、服务市场、推动投资贸易便利化。在政府职能转变上，就是要探索如何厘清政府与市场的边界，提高政府服务的透明度、便捷性等。这不仅是综合保税区、自贸区需要解决的问题，也是我国经济发展转型升级避不开的问题。因此负面清单制度是一场新的制度改革的起点。

我国自2015年实行负面清单制度以来，各试验区政府简政放权，大幅度降低了企业的时间成本、经营成本，大大提高了办事效率，对外资的吸引力成倍增加。以浦东新区为例，过去每年吸引外资1 000家左右，实行负面清单制度之后每年约有3 000家外资企业入驻。但是，现行的负面清单制度还存在涵盖行业范围过大，开放力度不够等不足；由于限制条目众多，不可能详细罗列清楚，使得清单透明度不够高；立法工作跟不上，许多相应的法律法规尚需完善；市场准入有待深化，对内外资监管尚未协同等问题。未来需要在以下三个方面着力改善和提高：

（1）进一步加大开放力度。要进一步缩小清单的覆盖范围，同时提高负面清单的透明度。还要鼓励投资主体及其他社会公众积极参与清单的修改工作，在公开透明的环境下制定出可以被广泛接受的负面清单。在实施阶段，管理者必须做到严格遵循负面清单办事，接受公共监督，不擅自增加限制措施，积极促进外商投资的进入。

（2）进一步健全法律法规。由于与负面清单制度有关的立法主体较多，导致政策繁复，令出多门。有必要进一步做好顶层设计，明确各个主体的地位和责任。人民代表大会应当承担起立法的责任，统一设计好法规体系的架构，尽快建立起负面清单制度的完整法律法规体系。

（3）进一步优化监管模式。应当明确界定外资，梳理好监管条例，明确监管制度，避免过度监管，协调好内外资管理。要进一步优化“境内关外”的管控模式，进一步简化监管手续、降低监管成本、保证监管质量，从而保证园区的有序运营，促进园区经济长期稳定的发展。

4.3.2　海关监管模式

根据综合保税区与机场货运区的位置关系，海关监管模式可以分为三种。

第一种是分离型，就是综合保税区与机场货运区完全分离，这种形式下两者之间各自独立，产业链松散，两者之间的货物需要用卡车运输。物流成本最大的一块就是装卸，因此这种模式对于航空综合保税区来说是不合理的。我们的研究重点是两区之间的关系，所以这种分离型的模式不在本书的研讨范围之内。

第二种是相邻型，就是综合保税区与机场货运区紧密相邻，有各自的出入口、有各自的围界、有各自的监管设施和检验法规，但两个园区之间有非常便捷的联系（直通关口），可以用拖车运输货物。这种模式是现行法规下最容易实现的，是最具操作性的模式。首都国际机场、浦东国际机场、南宁国际机场等的综合保税区都是按照这个模式规划建设和运营的。

第三种是一体化模式，就是综合保税区与机场国际货运区是一个园区，相互之间没有任何的物理隔离设施。该模式最大限度地为园区内的企业经营提供了便利，为产业链的高效运营提供了平台。该模式要求其政策、法规进一步开放，对海关监管模式、体制、技术法规，甚至海关自己内部的组织架构都提出了新的要求。这种模式是我们进一步改革开放的发展方向。

案例 019

浦东国际机场综合保税区监管模式

浦东国际机场西货运区与综合保税区是统一规划的，两个区域一河之隔。为了使整个区域效率高、交通便利，在申请综合保税区时，我们把机场西货运区也纳入综合保税区范围。当时在交通和卡口管理方面做了很多工作，包括主次卡口的设置、卡口的联动管理、内部道路的连通等，都为两片区域最终实现统一监管打好了基础。

然而在实际作业过程中是很难实现统一监管的，至今也没有完全实现。首先，很明显两块区域的管理方是不同的，一块是浦东新区管理，一块是民航管理，他们各自推行的政策有所区别。其次，实际操作时的监管又分为三个部门，一个是海关机场处，一个是海关综合保税处，还有一个就是机场空防管理部门，三个部门的政策法规、工作方式、管理目标等都是不一样的。

两个园区的一体化规划建设，必须充分考虑各自运营主体的要求。首先机场货运区五家运营商均有国际中转需求，都在各种设施内运作国际转运业务，统一纳入自贸港将有利于开展国际转运业务。同时各家都有和航空密切相关的规模不大的保税运作需求。因此，西货运区纳入综合保税区必须以不影响西货运区现有运作流程为前提。也就是说，建设方案必须满足“货物和物品在综合保税区、货运站等作业地，以及在综合保税区与境内其他地区之间进出，都要按规定办理手续”，且机场西货运区一般进出港货物分拨到第一、第二监管区的现有运作模式也不能改变。建设方案还必须满足“货物从其他口岸进出境的，按规定办理手续后可直通进出综合保税区”，而且空运国内转国际的货物运作不受影响。这样最终方案仅海关就在两个园区设置了三个卡口，两个园区也被不同的围界分隔了。浦东国际机场综合保税区监管模式如图 4-13 所示。

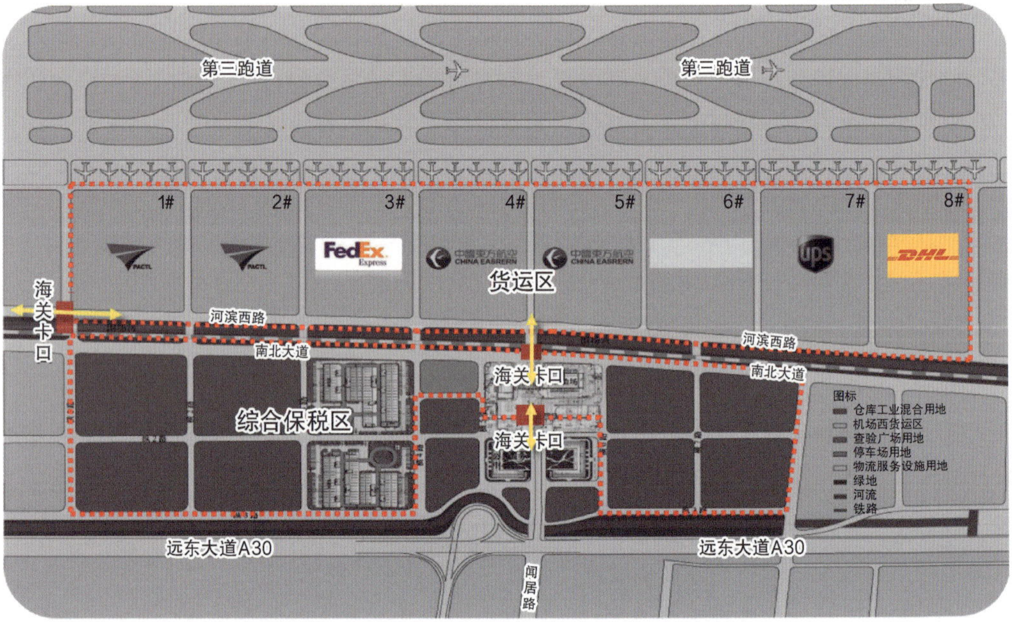

图 4-13　浦东国际机场综合保税区监管模式

浦东国际机场综合保税区在这样的两区一体化规划模式下，还是对产业链的拓展起到了一定的积极作用。在一系列港区联动措施的推动下，综合保税区充分发挥了政策优势和货运区的区位优势，加快了货物流通，促进了货运产业、仓储产业和物流产业的发展。这种“相邻型”的模式带动了临空产业链的联动发展，通过货运区与综合保税区的整合和集成，保税物流区和货运区得以打通。西货运区作为综合保税区内的航空口岸，也找到了自己新的定位，即服务综合保税区内的企业。

这个浦东国际机场综合保税区的案例还是很有代表性的。刚开始的时候机场方只是规划了机场的西货运区，实际是机场海关监管的，原本想用不了那么多土地。后来把监管仓库、保税中心、加工中心都一起规划进来，与浦东新区一起申请了保税区，再后来又升级为保税物流中心（B 型），又进一步变成了综合保税区，现在又升级为自由贸易区，下一步还可能变成自由贸易港区。这就是一个典型的机场货运物流园区发展的过程。还好，我们在规划之初就前瞻性地为后来的发展预留了充足的可能性和灵活性，很好地适应了后来的设施发展、政策开放，以及管理流程的变化。

4.3.3 园区演进

就如上述浦东国际机场综合保税区案例一样，几乎所有的机场综合保税区都有一个逐步发展进化的过程。其实我们所做的一切都是为了提高整体物流效率，都是为了打通物流产业链。所谓打通产业链，首先就是要理清楚产业链上各环节之间的内在逻辑关系；其次还要适时制定出相应的监管政策，这也是一个非常重要的影响因素。货运物流园区的演进就是沿着这两条主线进行的。

一般情况下，有机场就有货运站；有货运站后，为了货物的储存、打板等业务就需要有一定的仓储设施；这就是最初的货运物流设施。随着货运量的增加，这些货运物流设施也会增加，逐步就会出现一个小型的物流园区。

当机场有了国际航班后，上述物流设施就会需要增加海关的监管，于是所有的国际机场都会有监管区。随着货运量的进一步增加，这些监管区中如果只能做最简单的运输业务就越来越不能满足要求了，例如许多货物并不入境，只是在这里做一些拆解和拼装，于是新的保税功能区开始产生，根据储存、拆解、拼装、包装、加工、生产等不同的需求，A型、B 型保税物流中心等不同类型的保税区就纷纷出现了。

当监管区、保税区的产业发展到一定程度，对产业链完整性的要求就会出现，与之相适应的商务服务、技术服务、金融服务、贸易服务等的功能就必须引入，这时候就出现了综合保税区。当然，将来随着园区平台开放、自由度的进一步提高，还会催生自由贸易港区。

在这个全球化的时代，许多产业链都是跨区域跨国家的，都需要甚至依赖保税政策来降低成本、提高产业链效率。我们的机场保税区、综合保税区甚至自由贸易区正是为此而生的。一些中小机场如果货量较低，那么只要有国际航线，就可以先从监管区、保税区入手，这是比较容易批准的。还可以在货运站内设置保税库，先做起来再说，达到一定的量再去申请保税区、综合保税区。毕竟，能够起步是很重要的。

因此，我们从监管的角度看不同的机场货运物流园区，实际上也可以认为是在全球一体化背景下，货运物流园区发展演进中的不同阶段。就像一个外星人来到地球上，看到儿童、少年、青年、中年、老年的人类，就会理解人类的成长过程一样。

第 5 章

自由贸易港区规划初探

自由贸易港相对于综合保税区、保税区、监管区，在开放程度上是一个很大的跨越。我国对于自由贸易港区规划的理论与实践都还处于探索阶段，还没有先例，有很多课题急需研究解决。那么，自由贸易港与第 4 章介绍的综合保税区有什么区别呢？简而言之，自由贸易港的货物是真正的两头都在外的物流与生产区域。因此，可以认为自由贸易港是在本国国土之上，但不受本国法规管辖的一块土地。也就是说，在这个区域内我们要建立一套“以投资贸易自由化为核心的制度体系”。这个制度体系一切要以市场规律为依据，以提高效率为准绳，以最终建设出一个具有国际市场竞争力的开放性产业体系为目标。直白一点说，就是要“一少两多”，即少管控、多保障、多服务。服务和保障是没有止境的，但管控要少到什么程度，负面清单有多短，各个国家的自由贸易港是不一样的。在自由贸易港内，所发展的行业、不同业务环节上的管控手段也都是不一样的。全球有各种各样的自贸港，各自的政策和法规不尽相同，是没有统一标准的。

按照国家要求，自由贸易港区要坚持新的发展理念，坚持高质量发展，推动经济发展质量变革、效率变革、动力变革。要对标国际上公认的竞争力最强的自由贸易园区，选择国家战略需要、国际市场需求大、对开放度要求高但其他地区尚不具备实施条件的重点领域，实施具有较强国际市场竞争力的开放政策和制度。要加大开放型经济的风险压力测试，实现自由贸易区与境外投资经营便利、货物自由进出、资金流动便利、运输高度开放、人员自由执业、信息快捷联通。要打造更具国际市场影响力和竞争力的特殊经济功能区，主动服务和融入国家重大战略，更好地服务对外开放总体战略布局。

5.1　国外自由贸易港区建设实践

对于我国来说，规划建设自由贸易港是我们这个时代改革开放的一件大事，也是一个新生事物。虽然我们有全世界最成功的自由贸易港——香港，但香港整个城市都是自由贸易港，并没有局限在一定区域，比如机场内并未划有特定区域作为自由贸易港区。但从我们今天遇到的课题来看，香港在规划角度的参考意义不大。

因此，我们只能从国外机场自由贸易港建设的案例入手。我们需要对标全球先进的自由贸易港区，看看它们是怎么规划和实施的。这些案例主要对设施布局、土地使用、货站与自由贸易港区的关系等主要规划要素进行分析，并特别关注监管流线的规划手法。为此，我们选用了韩国仁川机场自由贸易区、阿联酋迪拜机场自由贸易区、迪拜南城自由贸易区、新加坡樟宜机场自由贸易区四个案例。部分国际机场自由贸易区案例见表 5-1。

表 5-1 （部分）国际机场自由贸易区案例

名称	规划面积（km^2）	主要功能	2016 年机场货运量（万 t）	机场规划货运量（万 t）
仁川机场自由贸易区	3.3	货运区 + 物流园	271	1 140（2030 年）
迪拜机场自由贸易区	7	物流园 + 物流增值和延伸产业 + 办公 + 商业会展	259	410（2020 年）
迪拜南城自由贸易区	25（物流城）	货运区 + 物流园 + 物流增值和延伸产业 + 办公 + 商业会展	90	1 200（2027 年）
新加坡樟宜机场自由贸易区	0.73	货运区 + 物流园	200	
浦东国际机场自由贸易区	1.74（西货运区）+ 3.4（新划定）	货运区 + 物流增值和延伸产业	340	685（2035 年）

案例的研究对于我们规划建设浦东国际机场自由贸易区和海南岛自由贸易港是十分有意义的。特别是海南岛为全岛实现自由贸易港，且货物主要还是通过机场和港口进出，那么研究机场货运区与自由贸易港区的联动关系、研究货物如何监管是当前自由贸易港规划的重点。

案例 020

韩国仁川国际机场自由贸易港区

2003 年，仁川确定依托仁川国际机场设立以自由贸易港区为核心的航空城。航空城规划了自由贸易区（包括货运站和物流园区，主要是仓储、办公设施）、产业园区（以加工业为主）、居住区（机场工作人员的配套住宅和生活服务设施）、国际商务 1 区（办公楼、宾馆、购物中心、高尔夫设施等）、国际商务 2 区（空港物流、办公楼、宾馆、娱乐设施等）、机场陆侧综合交通中心，以及旅游观光设施等（图 5-1）。

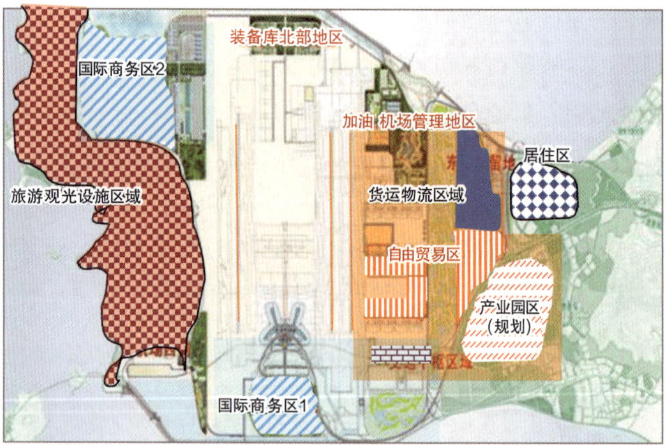

图 5-1　仁川国际机场周边产业规划布局

随着机场的发展和自由贸易港优惠政策的带动，仁川国际机场航空城逐步形成。其最核心的物流功能区占地 67%，其中，货运站及物流园占地 49%，后期规划建设的加工产业园占地 18%；商业用地，即配套办公楼及酒店占地 26%（图 5-2）。

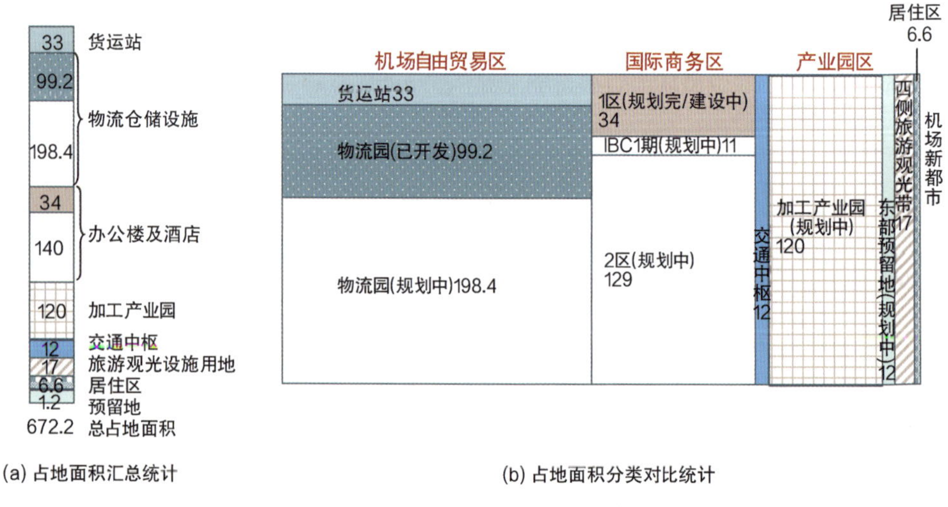

图 5-2　仁川国际机场航空城土地使用情况（单位：hm^2）

仁川国际机场的自由贸易港区范围包括物流园区和货运区两个部分。仁川港和仁川国际机场东侧一带的 400 多万平方米地域划为规划的自由贸易港区，已建成港口和机场相连的综合物流通道。航空和海港货运实施一体化管理、一站式服务的大通关模式，货运区域向自由贸易港区发展（图 5-3）。

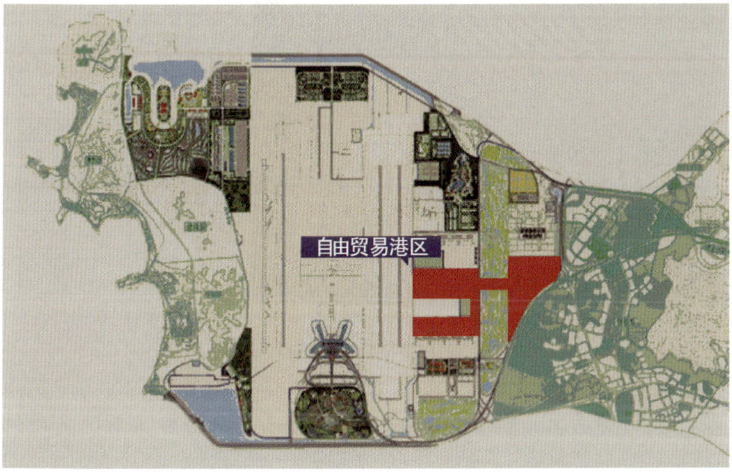

图 5-3　仁川国际机场自由贸易港区位置

仁川国际机场的自由贸易港区主要包含机场货运区和物流园区两个部分。货运区包括：基地航空公司货运站、公共货运站、快件中心等设施，具体设施如图 5-4 所示，参数见表 5-2；物流园区包括：各类型的物流仓库，主要服务于快递、物流、电子、化工、零售等相关产业。

表 5-2　仁川国际机场货运区设施参数一览

设施	目标吞吐量（万 t）	总用地面积（m²）
大韩航空货运站	146	81 900
韩亚航空货运站	111	50 400
外国航空货运站（UPS、FedEx 等）	52	50 400
EMS 国际中心	35	29 724
美国陆军军邮局	2	1 516
DHL 快件中心	21	9 454
阿特拉斯空运货运站	20	11 250
总计	387	234 644

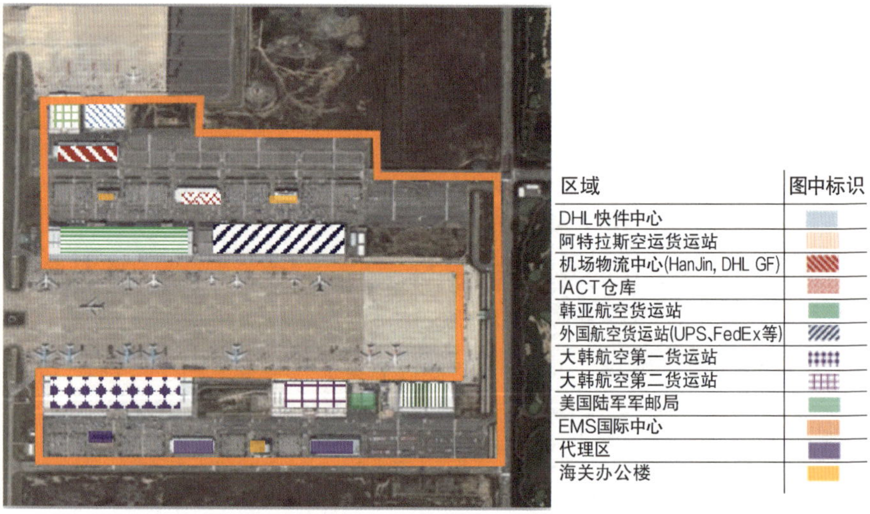

图 5-4 仁川国际机场货运区设施布局

仁川国际机场自由贸易港区监管流程如图 5-5 所示。自由贸易港区采用统一监管方式，

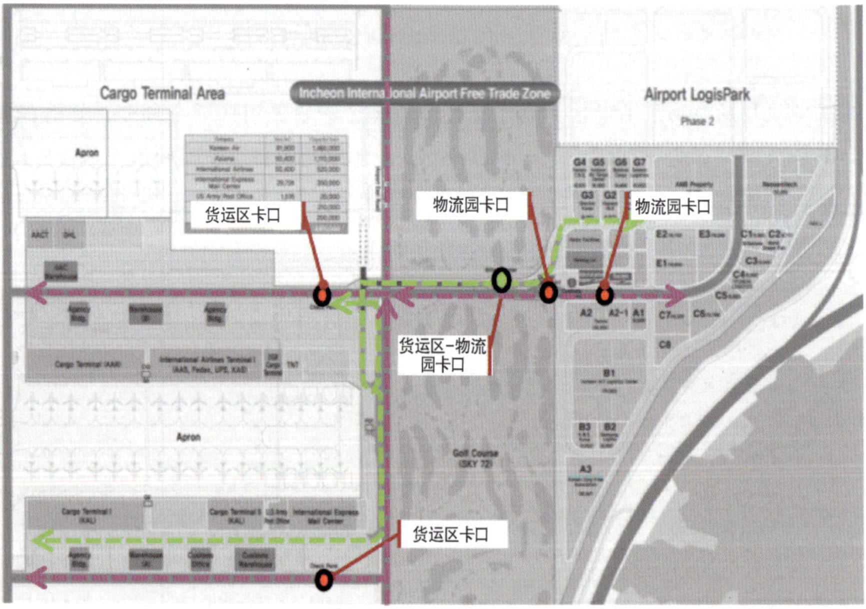

图 5-5 仁川国际机场自由贸易港区与货运区之间的监管与交通

货运区与物流园区分别设置海关卡口（图 5-5 中红色圈），两个区域相对独立运作，货物可分别从各自的卡口进出完成相应的功能作业。其中，货运区根据片区分别设置了两个货运区卡口，内部可以灵活连通；物流园区设置两级卡口，在两级卡口之间设置综合查验场所。货运区与物流园区之间设置辅助卡口（图 5-5 中绿色圈），可实现两个区域之间的车辆快速通行。道路通过跨桥和下穿的方式连通两个区域，分别在海关卡口附近设置海关查验区，且货运区海关卡口与辅助卡口之间设置的海关查验区可以兼顾两个卡口的使用。

案例思考：

自由贸易港区规划的重点不在于港口，但是一定要有港口，还包括大量其他产业，以及与产业相关的城市发展配套设施。实际上自由贸易港的规划，是一个港口城市的规划。像仁川这样只规划一个小园区，并进行封闭管理，这是一种做法。也有像香港那样的做法，整个城市都是自由贸易港，主要依赖港口拉动城市经济的发展。香港拥有完善的自由贸易体系和税收管理制度与能力，香港自由贸易港在全球来看都是非常成功的典范，是非常有特点的。

自由贸易港是不是应该做大，最终都做成像自由贸易港口城市一样呢？这可能是城市规划层面的一个课题。但自由贸易港的问题更重要的还是在政策层面。如果自由贸易程度达不到那么高，自由贸易港建设的意义将大打折扣，也就没必要规划如此大的区域。追求规模或追求质量会使我们走上不同的道路。因此，我们必须根据本国国情制定相应的自由贸易政策、选择不同形式的自由贸易港规划。

案例 021

阿联酋迪拜国际机场自由贸易港区

阿联酋迪拜国际机场自由贸易港区位于迪拜中心商业区，毗邻迪拜国际机场，具有战略区位优势。迪拜国际机场自由贸易区成立于 1996 年，由迪拜政府全权拥有，拥有 190 000 m^2 办公空间（共 15 栋办公楼），90 651 m^2 仓库（共 256 个仓库）。截至 2020 年，迪拜国际机场自贸区入驻企业已经多达 1 600 家，超过 15 000 名投资商及雇员。入驻企业的经营范围甚广，包括日用消费品、食品、化妆品、石油天然气以及制造业，同时还囊括了航空、电子、信息技术及电信等各种科技领域。迪拜国际机场现有自由贸易港区范围如图 5-6 所示。

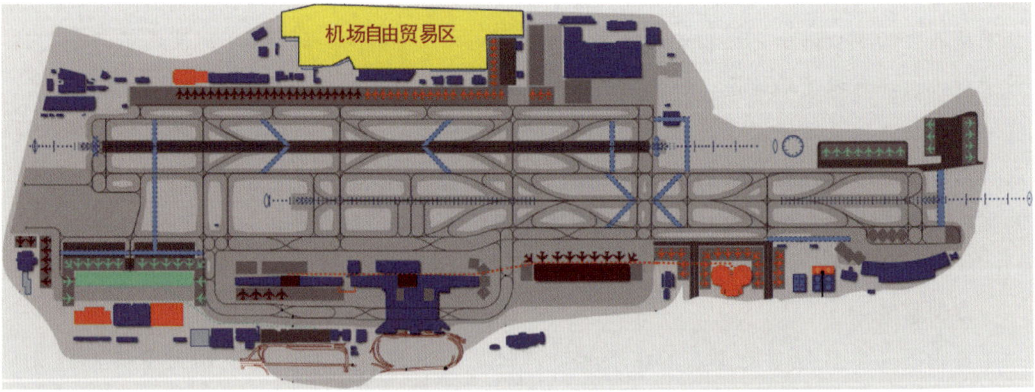

图 5-6 迪拜国际机场现有自由贸易港区范围

案例 022

阿联酋迪拜南城自由贸易区（新机场自由贸易区）

阿联酋迪拜南城自由贸易区（原迪拜世界中心），位于迪拜东南部，杰贝·阿里自由贸易区对面，共有八大功能区，分别是马克图姆国际机场区、航空区、商业园区、物流园区、人道主义区、配套生活区、休闲娱乐区和商业会展区，并规划快速物流通道连接物流城、杰贝·阿里港和杰贝·阿里自由贸易区，从而形成一个总面积约 200 km^2 的自由贸易区。货物在海港、自由贸易区、物流城和国际机场的范围内自由流动，无需多次报关就可以实现以下几点。

(1) 空空转运：货物在迪拜世界中心国际机场内或者在与原有迪拜国际机场之间实现无缝转运。

(2) 空海联运：货物在迪拜世界中心国际机场或者迪拜国际机场与自由贸易港之间实现无缝转运。

(3) 空陆联运：机场与陆面分拨卡车网络对接，货物可以在 30 h 内抵达海湾大部分地区。

(4) 自由贸易环境：零关税、零企业所得税、签证政策开放、资本自由流动、专业物流服务提供商众多。

迪拜南城自由贸易区规划如图 5-7 所示。

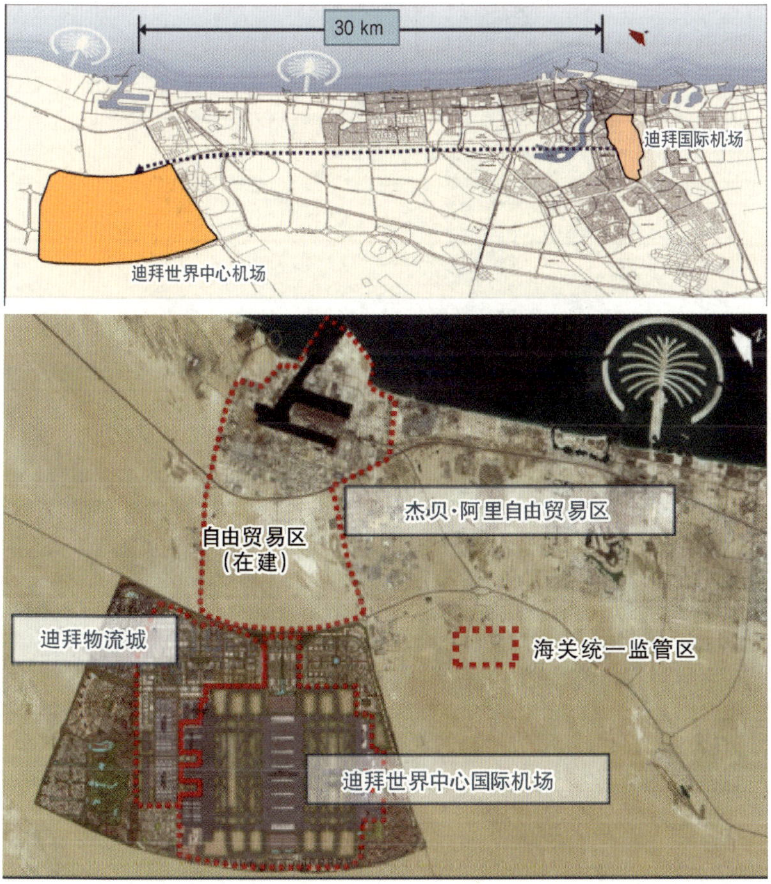

图5-7　迪拜南城自由贸易港区规划

迪拜新机场临空地区规划了物流城、商业城、住宅城、企业园、高尔夫度假村、会展中心等设施群。物流城功能设施包括航空货运站、共享仓库、航空工业、工业或第三方物流企业用地、综合配套设施预留地（包括轻工业预留地、办公楼和商业地产等）等。迪拜新机场自由贸易港区规划如图5-8所示。

迪拜机场的发展主要是吸引亚洲与欧洲之间的中转货运业务。我国的新疆乌鲁木齐机场、喀什机场可借鉴迪拜机场的发展思路，利用地理优势和优惠政策发展航空货运。

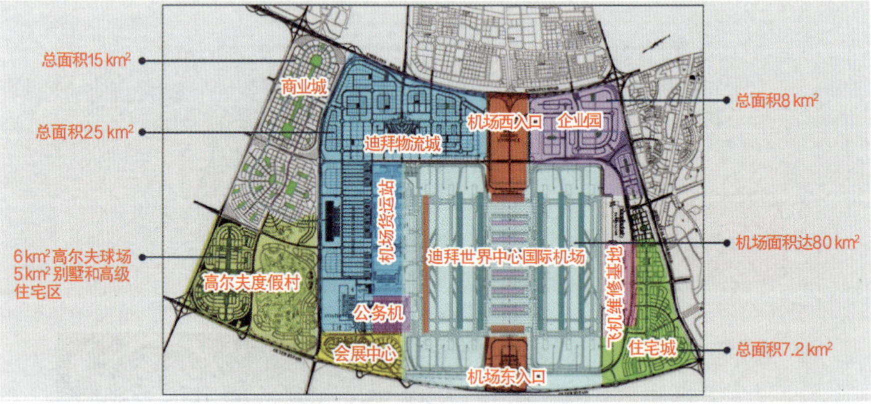

图 5-8　迪拜新机场自由贸易港区规划

案例思考：

迪拜新机场保留和优化了原有机场内的航空货运核心业务，依托自由贸易港区的政策优势，延伸产业链，发展与航空货运相关、高附加值、有利于经济发展的延伸和增值产业，包括以下几个产业。

(1) 航空货运产业：主要为国际货运站、国际转运中心等国际口岸和中转设施，实现货物出港、到港、中转等货运核心功能。

(2) 航空物流延伸产业：利用政策优势为高附加值产业（例如高端零配件企业、电子产品企业、生物医药企业、跨境电商企业等）提供物流延伸和增值服务。

(3) 多国加值拼货服务：国内外原材料、半成品或成品在区内集结仓储，进行重组、简单加工、增值等服务后再出口。

(4) 国际物流分拨服务：国内外制造的成品在区内集结仓储、进行库存管理，或进行重组和简单加工等增值服务后，再进行进出口转运及配送。

(5) 售后维修服务：提供国内外厂商维修零部件的仓库管理及客户退修产品的检测、维修、再出口等服务。

(6) 其他产业：科技研发、商务金融、商务会展等。

大体上可以认为，机场自由贸易港区可能发展的新兴业态包括国际中转业务、高端制造业、全球分拨中心、生物医药物流增值、保税航材（配套大飞机）、跨境电商海外仓、eWTP 全球转运中心等新兴业务。

案例 023

新加坡樟宜国际机场自由贸易区

新加坡是个城市国家，主要的产业园区分布在海港、空港和与马来西亚连接的陆地口岸附近。其主要产业园区布局如图 5-9 所示。

图 5-9　新加坡主要产业园区布局

新加坡樟宜国际机场自由贸易区（图 5-10）范围包括物流园区和货运区两个部分。其中物流园区占地 26 hm^2，属于自由贸易区，拥有自由贸易区的各项优惠政策，可在区内操作快速周转的物流活动和分拨业务。几乎所有全球性的大货代都已入驻机场物流园区。货运区占地 47 hm^2，属于自由贸易区，大约 20 km/25 min 的路程至海港港口。国外进口的货物可暂免征关税和消费税，并在海关的较宽松监管下从事相关活动。

自由贸易区内货运设施主要包括 9 个货运站、3 个快运中心、4 个货代大楼、2 个 24 小时海关查验处、油库、机库、维修基地以及航空物流园等。

自由贸易区采用统一监管的方式，设施布局如图 5-11 所示。货运区与物流园区分别设

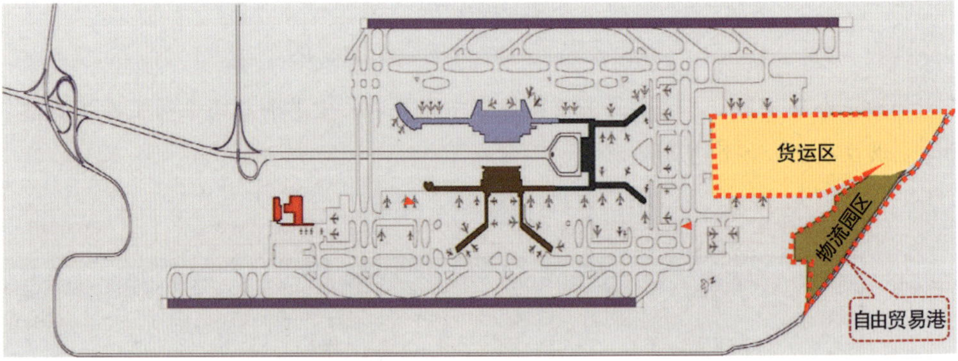

图 5-10　樟宜国际机场自由贸易区的位置和范围

置海关卡口（图 5-11 中红色圈），两个区域相对独立运作，货物可分别从各自的卡口进出，完成相应的功能作业；货运区与物流园区之间设置辅助卡口（图 5-11 中绿色圈），可实现两个区域之间的车辆快速通行；海关卡口附近分别设置海关查验区，货运区海关卡口与辅助卡口之间设置的海关查验区可兼顾两个卡口的使用。

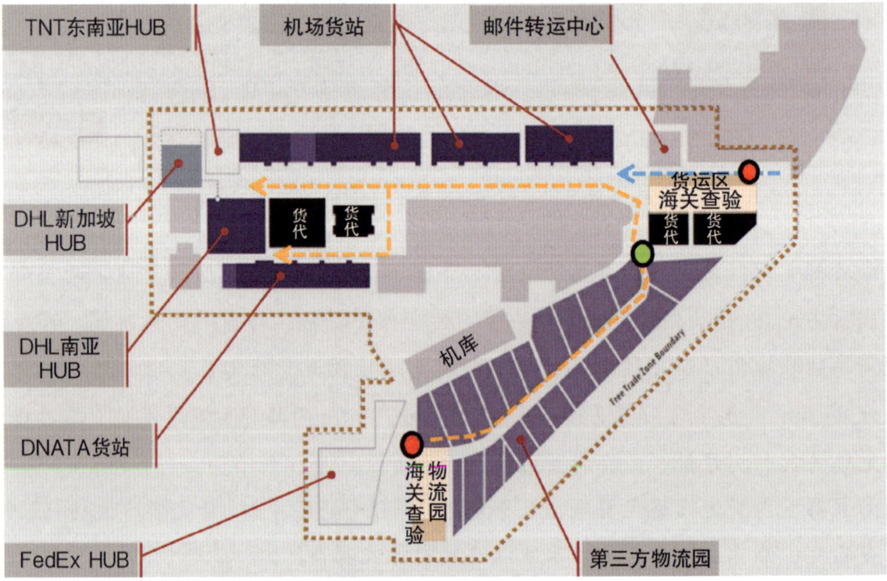

图 5-11　樟宜国际机场自由贸易区的设施布局

樟宜国际机场自由贸易区的特点是快速中转。机场物流园允许物流企业和制造商提供增值服务，可以进行简单加工，因为在运输和海关文件方面的节省，第三方物流服务提供商能够进行快速补充完成增值。

樟宜国际机场自由贸易区的优势是货物在机场自由贸易区内，可以暂不缴纳商品及服务税，海关课税项目也可以暂缓交关税，海关通关手续简单。在机场自由贸易区内，新加坡海关所设的海关检查站 24 小时全天候运作，来配合樟宜货运中心和机场物流园的 24 h 运作。

樟宜国际机场的自由贸易区范围不大，但借助优惠政策，对航空货运以及周边产业有明显的带动作用。考虑到我们国内的自由贸易区没有那么多产业可以在短时间内引进园区，因此我们的自由贸易区也不宜过大，应该定位于高端产业、高附加值的产业，而不是靠扩大土地规模来实现产值。樟宜国际机场自由贸易区占地不大、效率高、周转快，无论是监管方式、监管流程还是优惠政策都值得我们借鉴。

案例思考：

通过对樟宜国际机场自由贸易区案例的分析，我们可以推测自由贸易区最初规划是为机场服务、给机场做配套而形成的区域。由于樟宜国际机场属于枢纽型机场，地理位置十分有利于中转业务，其主要旅客量和货运量中都有很多中转量，货物希望在机场实现快速集散，因此机场在特定区域内提供便利政策，在货运区集聚了全球主要快递企业的转运中心设施，形成良好的货运中转环境。

我们希望借助自由贸易区的优惠政策吸引产业、吸引货物、吸引客户来提升经济水平，这是肯定的。但并不是规模越大，产生的财富和利润就越大。在航空领域经常会有人提出这个问题：中转货物给机场带来多少收益、产生多少能量？很多中转货物到达之后并没有经过太多操作便再次出港了，其中产生和创造了哪些价值，或节约了多少成本，是值得我们进一步分析研究的。

樟宜国际机场自由贸易区以给机场配套为出发点，为了便于中转规划出有特殊政策的特定区域。后来随着货运量提升和服务的延伸，相关产业随之集聚起来，形成了日益完备的自由贸易港区。

据研究，世界各国的自由贸易港大体上都准许外国货物的进出、装卸、分选加工、重新包装、储存与过境中转，以及用进口原材料进行外贸加工再出口等，均可享有免征全部或大部分关税等优惠待遇。这么做的目的在于吸引国际货物的进出与过境，吸收国外资金和先进的科学技术与管理经验，促使外商兴办各种经济与金融产业，以获取运费、装卸费、港务费、存储费与各种加工费等收益，并带动当地及邻近地区的就业和整个国民经济的迅速发展。

以机场为依托的自由贸易港区，都以核心的机场货运口岸功能为依托，提供免税优惠待遇、国际货运中转便利环境和其他优势政策，可以归纳为三个方面。

（1）有利于中转：提供便利政策、结合空港功能，加速国际中转，延伸航空货运功能，提高企业竞争力。

（2）延伸产业：降低企业跨国运营中物流、商流与人流的障碍，提供良好环境，提供增值服务，引入国际高端产业。

（3）全面贸易自由化：强调加工企业的自主管理，推行全面自由化管理。

5.2 建立以投资贸易自由化为核心的制度体系

自由贸易港区应以投资自由、贸易自由、资金自由、运输自由、人员从业自由等为目标，推进投资贸易自由化和便利化。因此，我们需要对标国际上公认的竞争力最强的自由贸易港区，实施具有较强国际市场竞争力的开放政策和建立制度体系，实现货物、资金、人员、信息等要素的自由进出，从而提高在全球资源配置中的影响力和吸引力。

（1）要实现公平竞争的投资经营便利。借鉴国际上自由贸易港区的通行做法，实施外商投资安全审查制度，在电信、保险、证券、科研和技术服务、教育、卫生等重点领域加大对外开放力度，放宽注册资本、投资方式等限制，促进各类市场主体公平竞争。探索试行商事主体登记确认制，尊重市场主体民事权利，对申请人提交的文件实行形式审查，深入实施“证照分离”改革。支持自由贸易区加强国际商事纠纷审判组织建设。允许境外知名仲裁及争议解决机构经人民政府司法行政部门登记并报国务院司法行政部门备案，在自由贸易区内设立业务机构，就国际商事、海事、投资等领域发生的民商事争议开展仲裁业务，依法支持和保障中外当事人在仲裁前和仲裁中的财产保全、证据保全、行为保全等临时措施的申请和执行。

（2）要实现高标准的贸易自由化。作为对标国际、竞争力强的自由贸易园区，在全面实施综合保税区政策的基础上，取消不必要的贸易监管、许可和程序要求，实施更高水平的贸易自由化便利化政策和制度。对境外抵离自由贸易区物理围网区域内的货物，探索实施以安全监管为主、体现更高水平贸易自由化便利化的监管模式，提高口岸监管服务效率，增强国际中转集散枢纽功能。取消外商投资股比限制，支持自由贸易区发展具有国际竞争力的重点产业。根据企业的业务特点，积极探索相适应的海关监管制度。相关监管政策制度由海关总署牵头另行制定。推进服务贸易自由化，加快文化服务、技术产品、信息通信、医疗健康等资本技术密集型服务贸易发展，创新跨境电商服务模式，鼓励跨境电商企业在自由贸易区内建立国际配送平台。根据油气体制改革进程和产业需要，研究赋予自由贸易区内符合条件的企业原油进口资质。实施境内外、区内外货物的自由流转，实现彻底的贸易自由化。

(3) 要实现资金便利收付的跨境金融管理制度。在风险可控的前提下，按照法律法规规定，借鉴国际通行的金融监管规则，进一步简化优质企业跨境人民币业务办理流程，推动跨境金融服务便利化。研究开展自由贸易账户本外币一体化功能试点，探索自由贸易港区内资本自由流入流出和自由兑换。支持自由贸易港内企业参照国际通行规则依法合规地开展跨境金融活动，支持金融机构为自由贸易港区内企业和非居民提供跨境发债、跨境投资并购和跨境资金集中运营等跨境金融服务，实现投融资汇兑自由化。自由贸易港区内企业从境外募集的资金、符合条件的金融机构从境外募集的资金及其提供跨境服务取得的收入，可自主用于自由贸易港区内及境外的经营投资活动。支持符合条件的金融机构开展跨境证券投资、跨境保险资产管理等业务。积极落实放宽金融机构外资持股比例、拓宽外资金融机构业务经营范围等措施，支持符合条件的境外投资者依法设立各类金融机构，保障中外资金融机构依法平等经营。经国家金融管理部门授权，运用科技手段提升金融服务水平和监管能力，建立统一高效的金融管理体制机制，切实防范金融风险。

(4) 要实现高度开放的国际运输管理。提升拓展所在航空枢纽港的功能，加强机场基础设施建设。在空空中转、航空器注册、国际航权开放等方面加强探索，提高对国际航线、货物资源的集聚和配置能力。进一步完善启运港退税相关政策，优化监管流程，研究在对等原则下允许外籍航班为国际中转的外贸集装箱提供中转业务。推动机场与“一带一路”沿线国家和地区扩大包括第五航权以上的航权安排，吸引相关国家和地区航空公司开辟经停航线。支持机场探索航空中转集拼业务，以机场为核心推动多式联运的信息共享，提高多式联运的运行效率。

（5）要实现自由便利的人员管理。放宽现代服务业高端人才从业限制，在人员出入境、外籍人才永久居留等方面实施更加开放便利的政策措施。建立外国人在自由贸易港区内工作许可制度和人才签证制度。允许具有境外执业资格的金融、建筑、规划、设计等领域符合条件的专业人才经备案后，在自由贸易港区内提供服务，其在境外的从业经历可视同国内从业经历。除涉及国家主权、安全外，允许境外人士在自由贸易港区内申请参加我国相关职业资格考试。为到自由贸易港区内从事商务、交流、访问等经贸活动的外国人提供更加便利的签证和停居留政策措施。制定和完善海外人才引进政策和管理办法，给予科研创新领军人才及团队等海外高层次人才办理工作许可、永久或长期居留手续“绿色通道”。探索实施外籍人员配额管理制度，为自由贸易港区内注册企业急需的外国人才提供更加便利的服务。

（6）要建立互联网数据跨境安全有序流动的规则。建设完备的国际通信设施，加快5G、IPv6、云计算、物联网、车联网等新一代信息基础设施建设，提升自由贸易港区内宽带接入能力、网络服务质量和应用水平，构建安全便利的国际互联网数据专用通道。支持自由贸易区聚焦集成电路、人工智能、生物医药、总部经济等关键领域，试点开展数据跨境流动的安全评估，建立数据保护能力认证、数据流通备份审查、跨境数据流通和交易风险评估等数据安全管理机制。开展国际合作规则试点，加大对专利、版权、企业商业秘密等权利及数据的保护力度，主动参与引领全球数字经济交流合作。

（7）要实施具有国际竞争力的税收制度和政策。对境外进入自由贸易区内的货物与区内企业之间的货物交易和服务实行特殊的税收政策。扩大自由贸易港区服务出口增值税政策适用范围，研究适应境外投资和离岸业务发展的税收政策。对自由贸易港区内符合条件的从事集成电路、人工智能、生物医药、民用航空等高科技领域核心环节生产研发的企业，自设立之日起一定时间内减征企业所得税。研究实施境外人才个人所得税税负差额补贴政策。在不导致税基侵蚀和利润转移的前提下，大胆探索试点自由贸易账户的税收政策安排。

5.3 建设具有国际市场竞争力的开放型产业体系

空港自由贸易港区需要依靠高度开放的制度优势，发挥航空枢纽的辐射作用，瞄准价值链、产业链、创新链、供应链和服务链的高端环节，打造国际贸易、国际航运、跨境金融和先进制造四大平台，推动统筹国际业务、跨境金融服务、前沿科技研发、跨境服务贸易等企业的集聚，强化自由贸易区开放型平台的经济集聚功能。同时加快存量企业转型升级，整体提升区域产业能级。因此，我们需要做以下工作：

（1）建立以关键核心技术为突破口的前沿产业集群。建设人工智能、生物医药等综合性产业基地，优化进口料件全程保税监管模式，支持跨国公司设立离岸研发和制造中心，推动核心芯片、特色工艺、关键装备和基础材料等重点领域发展。建设人工智能创新及应用示范区，加快应用场景开放力度，推动智能汽车、智能制造、智能机器人等新产业新业态发展。建设民用航空产业集聚区。建设面向“一带一路”沿线国家和地区的绿色再制造中心，建立绿色认证和评级体系，支持在综合保税区开展数控机床、工程设备、航空器等产品入境维修和再制造，提升高端智能再制造产业国际竞争力。

（2）发展新型国际贸易。建设国际或区域的供应链管理中心，完善新型国际贸易与国际市场投融资服务的系统性制度支撑体系，吸引总部型机构集聚。发展跨境数字贸易，支持建立跨境电商海外仓。建设国际医疗服务集聚区，支持与境外机构合作开发跨境医疗保险产品、开展国际医疗保险结算试点。允许符合条件的外商独资企业开展面向全球的文化艺术品展示、拍卖、交易活动。

（3）建设高能级的全球航空枢纽机场。支持机场建设世界级航空枢纽，建设具有物流、分拣和监管集成功能的航空货运站，打造区域性航空总部基地和航空快件国际枢纽中心。推进全面实施国际旅客及其行李通程联运。建设国际航空枢纽的保障服务体系，提升航空用品供应、维修、备件、燃料油，以及机上用品提供等综合服务能力。支持内外资企业和机构开展航空融资、航空保险、航空结算、航材租赁、航空器交易和航空仲裁等服务，探索发展航空货运指数衍生品业务，提升高端航空服务功能。

（4）拓展跨境金融服务功能。大力提升人民币跨境金融服务能力，拓展人民币跨境金融服务深度和广度。支持开展人民币跨境贸易融资和再融资业务。鼓励跨国公司设立全球或区域资金管理中心。加快发展各种航空器融资租赁业务，鼓励发展环境污染责任保险等绿色金融业务。

（5）促进投建营一体化和港产城一体化。进一步拓宽国际优质资本和经验进入教育、医疗、文化、体育、园区建设、城市管理等公共服务领域的渠道，加强自由贸易区各类基础设施建设管理，提升高品质国际化的城市服务功能。

（6）加强与区域协同创新发展。支持境内外投资者在自由贸易港区设立联合创新专项资金，就重大科研项目开展合作，允许相关资金在区域内自由使用。支持境内投资者在境外发起的私募基金参与自由贸易港区创新型科技企业融资，凡符合条件的可在区域内投资。支持自由贸易港区优势产业向更大区域拓展形成产业集群。

5.4 建立完善的监管检验与风险管理制度

自由贸易港区要以维护区域经济安全、有效防控风险为底线，以分类监管、协同监管、智能监管为基础，以企业守法和生产便利为核心，建立并完善一套监管检验与风险管理的制度体系，全面提升风险防范水平和安全监管水平。

(1) 要强化重点领域监管。建立涵盖自由贸易区的管理机构、行业主管部门、区内企业和相关运营主体的一体化信息管理服务平台。聚焦投资、贸易、金融、网络、生态环境、文化安全、人员进出、反恐反分裂、公共道德等重点领域，进一步完善外商投资安全审查、反垄断审查、行业管理、用户认证、行为审计等管理措施，在风险研判和防控中加强信息技术应用，建立联防联控机制，实施严格监管、精准监管、有效监管。建立检疫、原产地、知识产权、国际公约、跨境资金等特殊领域的风险精准监测机制，实现全流程的风险实时监测和动态预警管理。

(2) 要加强信用分级管理。完善信用评价基本规则和标准，实施经营者适当性管理，按照“守法便利”原则，把信用等级作为企业享受优惠政策和制度便利的重要依据。建立主动披露制度，实施失信名单披露、市场禁入和退出制度。完善商事登记撤销制度，对以欺骗、贿赂等不正当手段取得登记的，登记机关可以依法撤销登记。

(3) 要强化监管检验和边界安全。高标准建设智能化监管基础设施，实现监管信息互联互认共享，守护国门安全和经济社会安全。加强进境海关、检验检疫、边防管理和安全管理，对自由贸易港区进境货物实行“两段准入”监管模式。对禁限管制（核生化导爆、毒品等）、重大疫情、高风险商品安全等重大紧急或放行后难以管控的风险，以及法律、行政法规有明确要求的，依法实施“准许入境”监管。对非高风险商品检验、风险可控的检疫等其他风险，可依法实施“合格入市”监管。

总之，探索建立以投资贸易自由化为核心的制度体系、产业体系、监管体系，是航空货运物流业未来发展的重大课题之一，是一项前无古人、后无来者的伟大事业。

第6章

货运枢纽机场规划

货物运输之所以选择航空，其最大的优势就是高效快捷。为满足时效性要求，机场需要对货运进行严密的运输组织，机场货运的各个环节都要以高效为核心进行组织运营管理，并以此进行规划和设计。航空货运量发展到一定规模、货运网络规模逐步形成后，就会要求更加密集的航空货运班次，且在时刻方面也会有自己的特殊要求。航空货运还必须密切配合物流生态，特别是要与货物的地面配送无缝衔接。这时如果我们的货运还依托于以客运为主的机场，就会在航班时刻、空侧资源和陆侧集疏运系统，以及地面服务等方方面面与旅客运输发生冲突，并且随着货运量的不断增加，这些矛盾会更加突出。这时候，我们就可以考虑规划建设专业的货运机场来满足市场需求，满足货运业务发展和机场专业化组织的需要。

当然，专业的货运枢纽机场有其特殊的运营需求和发展规律，其规划建设自然也就需要我们做细致的研究。货运枢纽机场的最大特点是：机场由一家快递航空公司为主运营，机场以最大限度地满足这家快递航空公司的运营需求为最高目标。因此这种货运枢纽机场在全中国不会太多，完全取决于我们有几个这样的全国性快递公司。

限于篇幅，本章只对货运枢纽机场（相对于客运机场）的一些特殊问题做研讨，不对货运枢纽机场的规划做系统完整的描述。

6.1 货运枢纽机场的运输组织与选址

我国航空货运的发展是很快的，我们用短短的 20 多年时间走完了西方发达国家近 100 年走过的路。因此，我们看到在蓬勃发展的航空货运市场中，不仅航空普货（重货）高速增长，快递业务也迎来了春天，无论国际快递还是国内快递的发展都非常迅速。这也是符合行业发展规律的。欧美发展经验表明，高端快递将逐步成为航空货运发展的主角。波音公司 2014 年发布的全球航空货运预测报告显示，在美国国内以 FedEx 和 UPS 为代表的快递行业在 1980—2008 年间快速增长；20 世纪 90 年代中后期以来，快递航空占美国全货机空运市场份额一直稳定在 60%以上。20 世纪 90 年代初，四大快递公司开始在欧洲大力发展航空快递业务，仅用 10 年左右的时间，快递业务在欧洲航空货运业务占比就达到了 50%以上。美国国内与欧洲区内航空货运构成如图 6-1 所示。

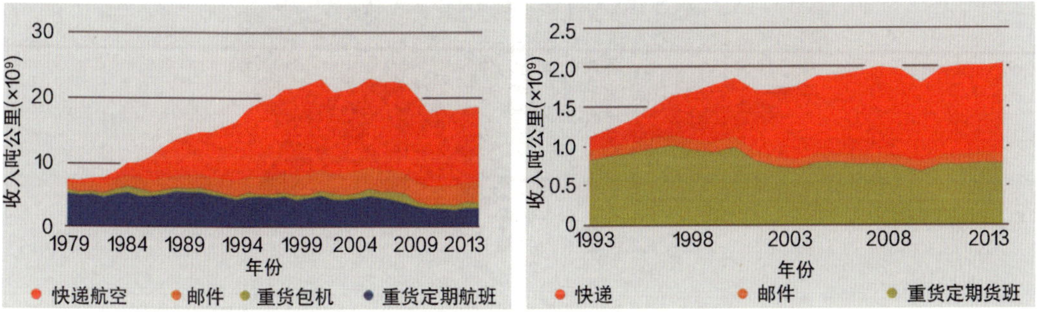

（a）美国国内航空货运构成　　（b）欧洲区内航空货运构成

图 6-1　美国国内与欧洲区内航空货运构成

基于欧美的经验，从 20 世纪 80—90 年代开始，航空货运的发展重心转向快递，普货（重货）的货量占比基本比较稳定甚至稍许下降。这与我国目前的现实情况也比较相符。正是基于以上这些原因，我们国家发展到现在这个阶段也越来越重视快递业的发展，我国的快递业会迎来一个新的增长期。

6.1.1　快递物流业的发展

40 年前，FedEx 在美国的航空运输网络已经具备相当的规模（图 6-2）。当我第一次知道它的运输网络规模时非常吃惊，因为当时 FedEx 的货机数量有 600 多架，而同时期我们全国民航登记在册的客货机数量总和也不到这个数。FedEx 仅仅是美国的一家货运公司，一家公司就有这么大的运输能力在当时是令我非常震撼和感叹的。

当然，FedEx 的空运网络之所以在 40 年前就能发展到这样的规模，与美国的经济水平、地理因素和交通结构是分不开的。美国不仅经济发达，而且国土面积广阔，同时由航空和高速公路构成的交通结构体系非常完善，长距离的物流运输靠飞机、中短程用汽车。FedEx 抓住了机遇，快速搭建了很好的空地网络，后来这个网络又极大地促进了其业务的发展。

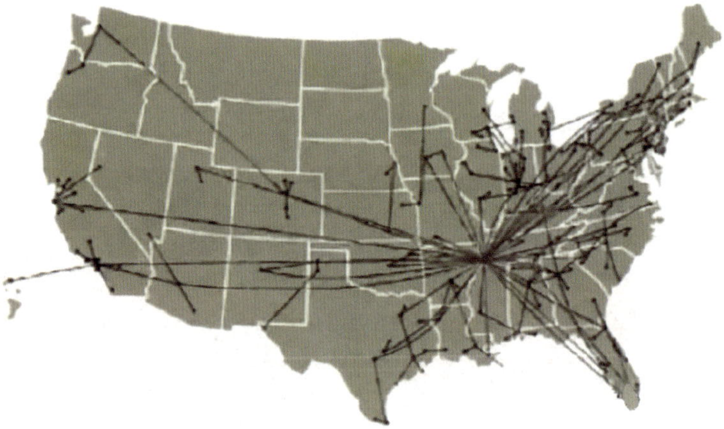

图 6-2　FedEx1980 年航线网络
（资料来源：FedEx 年报）

20 世纪 90 年代初，在浙江桐庐诞生了申通快递。它最早的业务就是递送浙江—上海这条线上的发票和报关单。晚上下班拿到单子，人带着文件搭乘夜班火车或者开个摩托车送到上海去，第二天上午客户就收到了。后来，这种需求越来越多，申通快递就这么发展起来了。接着又陆续出现了韵达、圆通、中通等与申通类似的快递公司，他们都复制了申通快递的商业模式，各自发展壮大起来，成为现在快递业有名的“三通一达”桐庐帮。

顺丰速运公司（以下简称：顺丰）于 1993 年在广东顺德诞生，最初专门做广东和香港之间的商务文件。后来的发展中，顺丰先是利用网点承包制发展网络，后来又在较短时间内实现了全网自营。截至 2019 年年底，顺丰有收件员 232.03 万人、自营及外包干支线车辆约 4.3 万辆、末端收源车辆约 9 万辆、近 1.8 万个自营网点、9 个枢纽级中转场、36 个航空及铁路网点、129 个片区中转场（数据来源于顺丰控股 2019 年年报）。顺丰在短短几年的时间里快速跨越了网络规模扩张、服务标准化、时效可靠性这几个重要的快递行业发展路上的里程碑，走上了规模化发展的快车道。

目前，快递业务已经成为国内航空货运业的重要力量。2015 年，中国以 200 亿件的快递业务量，成为世界快递件量最大的市场。2010—2018 年，全国快递包裹总件量增长 21 倍多，年均增速达到了惊人的 46.9%（图 6-3）。

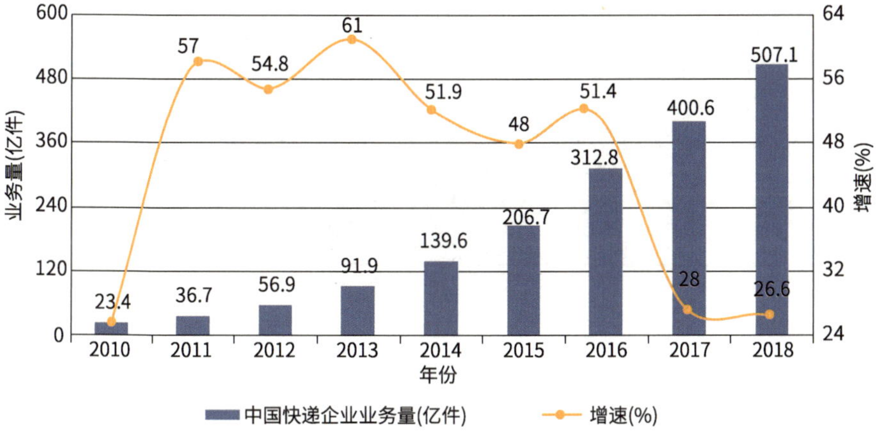

图 6-3　中国快递业务的发展历程

顺丰于 2003 年开始利用全货机运送货物，成为国内民营快递企业中的第一家。顺丰从 2009 年开始自持全货机，截至 2019 年，其自有全货机 58 架，算上租赁包机 16 架，2019 年顺丰总运力实际已达到 74 架。顺丰运力的增速虽然较快，但是这一数字与国际同行巨头相比仍有较大的发展空间(同期 FedEx 有 650 多架、UPS 有 500 多架、DHL 有 420 多架)。2014 年，顺丰在国内航线的发运量达到了 84 万 t，占我国国内航线航空货量的 21.1%。2018 年顺丰航空运量增长到 123 万 t，在国内占比提升至 23%。目前，顺丰的航空运输基础网络已经建立起来，这个航线网络以杭州萧山国际机场为中心，是其空运业务发展的基础。从图 6-4—图 6-6 可以看出，顺丰已经具备较好的国际国内航线网络。

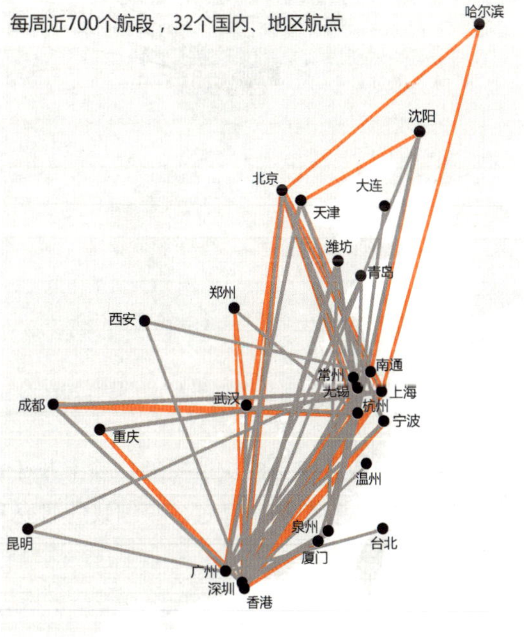

图 6-4　顺丰 2016 年国内全货机航线网络

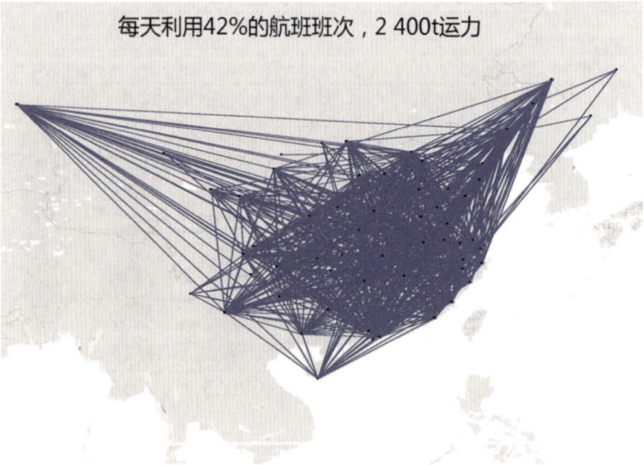

图 6-5 顺丰 2016 年国内腹舱航线网络

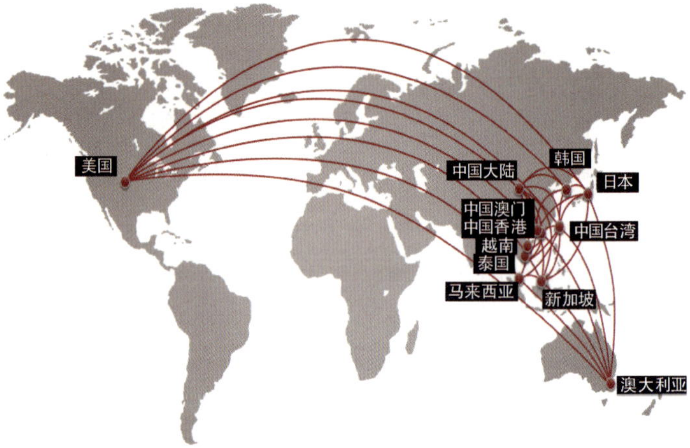

图 6-6 顺丰 2016 年国际和地区航线网络

随着航空快递业务的快速发展，顺丰几年前已经开始筹划在国内建设其全货机航空运输网络的货运枢纽机场。经过多年细致的研究和分析，机场最终落户于距离武汉约70 km的鄂州市内。

6.1.2 货运枢纽机场的选址

货物的中转和旅客的中转有很大差别，因此，货运枢纽机场的选址与一般客运机场的选址也有许多不同点，需要特别考虑以下因素。

1）人口和经济发展因素

2019 年中国人均 GDP 大致与美国 20 世纪 70 年代末的人均 GDP 相当；而我国北京、上海、福建、浙江、广东等经济发达地区的人均 GDP 大致与美国 20 世纪 80 年代末 90 年代初的人均 GDP 相当。20 世纪 90 年代初的美国快递企业与今天顺丰面对的市场规模、目标客户等诸多方面具有相似性。对顺丰来说，它们的经验教训具有比较重要的参考借鉴意义。同样地，从这个角度思考，我们也有理由相信中国的航空快递市场规模和快递企业的发展，未来还有很大的发展空间。美国有两个著名的货运枢纽机场，即 UPS 位于美国肯塔基州路易斯维尔的货运枢纽机场，2002 年开始投入使用，它既是 UPS 的航空物流转运中心，也是其机队的航空基地。另一个是 FedEx 位于美国田纳西州孟菲斯的货运枢纽机场。FedEx 的全球总部位于孟菲斯，孟菲斯机场是 FedEx 全球航空物流网络的核心枢纽，也是其机队的航空基地。

美国两大货运航空枢纽路易斯维尔和孟菲斯（图 6-7）都位于美国中部偏东地区，靠近

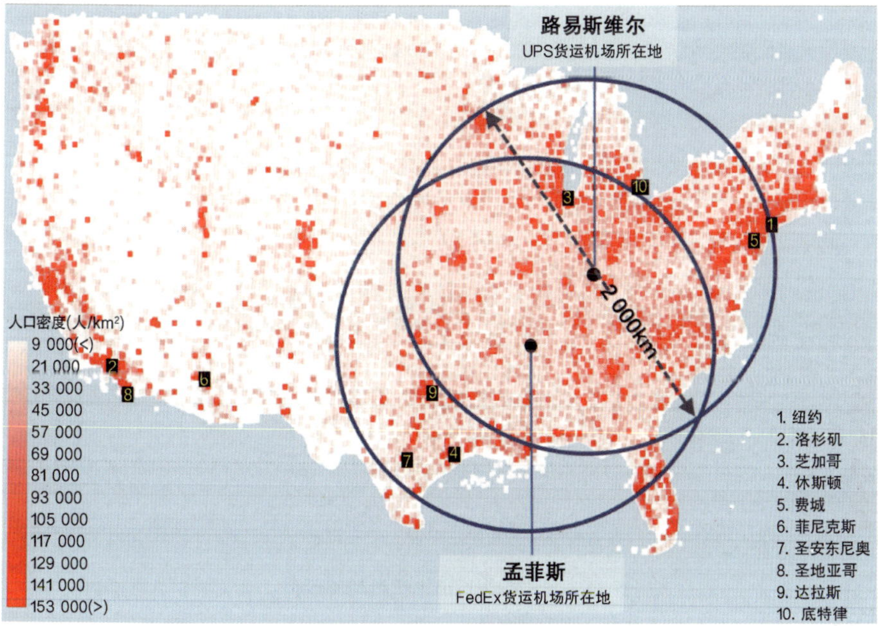

图 6-7　美国两大货运航空枢纽区位

美国的经济地理中心，具有最好的航线覆盖率。图 6-7 中红色点的深度代表美国人口密度，可以看出美国整体的人口重心在东部。UPS 和 FedEx 的货运枢纽的选址靠近人口稠密区和经济较发达地区。蓝色圈内覆盖区域分别为以路易斯维尔和孟菲斯为中心、1 000 km 为半径所覆盖的区域，在这个区域范围内居住着美国 55%～60%的人口，创造的 GDP 约占美国全境 GDP 的 60%。

与之对比，来看顺丰货运枢纽机场最终选址的鄂州的区位情况（图 6-8）。从图 6-8 可以看出，我国东南部地区整体的人均 GDP 和经济发达程度高于其他地区，人口重心也在东南区域。以鄂州为中心 1 000 km 半径的区域，覆盖了我国华东、华南的全部范围以及华北、西部主要的经济发达城市，覆盖了我国约 80%的人口和 GDP。

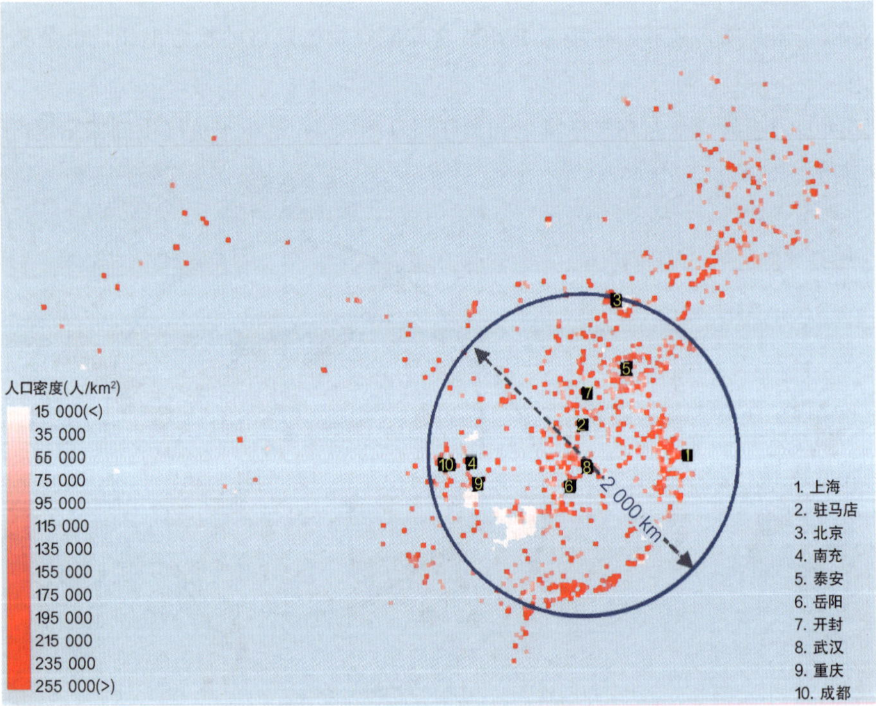

图 6-8　鄂州货运枢纽机场的区位

从经济地理角度来看，选址华中地区武汉周边这个位置是非常好的。这里位于京津冀城市圈、长三角城市圈、珠三角城市圈和成渝经济区的中心位置。这几大经济区的发展势头都非常好，经济和产业的发展会转变成物流市场的需求，这必将为顺丰货运枢纽机场提供持续不断的货源和发展动力。

2）航空快递网络的流向和流量

货运枢纽机场选址要充分考虑快递航线网络的构建，须仔细研究每条航线的运量。图 6-9所示是顺丰在鄂州货运枢纽机场选址之初，对自己未来业务量在全国的分布情况和航线网络规划。我们可以明显地看到顺丰快递业务的发展重点主要在我国华北、华南、华东和中部地区，鄂州货运枢纽机场的选址正好位于这个地区的中心。

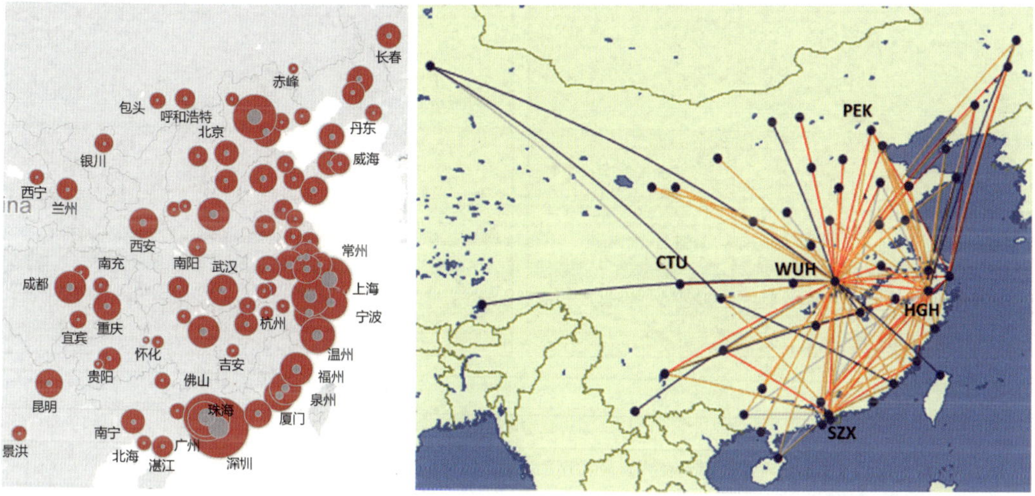

图 6-9　顺丰未来市场分布与航线网络规划

同时，我们还用引力模型开展了非常精准的数字分析。我们考虑了顺丰的货量、流向、航线、飞机的各个参数等因素，用引力模型针对顺丰需要的货运枢纽机场，在理论上对最具合理性的位置做了非常准确的计算。我们最终分析得出的结果认为，理论上最合理的选址就在安徽合肥的西面、武汉的东面这个区位。也就是说，把顺丰货运枢纽机场放在这里，航线网络的整体综合成本最低，运输时效也可以满足服务水平的要求。定量分析的结论与定性分析的结论是完全一致的。

因此，我们大胆预测，以后如果其他快递企业想要建设一座自己的货运枢纽机场，大概率也会选址在这一地区。这与美国的 FedEx 和 UPS 不谋而合地将货运枢纽机场选择放在美国中部偏东区域是一样的道理，因为如果采用这样的快递航线网络结构，就一定在这个地方才是最为合理的。

3）完善的地面集疏运体系

顺丰将货运枢纽机场选址鄂州，可据“九省通衢”之利。依靠武汉大都市圈完善的地面集疏运系统，对于一座货运枢纽机场来说，这也是至关重要的。机场选址位于长江黄金水道与京广铁路大动脉的十字交汇点，水路、公路和铁路运输网络可谓纵连南北、横贯东西，这里是中国中部最大的交通枢纽城市圈。湖北省的地面集疏运体系如图 6-10 所示。

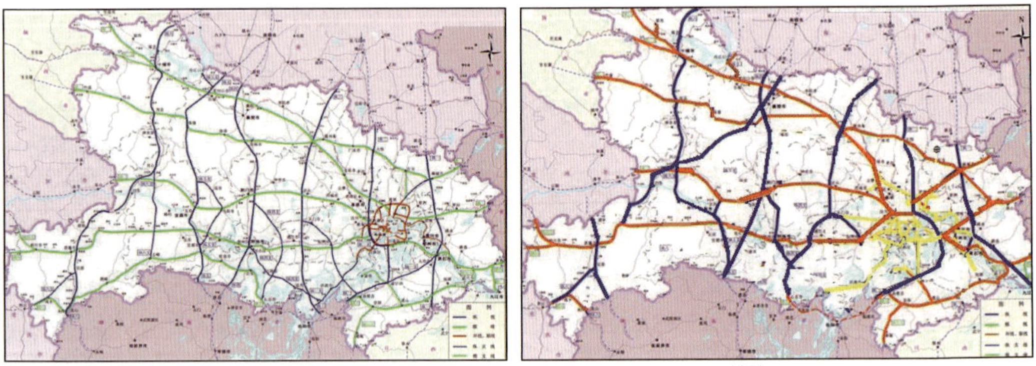

公路网　　铁路网

图 6-10　湖北省的地面集疏运体系

要发展航空物流快递，地面运输系统的效率和便捷性也是很重要的一个因素。在这一点上，我国与 20 世纪 90 年代的美国存在着较大的差异。美国以空空中转的轮辐式航线网络实现次日达等高时效的服务标准，而我国地面运输的交通基础设施网络比美国要发达，特别是鄂州 500 km 范围内区域，高速公路网络四通八达，这就造就了我们利用高速公路运输的卡车航班也会非常高效，同样能够满足快递服务的时效要求。

这样一来，货运枢纽机场所在地区市场就非常重要了。货运枢纽机场所在地区能够提供的货量越多，对货运枢纽的支持作用就越大。这样来看，货运枢纽机场选址在武汉周边就要比选址在理论上最合理的乡村地区更具有优越性。因此，我们在货运枢纽机场选址中，不仅要考虑空空中转，而且要考虑空地中转的要求。我们不会像美国那样，选址在一个小镇边上。顺丰选择武汉周边作为货运枢纽机场的所在地是明智之举。

4）空域条件因素

确定了选址武汉后，下一步又如何选定具体位置呢？首先是从空域角度研究。现在，武汉西北面有正在运行的武汉天河国际机场，周边还有军用机场，空域限制较大，所以顺丰的货运枢纽机场选址只能是选择在武汉市东面或西南面。经过认真的调查研究和空域仿真，最终选定在鄂州。

货运枢纽机场对于空域的使用有其鲜明特点。首先，它要求深夜到凌晨的这段时刻全部给快递航班用，其每条跑道几乎都是满负荷的。其次，航班起降具有明显的单向性，即深夜以降落为主、凌晨以起飞为主。最后，快件分拣时间紧凑有限，高峰小时起降能力存在极限值。总之，夜间的空域保障能力是货运枢纽机场的关键因素。

6.1.3　航空快递的业务流程与运输组织

货运枢纽机场的运营只是航空快递业务流程的一部分，要保障航空快递整个业务流程的完整高效，我们在做货运枢纽机场的规划设计时就得了解航空快递的完整业务链。图6-11是快递包裹从收件到派送给客户的全过程业务流程。

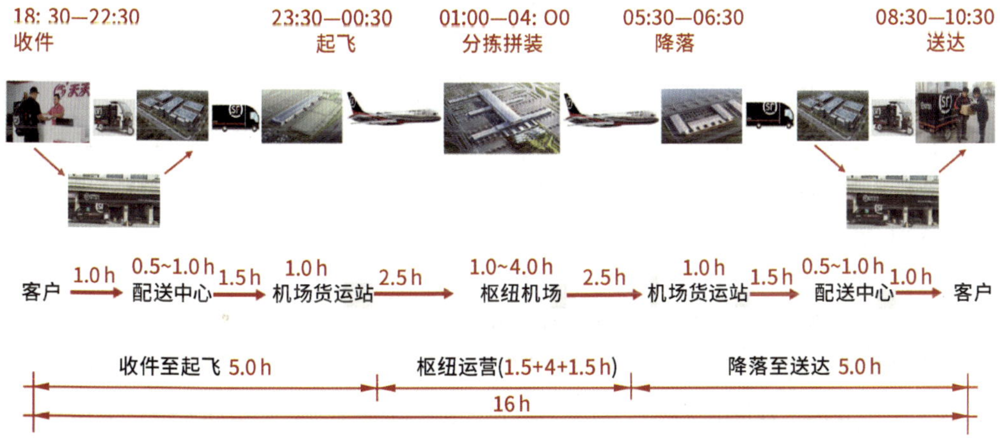

图 6-11　航空快递的完整业务链

一个快递包裹，发件人在下午 6 点左右，即下班的时候将它交给快递公司；快递公司送到附近的地面配送中心进行分拨（一次或二次）后，再送到机场的航空快递处理中心（货运站）；在机场，通常要花 1 h 左右时间对快件进行分拣，然后再经空侧操作装上不同的飞机；飞机起飞航程为 1.5～2.5 h（现在顺丰在鄂州打造的网络是 2 h 覆盖 80%人口和 GDP，2.5 h 几乎覆盖中国全境）；飞机到达货运枢纽机场之后，在转运中心（又称“分拣中心”）进行集中分拣，要在 2～3 h 内把货物分拣装箱完成（飞机是陆续到达，又陆续离开的，所以作业高峰差不多从夜间 11 点持续到早上 5 点）；然后装满分拣好的快件的飞机会飞往目的城市的机场；机场货运站对快件进行分拨，再运往各级配送中心和网点；这样最终在上午 10 点左右派送到客户手中。因此，从下午 6 点左右到第二天早上 10 点左右，是航空快递的工作时间。按时把货物送到客户手中，这就是航空快递要求的服务时效，快递必须要做到这一点。

这个业务流程和时效要求决定了一系列的事情，比如各个环节的节点、每个环节可允许的时间容量、枢纽机场分拣的时间，以及货运枢纽的运作时间与快递业务覆盖的城市数量等。基于这些要素，我们就能够统筹考虑航线规划和航班时刻的设计，从而形成一个具有货运枢纽机场特征的航班波。基于这个航班波，我们就可以推导出货运枢纽机场规划设计所需要的相关运营数据。

6.2　货运枢纽机场的设施规划

基于航空快递的业务流程，我们可以得到非常有特点的鄂州货运枢纽机场的航班波（图 6-12）。货运枢纽机场飞机运行的特点是：1 点以前基本上都是到达航班；3 点以后全部是出发航班。这就是货运枢纽机场非常典型的航班群起群降特点。这个运行特点对机场的设施规划提出的要求是我们本节重点讨论的问题。以下讨论几个关键问题。

6.2.1　快递航线发展规律与转运中心需求递减

根据我们的研究，快递公司的快递航线发展可分为三个阶段：第一阶段，是将某地收到的快件不做分拣，直接上飞机（客机腹舱或快递公司的货机）运到货运枢纽机场的转运中心分拣。这样可以削减各收货城市分拣设备设施的投入，而在货运枢纽机场集中投入建设一个转运中心。第二阶段，是快递公司在收货城市将收到的同一目的地城市的快件装满一个航空集装箱。这时，快递公司在收货城市将快件分拣到一个集装箱，运到货运枢纽机场，该集装箱不会进入转运中心分拣，而是被直接拉到飞往目的地城市的飞机机位的待装区，然后直接上飞机。这个阶段部分收货城市需要一定规模的分拣设施。第三阶段，是从

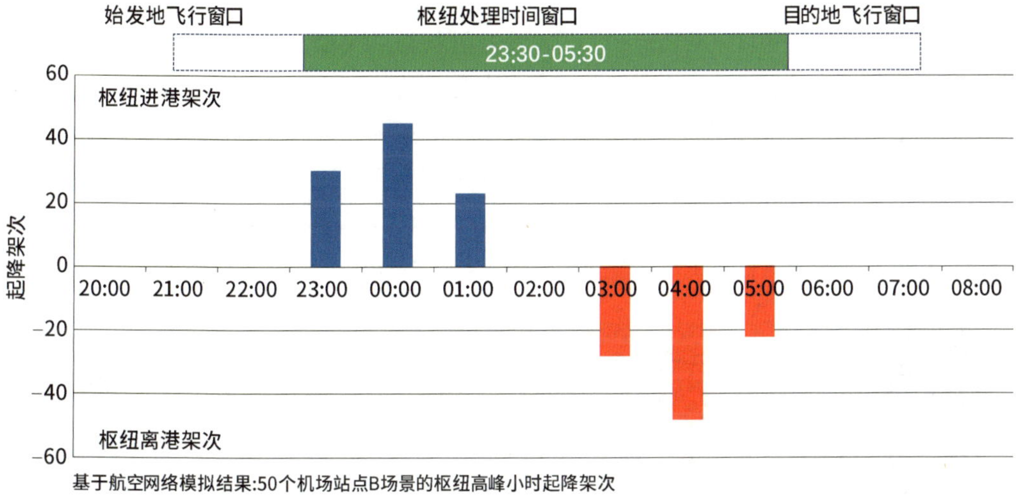

图 6-12　货运枢纽机场的航班波

一个城市到另一个城市的快件，能够装满一架飞机。这时，它就会直飞，而不会飞到货运枢纽机场了。这就是所谓“快递航线的发展规律”。例如西部地区的快递量达到一定规模之后，快递公司就会在西安国际机场建设一个区域性转运中心并设置一套分拣设备，那么西部两个机场之间的快递量到西安就能解决了，没有必要运到鄂州来。而如果西安到上海的快件量大到能装满一架货机时，它就可直飞上海，也不必来鄂州了。当然直飞的前提是货量要发展到足够大，如果快递量尚小，就可以把递往全国的货物都运到鄂州来分拣，以节省各区域站点设施设备的投入。

全国快递航线网络的货量发展大了以后，越来越多的货物都集中到货运枢纽机场来做就不那么经济合理了，区域性中心就会发展起来，就会有越来越多的货物走直航的货机。因此，货运枢纽机场是有最佳规模的。当然最佳规模是多少，需要详细精准的分析和测算。一旦到了这个最佳规模，货运量再大，快递企业也没必要在货运枢纽机场进一步增加太多投入，而是应该加强网点建设，提高区域中心的能力。所以，货运枢纽机场转运中心的规模在第一阶段是迅速递增的，近机位需求也是递增的。进入第二阶段后，转运中心的处理能力和近机位需求都开始变慢，逐步走向平稳。一般认为，转运中心在第二阶段的近机位约占所需机位的 2/3，第三阶段是远近机位数可能会达到一半对一半，在鄂州货运枢纽机场也就是在远、近机位各 90～100 个。

按照上述发展规律，显然转运中心有一个最佳规模。或者说，对转运中心的需求，在达到一定规模以后会呈明显的递减状态。也就是说，快递企业对货运机场的时刻和机位需求不会无限增长。一般等到货运枢纽机场的转运中心达到一定的规模以后，快递公司就会筹划建立次级转运中心，例如在华南、华北、华东等地建立二级转运中心。所以我们认为顺丰鄂州货运枢纽机场远期规划的“王”字形转运中心规模已经足够大了，需要扩建的可能性并不大。鄂州货运枢纽机场的转运中心如图 6-13 所示。

图 6-13　鄂州货运枢纽机场的转运中心

从货运枢纽机场的设施规划来看，货运机场的货运量、分拣设施、机位、跑道等资源都不是越大越好，而是有一个最佳规模和最佳模式的。我们认为货运枢纽机场的最佳规划模型就是“一个转运中心、200 个机位、两条远距离跑道”。

6.2.2　货运枢纽机场的跑道数量

基于上述对转运中心的认识，我们认为作为货运枢纽机场的鄂州机场不需要第三条跑道。因为顺丰货机的起与降在时间上分离，先是在 2～3 h 内集中降落 100～200 架次，后面起飞也是这样，所以两条跑道是够用的，不需要第三条跑道。也正是这个原因，鄂州货运枢纽机场在两条主跑道外侧建两条近距离辅跑道的意义也不大。只有两条主跑道中的一条跑道出现严重事故，需要停航维修时，辅跑道才有存在的价值，但货运枢纽机场白天有大量时间可供维修。而增建第三条远距离跑道，飞机就不得不穿越跑道，会大大增加地面滑行时间，必然严重降低“时效性”，其跑道能力也会超出有效需求、超出最佳规模。

因此，两条远距离平行跑道，对于鄂州货运枢纽机场来说是够用的。鄂州货运枢纽机场规划方案如图 6-14 所示。

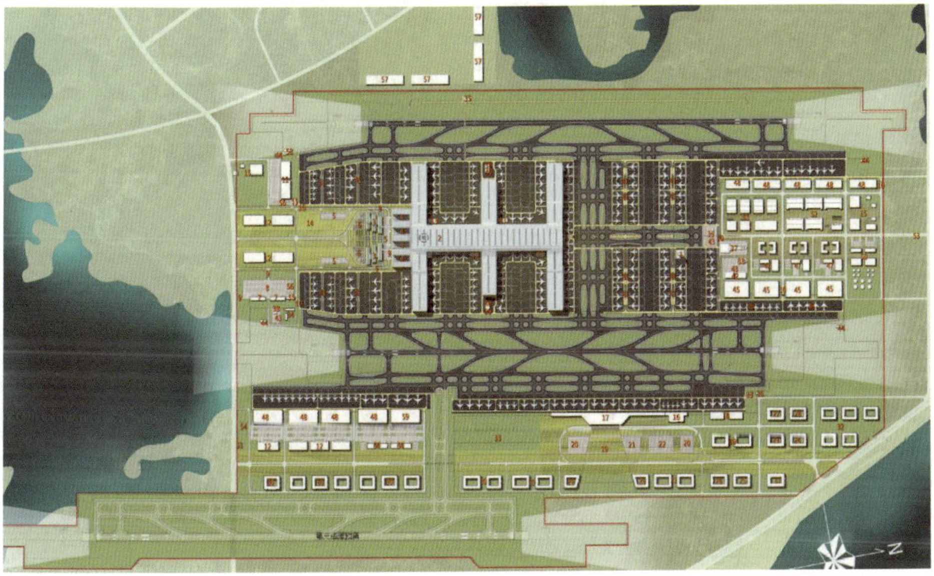

图 6-14　鄂州货运枢纽机场规划方案

6.2.3　货运枢纽机场的客运设施规划

这里想讲一个事实，即世界上至今还没有一个不做客运的、单纯的大型货运机场。如前文分析的，货机主要是利用货运枢纽机场夜间 6～8 h 的时间，白天对机场的各种空侧设施的使用都很少，几乎不用。白天完全闲置这些资源是非常不合理的。因此，货运枢纽机场白天适当发展客运是必然的，货运机场在设施规划中应该充分考虑客运设施，同样要把客运设施做好用好。路易斯维尔机场和孟菲斯机场都有少量旅客量。

但是货运机场的客运服务一旦把旅客量做大，夜间的货运航班就有可能受到影响。那么如何去控制这个影响呢？从机场运营管理的经验来看，年旅客量在 1 000 万人次以下时，

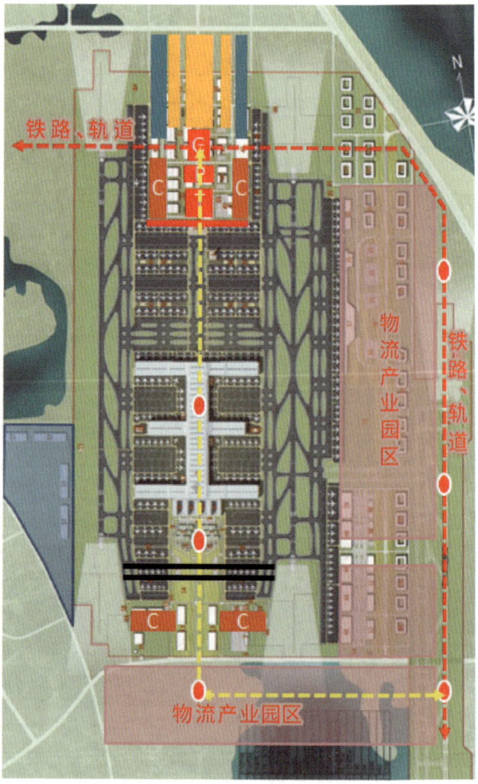

图 6-15 鄂州货运枢纽机场的旅客航站设施规划建议

客机的起降可以完全集中在白天完成，这样是不会对夜间的货机时刻造成影响的。鄂州货运枢纽机场首期就规划建设 2 条跑道，1 000 万人次旅客量完全不会影响货机夜间的起降时刻需求。

那么客运设施规划在哪里比较合适呢？我们建议把鄂州货运枢纽机场的客运航站楼放在转运中心北侧（图 6-15），这里与鄂州市、武汉市对接便利。顺丰转运中心与旅客航站楼之间的远机位客货转用方便，白天的时候客运用一部分；晚上全给货运用。如果要改进旅客服务增加客运近机位，则可以建一条卫星指廊；如果卫星指廊会影响货机的运营，那就做地下卫星指廊（指廊做在地下也很有创意）。这样一来，东跑道东侧地区就可以拿来做临空产业园区了，这个临空产业园区东面是码头、西面是机场，地理位置非常好。

货运机场的客运航线如何配置，需要做专题研究，因为要考虑的因素很多。其需要考虑的因素之一就是“货运机场的客运也应该作为快递航线网络的一部分”来配置，即应该开通一些快递量暂时不够大、顺丰还不能飞货机的、同时潜在快递市场又较大的航线，用客机带货的方式来“提振”这些未来的快递市场。

当然，客机应使用白天时刻，不与顺丰货运飞机所需时刻冲突。这其实是完全没有问题的。现在，虹桥国际机场两条近距离跑道在 0:00—6:00 禁飞，每天仍然可以完成 700 多架次的起降量，每年完成约 4 000 万人次的旅客量、约 40 万 t 的货运量。

6.2.4 陆侧资源需预留充足的发展空间

货运枢纽机场规划中还有一个陆侧资源预留的问题。前文提到对鄂州货运枢纽机场来说，陆路运输的卡车可以服务半径 300～500 km 的地区，所以以后就会有很大的陆运卡车停靠和接驳需求。所以鄂州做规划方案时，我们就提出要做大陆侧集卡的停靠设施，而且分拣系统要对接好。就是说要就把陆侧的集卡当支线小飞机看待，这个很重要。鄂州货运枢纽机场转运中心的陆侧设施如图 6-16 所示，从图中可以看出，鄂州货运枢纽机场转运中心的五个陆侧指廊在提供卡车停靠的同时，实现了与分拣系统紧密对接。

图 6-16　鄂州货运枢纽机场转运中心的陆侧设施

2015 年，笔者去路易斯维尔机场学习的时候，发现其陆侧的运输需求越来越大了。他们把原来一些停飞机的机坪改造成货车操作的地方。当时我们问为什么，得到的答复是他们现在推行 500 英里（约 805 km）范围内尽量用卡车运输，主要是因为一定范围内用卡车运输成本会降低。由于顺丰的飞机都是 C 类以上的大飞机，因此 500 km 范围内是不会用飞机来运的。目前，以鄂州货运枢纽机场为圆心，500 km 半径范围有近 1 亿人口，比很多国家的人口还要多，而且武汉周围地区的交通条件得天独厚，近几年经济发展很好，未来的快递市场会越来越大。

6.2.5　货运枢纽机场的投融资模式与公司治理

机场是公共基础设施，与周边环境联系紧密。货运枢纽机场有大量公共事务是政府的职责，如军地合作、口岸（海关、边防、检验检疫、商检等）的协调与运营管理、噪声治理、抗洪防汛、社会治安、反恐防恐、道路交通、铁路交通、城市轨道交通、空中交通管制等。还有市政基础设施（如水电气、通信、道路、绿化等）设施的维护，跑道、滑行道、甚至机坪的投资建设与运营维护，以及那些不好用、暂不用的土地等的投资、建设和运营，都是政府或公共机构的长项和职责。

在鄂州货运枢纽机场，顺丰真正所需要的仅仅是特定的空间和时间，就是转运中心、机坪和起降时刻。因此，无论是在规划设计阶段、工程实施阶段，还是运营管理阶段，顺丰都只要能够确定获得所需的时间和空间即可。顺丰没有必要拿下整个机场的投资建设和运营管理，也没有这个能力。具体而言，就是顺丰应该暂停区域转运中心的建设，把区域转运中心的投资都拿到鄂州货运枢纽机场来，集中力量投入鄂州货运枢纽机场转运中心的规划建设，占据两条主跑道之间最有利的位置；同时与政府合作，取得航班时刻的最大保障。机场的基础设施请政府建好，顺丰只要能用就行，可以支付租金或使用费。如果顺丰还是觉得不放心、不可靠，可以参股，甚至控股鄂州货运枢纽机场公司。但是，无论如何不能离开政府，顺丰必须找到与地方政府双赢的办法，建立起一个合作共赢的治理结构。

因此，2017 年 12 月，由政府投资主体湖北省交通投资集团有限公司出资 49%、民营企业深圳顺丰泰森控股（集团）有限公司出资 46%、深圳市农银空港投资有限公司出资 5%，共同组建了“湖北国际物流机场有限公司”。公司经营范围包括：机场建设、运营管理；航空地面服务；停车场服务；货物仓储、配送服务；客货地面运输服务；航空机务维修基地及民用航空器材维护、保养；机场配套保税园区、物流园区及产业园区的开发建设与经营；机场配套城市基础设施、城市综合体及相关房地产项目的投资、建设与运营；机场内商业场所和办公场所出售、出租及运营管理；国内广告设计、制作、代理、发布；机场水电运行维护服务；机电设备安装工程专业承包；园林绿化；保洁服务；对机场及相关主营业务进行投资。这是中国民航至今为止最大的一个 PPP 项目公司。

6.3 货运枢纽机场的临空开发规划

在第 1 章中，我们介绍了机场周围地区的四大临空产业链（图 1-6），而货运枢纽机场也与一般大型机场一样，在产业结构上除了物流产业园功能板块外，也同样需要商务交流板块、航空产业园板块、文化娱乐生活区板块。但是，货运枢纽机场还有其特殊的发展规律，对其周围地区和所在城市及区域的影响将会更大、更快、更直接，因此其对城市和区域空间结构的改变我们应给予特别重视。

作为快递公司运营基地的货运枢纽机场，其服务半径都在 1 000 km 以上。也就是说，整个国家都是它的市场。这也就锚定了任何一个货运枢纽机场都一定是国家，至少是大区域的物流中心。因此，物流产业链一定是货运枢纽机场临空开发的主要课题。在货运枢纽机场周围地区规划建设一批国家级的物流设施成为必须完成的政治任务。例如规划建设“国家战略物资储备中心”，为国内外应急救援、防灾救灾等储备必要的物资。需要时，无论是我们的快递公司，还是货运枢纽机场，都会成为国之重器。如果国内有 2～3 个这样的货运枢纽机场，那遇到重大情况时我们就心里有底多了。

我们的货运枢纽机场在战时也会发挥出巨大的作用，成为军事投送的基地。美国从国家层面上大力支持快递航空公司发展的另一个原因，就是航空物流是国家军事发展的支柱，是国家战略投送能力的体现。现代战争很重要的制胜因素是物资供给能力和后勤保障力量，甚至有人说现代战争打的就是运输能力。的确，现代战争本质上是双方经济实力的较量，很重要的一条就是物流水平，其中，航空物流是最高效的。在两伊战争和阿富汗战争中，我们看到美军大量的物资供给保障，甚至兵员运输都是 UPS 承担的。2020 年初我国在新冠肺炎疫情中的抗疫物资，很大比例也是由货运航空公司承担的，其中顺丰航空的表现尤为抢眼。这些例子都体现出物资投送能力是重要的国家战略力量。新冠肺炎疫情中各民用航空公司承担的运量如图 6-17 所示。

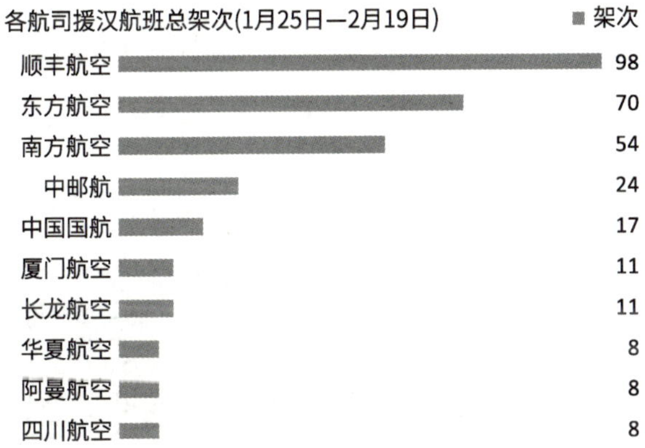

图 6-17　新冠肺炎疫情中各民用航空公司承担的运量

因此，货运枢纽机场的临空园区一定要从国家战略的层面考虑问题，从国家需求和军事投送等角度做好规划建设。

案例 024

鄂州市航空都市区总体规划

鄂州市的主城区在货运枢纽机场的西北侧，目前高速公路已经连接到机场北侧，铁路从机场的西侧通过。未来这个区域应该形成以机场为核心的物流与产业设施的集聚区，它将具备很强大的竞争力。机场西南侧是山体，北侧和东侧是长江，机场跑道的东西两侧可以规划大面积的物流与产业用地。

在鄂州货运枢纽机场北侧与鄂州主城区以东地区，可以规划建设各种临空产业园区和与临空产业发展相配套的城市新区。应争取在这一地区规划建设国家级的综合保税区和自由贸易港。

鄂州货运枢纽机场向南就是黄石市的主城区，未来可以在这里发展与机场物流功能相关的上下游产业链业务，例如电商仓储与生产加工设施等。鄂州主城区以西的葛店工业园区在鄂州和武汉之间。这样看来，未来鄂州货运枢纽机场及其相关配套的物流产业设施发展起来之后，实际上就会把武汉和鄂州、黄石紧密地联系在一起。

随着跨江桥隧道的进一步建设，长江以北的黄冈市也会加入这一大都会地区的城市群中，形成更为广域的航空城。

鄂州市航空都市区总体规划如图 6-18 所示。

图 6-18　鄂州市航空都市区总体规划

6.4 民航视角下的大武汉空间结构

武汉天河国际机场位于武汉市中心城区的西北方向，孝感市位于武汉天河国际机场的西北侧，孝感市的临空经济开发区与武汉天河国际机场相邻（图6-19）。武孝城际铁路穿越武汉天河国际机场。武汉市的临空开发区位于武汉天河国际机场与武汉市区之间（图6-20）。

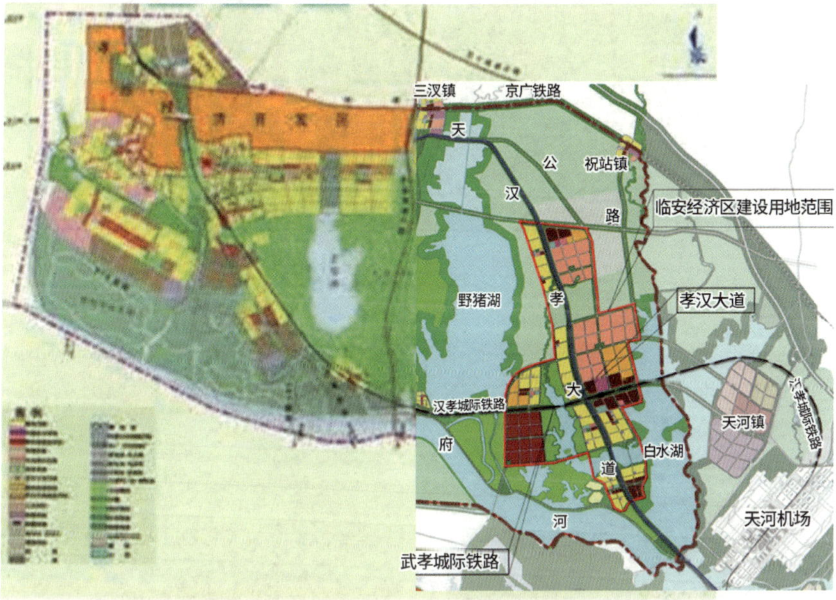

图6-19 孝感市城市总体规划

武汉市的东侧已经与鄂州市的葛店开发区相邻，随着鄂州国际物流枢纽机场的规划建设，一个以顺丰航空快递转运中心为龙头的临空产业群将会快速形成并发展壮大。这会进一步加速“武鄂一体化”的进程，促进城市经济、社会和基础设施，特别是交通基础设施的进一步对接。“鄂黄黄孝”四城市总体规划图如图6-21所示。我们试着把武汉市、鄂州市、黄冈市、黄石市、孝感市，即“武鄂黄黄孝”五座城市和天河国际机场、鄂州货运枢纽机场的总体规划图拼接起来，发现一件很有意思的事情（它们是不同的规划设计研究院编制的，恐怕还没有在同一张图上拼接过）：一个巨型大都会的雏形显现出来（图6-22）。

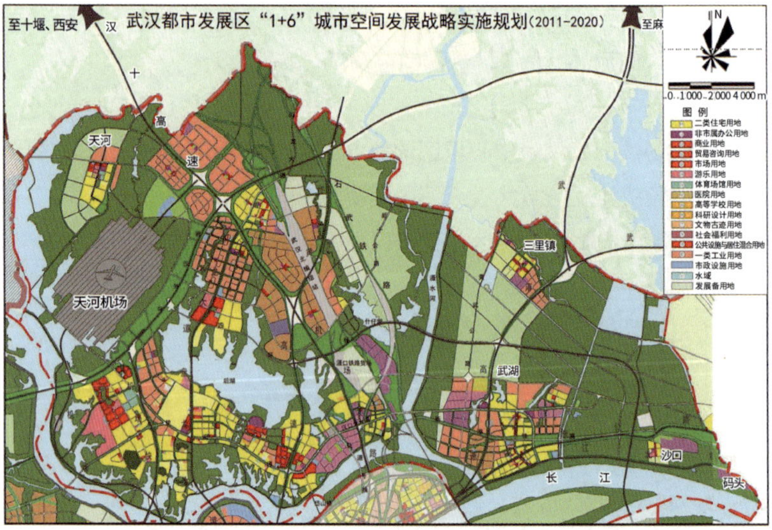

图 6-20　武汉天河国际机场周围的开发规划

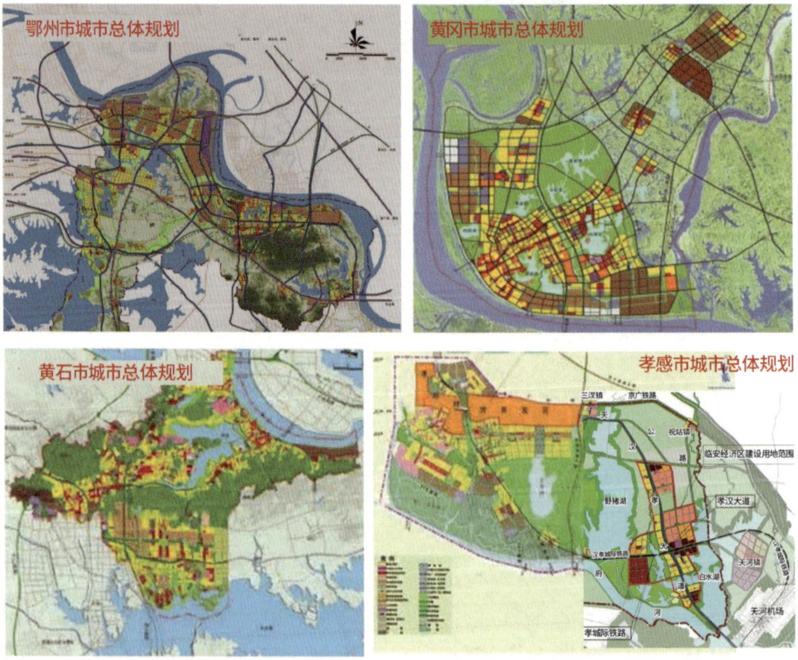

图 6-21　"鄂黄黄孝"四城市总体规划

我们看到了大武汉地区城市群一体化的美好前景和发展步伐，而两个机场的建设与运营就是这个一体化进程的发动机。

图 6-22　大武汉地区五市两场总体规划拼图

作为顺丰航空的快件转运中心，鄂州机场只要提供夜间 6 h 的时间段给顺丰航空就可以了，而白天的宝贵时刻不会闲置、浪费。因此武汉天河国际机场、鄂州货运枢纽机场两座机场一座以客运为主、一座以货运为主，“一市两场”的格局就此敲定下来。于是，贯穿“武鄂黄黄孝”城区，连接两座机场和多个交通枢纽的城际铁路、高速公路等交通方式都被提到议事日程上来，只要将已有的交通设施互联互通，就能够迅速地连为一体。现在，武汉市的城际铁路已经基本完成规划建设，它们有一个很明显的特点，就是进出城方便，但相互之间换乘不便。在这个大都会发展轴上，有三条城际铁路，一条是从武汉、经鄂州到黄石的，叫武鄂城际铁路；另一条铁路是从武汉到黄冈的，叫武黄城际铁路；第三条是从武汉到孝感的，叫武孝城际铁路。如果我们将它们在武汉市内的车站连接起来（图 6-23），并开通直通运营的列车，就能够连接“五市两场”，就会是大武汉都市圈的最主要交通轴了。当然道路、长江水道也都是都市圈的交通轴。因此，我们看到“一市两场”的民航运输，将重筑大武汉地区的城市空间结构。

图 6-23　打通武孝、武黄城际铁路示意

在民航视角下，大武汉地区的城市空间结构是：以武汉中心城为核心、武鄂一体化为基础、西起孝感市、东至黄石市、北含黄冈市的巨型结构体，它东接长三角、西连成渝、北上京津冀、南下珠三角（图 6-24）。由于武汉不靠边不靠海，连接世界就只能靠这两个机场了。这也说明了机场对内陆中心城市的重要性。

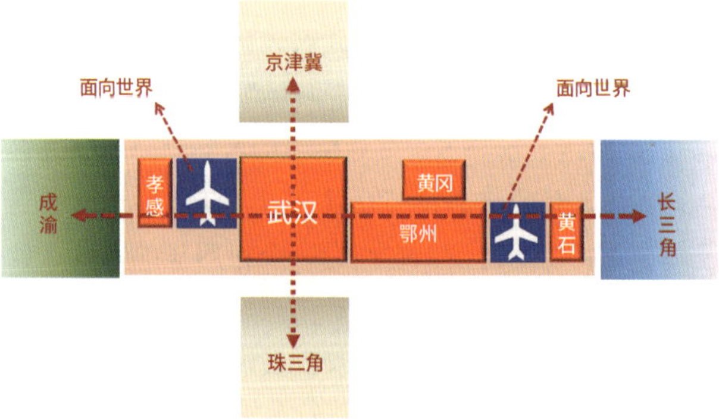

图 6-24　民航视角下的大武汉空间结构

第 7 章

航空货运物流发展新趋势

过去 10 年，是中国物流行业高速发展、大洗牌的时代。时至今日，依然可以认为我们处在中国物流行业的“春秋战国”时期，这是一个新思想、新技术、新政策、新商业模式不断涌现、又会很快被淘汰的时代，了解未来行业的动态和新业务的发生发展就显得非常重要。

我们认真研究航空物流业的未来发展，认为会出现一些新的业务形态，看到了一些新的行业趋势。行业发展的新趋势主要有构建货运枢纽和航线网络、建设综合保税区和自由贸易区、强化地面物流、布局航空物流园、延伸产业链、发展多式联运等。新的航空物流业务形态主要有三个方面：跨境电商业务、冷链物流业务、国际国内快递业务。另外，随着智慧机场建设，航空货运全流程无人化也将是一个发展趋势。

因此，我们在本章中将重点讨论跨境电商、冷链物流和国际国内快递三大新兴业态。特别是冷链物流，它具有巨大的市场潜力和可持续发展空间，但还没有引起业内的足够重视，我们将多用些笔墨。关于行业发展的新趋势，基本上都在前面各章中讨论过，本章只讨论多式联运问题和空侧货运无人化。

7.1　跨境电商

跨境电商是国际贸易的一种形式，通过电子商务的手段将传统国际贸易中的展示、洽谈、成交环节电子化，并通过跨境物流送达商品、完成交易。近年来跨境电商快速地在全球发展起来，它的出现减少了传统国际贸易交易广泛存在的多层中间环节和信息不对称，消费者在购买同样的商品时可以享受到更快速的服务和更低廉的价格。传统国际贸易的业务链如图 7-1 所示，跨境电商的业务链如图 7-2 所示。

图 7-1　传统国际贸易的业务链

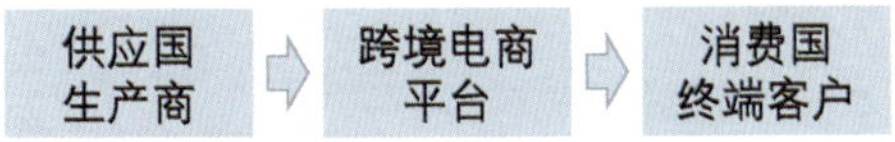

图 7-2　跨境电商的业务链

全球最大的电子商务市场正是中国。2015 年以来，中国的电子商务交易总额从每年 0.7 万亿美元，迅速增长到超过 2 万亿美元，年均增速约 29%，高于全球总体增速约 8 个百分点。据美国航空货运管理集团（Air Cargo Management Group，ACMG）的资料，中国 2019 年的电子商务交易额是美国的 3 倍，约占全球电子商务市场总体份额的 57%。2015 年以来全球电子商务交易额如图 7-3 所示。

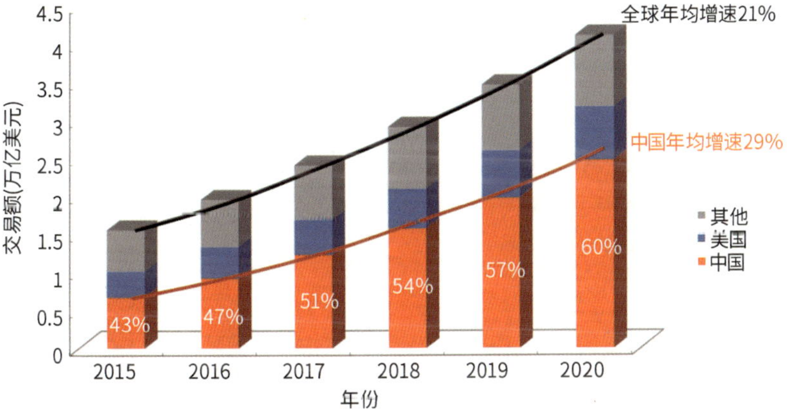

图 7-3　2015 年以来全球电子商务交易额

（注：2019 年、2020 年数据为估算值）

我国跨境电商的交易额及其占进出口贸易总额的比例近年来同样保持了高速增长的态势。2013 年，跨境电商交易额占全国外贸额的 11%，而到 2019 年，占比已达到 40%左右。2013 年以来我国跨境电商交易额如图 7-4 所示。

跨境电商的迅速发展促进了国际快件业务量的增长，这一点从国内近年来国际和地区的快件数量持续高速增长可见一斑。由于跨境电商货物的物流属于全球范围的高时效远距离运输（进口的跨境电商货物大多来自欧美、澳大利亚；而出口的跨境电商货物主要去往美国、欧洲、东盟、俄罗斯等地），因此跨境电商物流使用航空运输的比例较高，未来这一块的航空物流市场前景非常广阔。我国国际快递件量发展如图 7-5 所示。

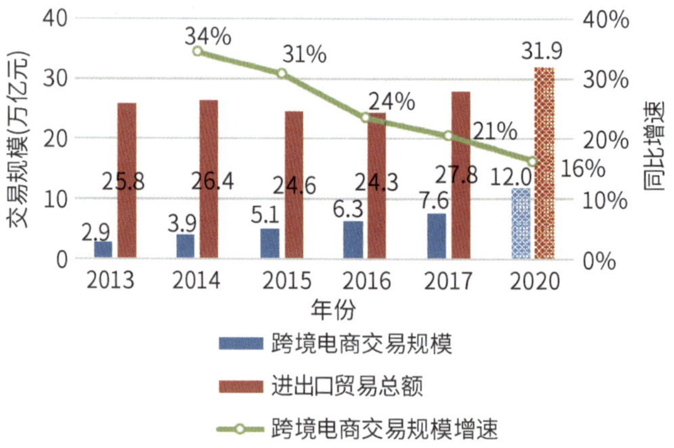

图 7-4　2013 年以来我国跨境电商交易额

（注：2020 年数据为估算值）

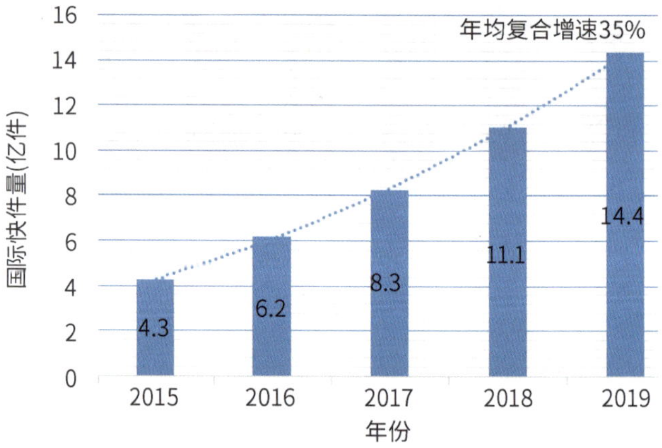

图 7-5　我国国际快递件量发展

现在，跨境电商的发展已经引起业内的广泛关注，有关为跨境电商配套服务的政策、设施、设备等都得到了快速的发展。特别是在改革开放前沿的广东和浙江，已经有了许多值得学习的规划和实践案例。

案例 025

宁波机场跨境高端食品产业园及其交易平台规划

规划中的宁波机场跨境高端食品产业园，定位于为全球食品直采与分销网络提供解决方案，打造世界一流的一体化“保税＋通关＋交易”平台，涵盖跨境高端食品流通各关键环节，将食品保税、交易、体验、通关、物流保障、供应链管理等业态有机组织起来，为供应商、分销商提供高质量的一体化流通服务。产业布局涵盖电子交易中心、食品展示中心、食品体验中心、食品加工中心、航空口岸设施、保税物流中心、商务服务设施等。宁波“大通关＋电子交易”平台模型如图 7-6 所示。

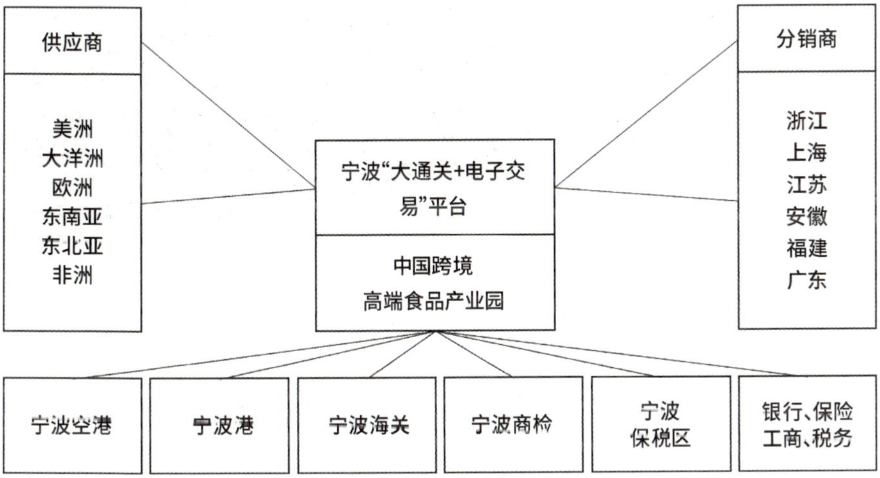

图 7-6　宁波“大通关＋电子交易”平台模型

案例 026

广州白云机场跨境电商园区

广州白云机场跨境电商园区是广州首个获批设立的空港跨境电子商务试验园区，由广州空港物流管理有限公司投资建设，规划占地面积为 13.73 hm²，规划总建筑面积约 15 万 m²，总投资额近 5 亿元。园区于 2014 年正式启用，2015 年广州机场的跨境电商货量呈现井喷式增长，当年连续数月广州的跨境业务每月同比增幅达 30% 以上，较 2014 年同期增长近 10

倍。接下来的两年中，白云机场的跨境电商件量又继续上涨了25%。广州白云机场跨境电商园区入口如图7-7所示。

图7-7　广州白云机场跨境电商园区入口

跨境电商是一种新业态，拓展了新的外贸监管模式。与传统贸易模式相比，跨境电商具有碎片化、小额化、高频次的特征，给海关传统监管提出了新课题。广州白云机场的解决方式是：海关进驻园区，并将园区纳入机场海关综合保税区，实行“区仓联动”的创新型制度。园区与海关监管系统无缝对接，通过信息共享和卡口联动，优化通关流程，简化通关手续，实现联动监管。广州白云机场跨境电商园区“区仓联动”创新监管制度如图7-8所示。

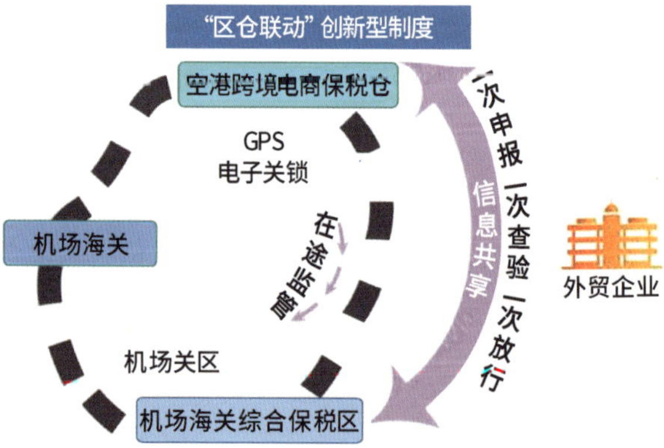

图7-8　广州白云机场跨境电商园区“区仓联动”创新监管制度

案例 027

杭州萧山国际机场的跨境电商产业园与药品物流基地

杭州萧山国际机场跨境产业园位于萧山机场东侧，规划 5 km^2，当前主要启用 17 hm^2、近 10 万 m^2 的保税物流中心场站资源。园区先行启动跨境电子商务进口业务，并同时开展保税备货模式和直邮模式。未来计划拓展跨境电子商务出口业务，打造集进口、出口于一体的综合园区，充分发挥区位优势，整合航空、高速公路的交通便利资源，建设“跨境电商现代物流中心”（图 7-9）。

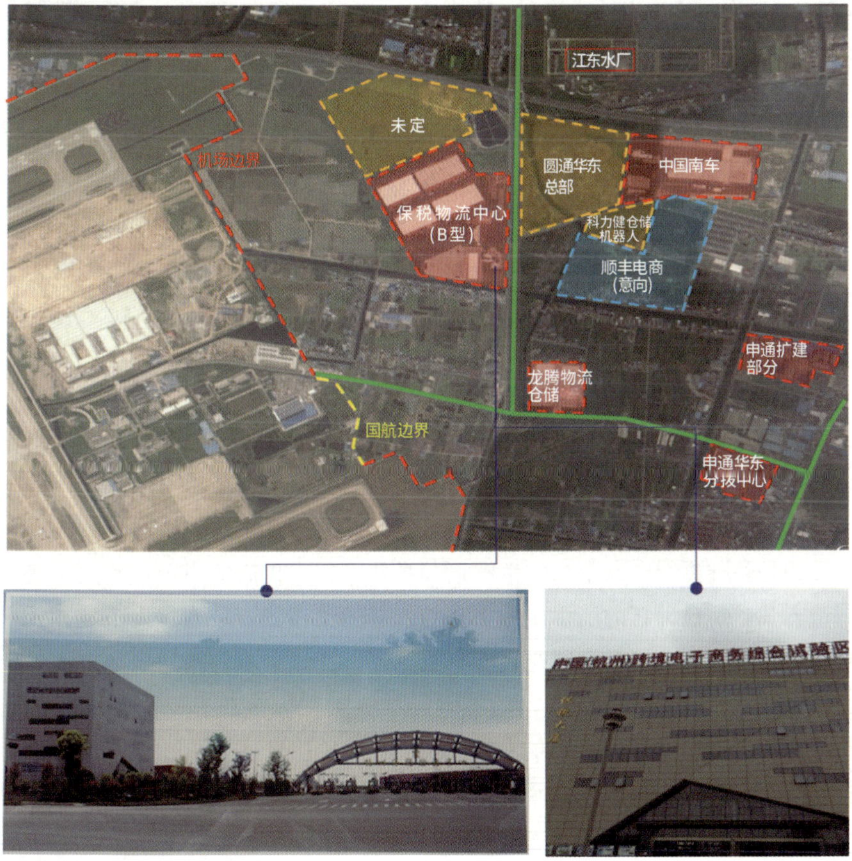

图 7-9　杭州萧山国际机场跨境电商产业园

杭州萧山国际机场药品物流基地一期（图 7-10）占地面积为 20 000 m^2，拥有 6 000 多立方米的独立现代化标准药品仓库 3 座（内含冷库）；园区地处华东地区最重要的医药大市场沪杭甬中心地带，公路在 3 h 内能覆盖沪杭甬的各个角落；主要业务有药品第三方仓储和物流、药品仓库租赁等。

图 7-10　杭州萧山国际机场药品物流基地

7.2　冷链物流

民以食为天，在人口达 14 亿的中国，肉类、水产品、禽蛋、牛奶、蔬菜、水果等生鲜农副产品的生产和消费都位于世界前列。2012—2017 年，我国生鲜农产品的产量从 11.60 亿 t 跃升到 13.28 亿 t。在这背后，一方面是农业现代化带动的生产效率的提高和规模的扩大，更重要的是各种生鲜电商平台、生鲜连锁企业、新零售店的出现，改变了传统的生鲜农产品消费方式。在这种新的消费模式下，与传统的菜市场、冷冻批发市场相比，消费者能够更便利地购买生鲜农产品，同时还能享受加工、配送到户等精致服务，产品的新鲜度也能得到保证。

我国冷链物流市场在过去几年迎来了前所未有的快速发展期。2013 年，我国冷链物流市场规模仅有 928 亿元，2019 年这个数字已经达到 3 391 亿元，年均复合增速达 24%以上；预计将以年均 18%以上的速度继续增长，到 2021 年有望形成近 5 000 亿元的巨大规模（图 7-11）。

但是，我们国内的冷链物流普及率和市场规模距离世界先进水平还有较大的差距。我们全社会的温敏物资的冷链流通率是发达国家的五分之一，冷链物流在我国还处在发展的起步期，未来的发展潜力巨大。图 7-12 所示是 2014 年我国与美国、日本的综合冷链流通率对比。

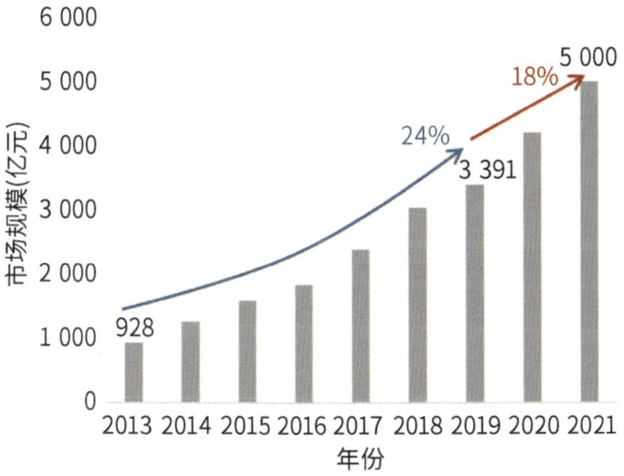

图 7-11　我国冷链物流市场规模

（注：2020 年、2021 年数据为估算值）

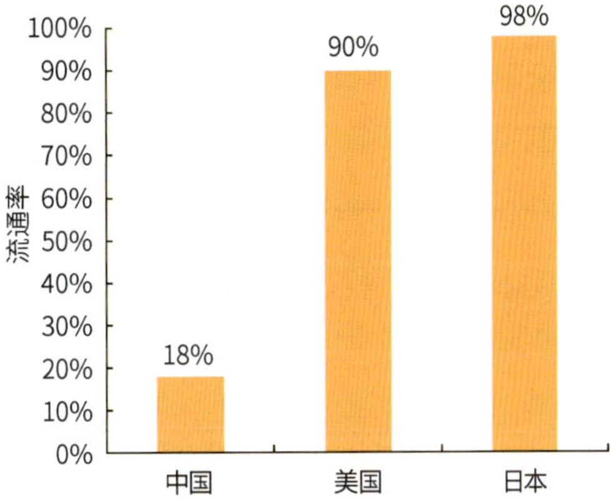

图 7-12　2014 年我国与美国、日本的综合冷链流通率对比

7.2.1　我国冷链物流的现状与问题

虽然我国的冷链物流业因其高速发展和巨大的市场规模得到了众多资本方的青睐，各种跨界收购和许多合资公司设立悄然完成，但是机遇与挑战并存，随着几亿中产阶级的形成，我国的冷链物流业面对着巨大的市场压力，问题多多、困难重重。

1）基础设施不完善

我国温敏物资的流通损腐率远高于世界先进国家（图 7-13）。一方面是因为我们很多温敏物资不是冷链运输而是常温运输的（即综合冷链流通率低）(图 7-14)；另一方面是因为我国冷链物流的存储设施不足，存在较大缺口（图 7-15）。

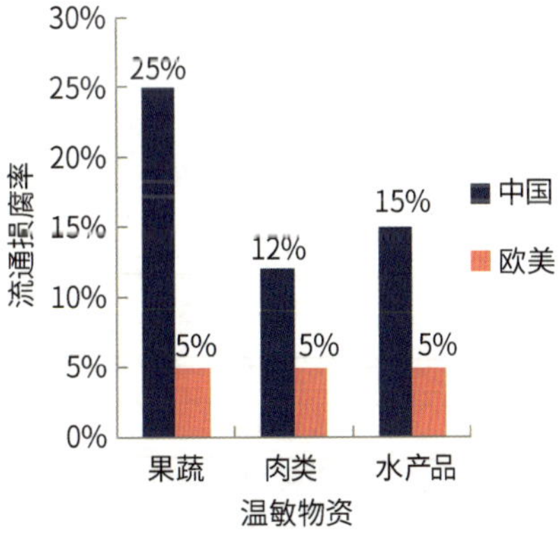

图 7-13　2013 年我国温敏物资流通损腐率与欧美对比

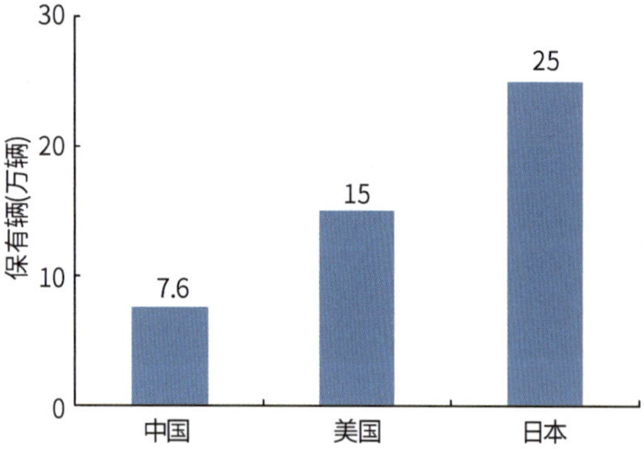

图 7-14 2014 年公路冷藏车保有量对比

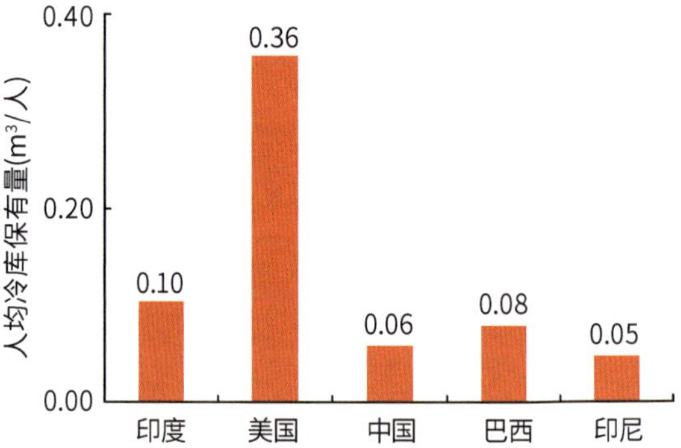

图 7-15 2014 年人均冷库保有量对比

正是因为如此，2013—2017 年间，我国冷库的可存储容量以平均每年 20%的速度增长了近 2 000 万 t；2017 年全国拥有冷藏车 14 万辆，比 2014 年增长 84%。尽管如此，依然不能满足快速发展的市场需求。

2）行业集中度低，缺少具有超强整合能力的巨头企业

我国的冷链物流企业包含运输、仓储、城配、综合等六大类，1 000 多家企业(表 7-1)。这些企业的形成主要有四大类：国外冷链巨头设立的国内分公司（希杰荣庆物流、夏晖物流等）；生产商自建自营（双汇物流、光明领鲜物流等）；专业冷链服务商（北京中冷、鲜易供应链等）；传统物流企业转型或业务拓展（中外运菲普斯、招商美冷、海航冷链等）。

表 7-1 不同类型冷链物流企业的主要业务和代表性企业

类型	主要业务类型	代表企业
运输型	以从事货物低温运输业务为主，包括干线运输、区域配送及城市配送	双汇物流、希杰荣庆物流
仓储型	以从事低温仓储业务为主，为客户提供低温货物储存、保管、中转等仓储服务	中外运菲普斯
城配型	以从事城市低温仓储和配送一体业务为主	北京快行线、上海新天天、深圳曙光
综合型	以从事低温仓储、干线运输及城市配送等综合业务为主	招商美冷、上海广德、北京中冷
交易型	以农产品批发市场为主体从事低温仓储业务为主	联想白沙洲、深圳农产品、江苏润恒、福建名成
供应链型	从采购到终端提供全程运输、加工、仓储、配送服务	武汉良中行

我国冷链物流企业类型比较完备，但是市场极度分散，竞争激烈，资源整合度低，尚未出现具有超强整合能力的巨头。我国排名前十的冷链仓储运营商占整个市场的10.5%，前30名运营商占17.3%。对比美国，排名前五的冷库企业冷链市场份额占63%以上。长期的运营分散使得企业各自为政，无法形成规模效应进行优化调度，拖累了行业整体的盈利水平。近几年，随着我国快递公司纷纷进军冷链物流业，各种冷链资源平台也纷纷出现，冷链物流市场集中度有望得到刺激和提升。

3）市场结构处于初级阶段，地区发展失衡

目前，我国冷链物流所服务的市场，相对还处在冷链发展的初级阶段，以农产品、畜牧和水产品、冷冻食品等食品类为主，占据冷链运输市场的90%以上（图7-16）。而真正处在金字塔顶端的冷链物流高附加值的产品类型，如零售、快消、餐饮、医药等品类我们国家做得很少（图7-17）。特别是医药的冷链运输，很多药品、保健品、疫苗、血液、生物制剂等大医药范畴的物资对温度非常敏感，也是附加值极高的。这一块前几年国内几乎是空白，近几年一些冷链企业开始涉足，未来市场将非常巨大。

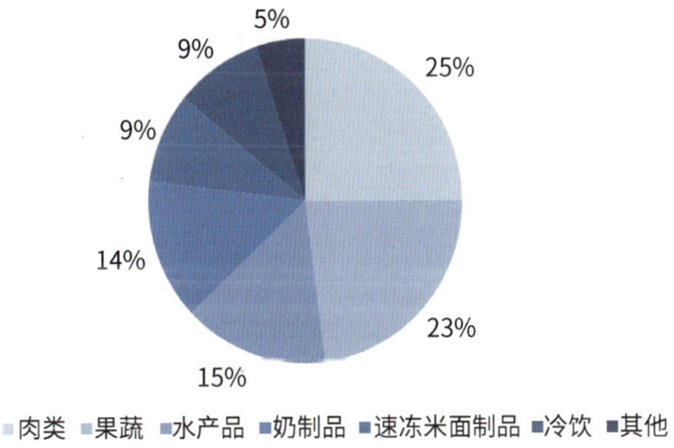

图7-16　2014年我国冷链运输市场细分结构

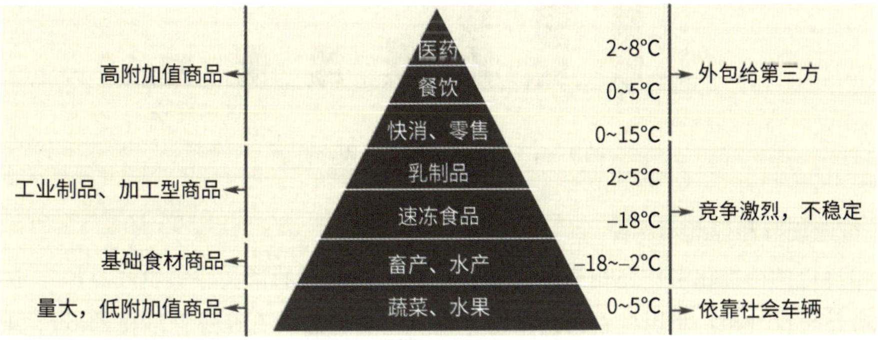

图7-17　冷链物流产品金字塔

还有一个各区域之间冷链物流发展失衡的问题。我国中西部地区承担了大部分生鲜农产品的生产、批发交易，但是冷库严重短缺（图 7-18），大部分大型农产品批发市场、区域农产品配送中心等，都没有足够的冷藏设备，普遍存在冷库的保有量、冷链运输车辆的数量不足等问题，冷链发展相对滞后。

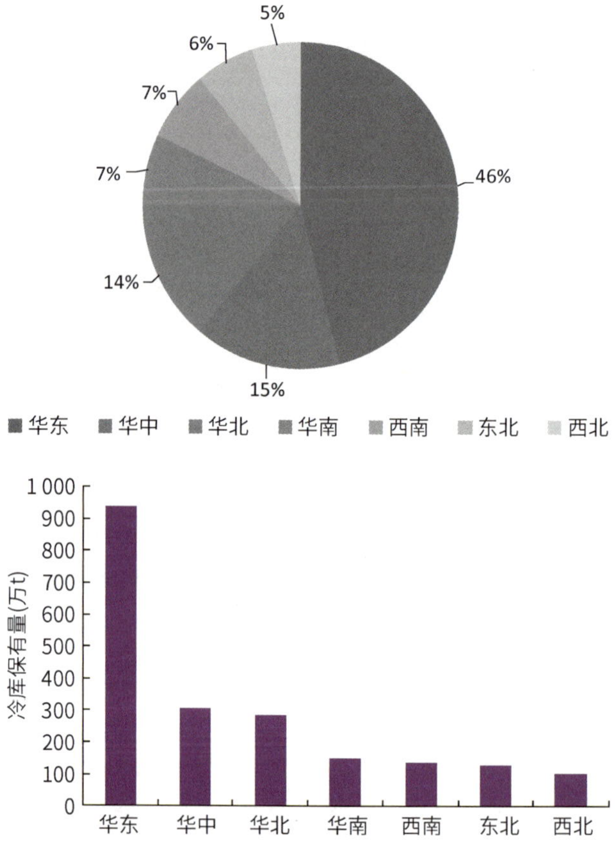

图 7-18　全国七大区域冷库保有量

4）行业规范和标准不完善

我国冷链的标准化工作还相当不完善。首先，在冷链的源头——农产品原产地，农民大多没有按标准种植，难以做到精耕细作。其次，农产品没有经过标准化的冷链预处理就进行运输、储存，这直接增加了后续分拣工作的难度，直接造成后续环节的大量损耗。甚至农村经销商还需要挨家挨户去收购，效率低、管理难。最后，目前的冷链市场依旧是一个多级批发市场，商品需要经过多个环节进行周转，节点越多，中途涉及的企业单位也越多，每个节点又有一套自己的标准，使得冷链全流程的标准化十分困难。

标准化的范围如何确定也是一大难题。冷链物流的核心即"恒温"，这对于制冷、温控技术要求颇高，且不同的冷链产品要求的温度也不一样。标准太高，会在技术和成本上对一些小企业形成制约，不利于整个行业发展；标准太低，又会埋下安全隐患，毕竟大部分冷链产品都是与我们生活息息相关的生鲜农产品和医药产品。另外，我国的标准制定还存在"各自为政"、缺乏统一管理、与国际标准脱节等问题。据统计，截至 2018 年我国总共出台了涉及冷链物流基础设施、技术作业与管理、设备设施三方面的标准 230 余项。这些标准有的由国家出台，有的由地方各级政府制定，还有商务部、农业部、工信部、交通部等不同行政部门制定的行业标准等，标准制定者大都从自身职能或利益出发，缺少对整个冷链供应链的系统考虑。同时我们注意到，这些标准中与国际冷链物流标准接轨的很少，使我国冷链物流企业在国际合作和国际业务开拓方面面临严峻挑战。

7.2.2　冷链物流的发展趋势

我国近年来冷链物流的发展，也让我们看到未来发展的一些倾向。

1）生鲜电商快速崛起，具有流量支撑的第三方物流有望进行整合

近年来生鲜电商开始加入冷链物流大军（表 7-2）。生鲜电商的平台效应带来巨大的流量，为冷链物流企业提供了大量订单。同时生鲜电商的发展吸引了大量资本的涌入，融资规模越来越大，且资金逐渐向头部集聚，显示出市场逐渐进入整合的趋势。虽然生鲜电商百花齐放、数量众多，但是大部分企业还是处于亏损状态，这主要在于冷链产品保管的高标准和冷链物流服务的不完善造成的严重损耗。因此，探索出适合的冷链物流模式对生鲜电商显得十分必要。

生鲜农产品的生产本身不像电子产品这类人造产品容易实现标准化、规模化生产，这使大电商绕过复杂的多级批发商网络，直接向原产地农民进行采购，基地直采的模式就兴起了。这样不仅能从冷链源头把握产品的质量，并将终端的消费需求准确传达给生产地农民，对他们的产品标准进行把控，还能减少中间多个批发、中转流程。产品采摘后直接分拣、包装、运输，可以节省 15%左右的成本。

表 7-2 近年兴起的生鲜电商平台做冷链物流的几个代表模式

模式名称	特点	具体描述
顺丰冷运模式	利用快递企业的优势与“顺丰优选”生鲜电商平台配合提供“电商 + 物流”综合服务	整合顺丰物流、门店、电商等资源，为“顺丰优选”的客户及其他冷链需求客户提供冷运干线、冷运仓储、冷运宅配、生鲜销售、供应链金融等一站式解决方案。现拥有 4 条省际干线、6 条城际干线、120 辆自有冷藏车，7 733 辆外包冷藏车
京东商城模式	电商开拓冷链市场	2015 年 1 月，京东组建生鲜冷链项目组。同年 11 月，京东物流冷链配送面向京东平台卖家、生鲜垂直电商全面开放
河南鲜易供应链模式	传统肉制品制造商和 O2O 生鲜供应链服务商联合开拓冷链市场	定位于生鲜供应链解决方案运营商，为零售业、餐饮、终端消费者提供运输和仓配一站式服务
九曳供应链模式	独立第三方冷链物流	提供加工、包装、冷链宅配等“一站式”服务，现已开通北京、广州、上海、成都等冷链集散中心，整合约 100 条冷链干线，宅配可覆盖 25 个省份 100 个城市

另外，新零售时代下，生鲜电商开始尝试“去中心化”的物流配送模式，通过去库存来减少成本的投入和冷链产品的损耗，例如门店和仓库功能合二为一的“门店仓”模式，深入社区、更加贴近消费者并且投资较少的线上社区“O2O”前置仓模式，以及线上线下物流一体化的“门店前置仓”冷链仓配模式。这些新的配送仓储模式不仅满足了客户对品质和服务的需求，同时也能解决从中心仓库直接发货成本太高而且还会受到交通状况等条件限制的问题。

2）新技术、新设备逐步成熟，大数据将推动冷链产业上下游环节打通

对于中国企业来说，枳极引进、学习国外先进的冷链物流技术，是实现飞越的关键。日本、加拿大、美国等发达国家，已经广泛运用自动化温控检测技术，实现产品低温环境下分等级运输和产品的监管溯源。加拿大最大的第三方冷链物流企业汤姆逊集团（Thomson Group）不仅拥有自动化水平极高的大容量冷库，同时公司所属的“三段式”冷藏车通过卫星监控和自动控温，可以同时运送三种不同温度下的货物。日本冷运则使用保冷车和冷冻车两种不同运输设备，其中冷冻车中搭载有实时监测温度的记录器，帮助工作人员判断温度变化的时间和原因；保冷车本身不具有制冷功能，通过保持低温运输货物，而且车内有 GPS 和通信装置，可以发送车辆位置和开关门等信息。上述企业在温度、油耗、车厢开门次数等方面实现了全面监控与管理，但还无法做到发现温度变化就及时进行处理，

只能等到事后寻找原因。

大数据、区块链、云计算等信息技术未来将与冷链行业深度融合，在智能匹配、数据采集处理、物流信息溯源方面发挥重要作用。在仓内运营方面，通过仓内搬运机器人，运用自动识别技术、自动化技术可实现仓内无人化管理。基于物联网技术的进步，未来不仅能够对车辆实施高效率调配，对位置实时定位，监测温度，同时还可以通过远程温控技术调控温度。现阶段基于电子化软件技术开发出的订单管理系统（Order Management System，OMS）、仓库管理系统（Warehouse Management System，WMS）、运输管理系统（Transfer Management System，TMS）被很多企业采用，有利于整体效率提升。未来随着大数据技术的发展，其功能将更加完善，规模较大的企业对各个分散环节的管理将更加方便，将彻底打通整条冷链。更多先进冷链技术的运用将会提高全程冷链可视化水平，使客户、消费者及其他冷链参与方可以实时了解产品状态。

3）去库存、降成本、补短板

冷链行业去库存的前提是提高冷库周转率。企业可以采用信息化手段，及时获取货品的库存和销售数据，精准预测市场需求，为采购和库存管理提供有效依据，从而提高仓储的周转率。降成本实际上是稳成本。目前冷链行业正处在发展时期，冷链物流运输成本保持着价格的高门槛。从整个社会来看，社会基础设施建设、企业投入都在增长，上下游供应商和客户都倾向于协商出一个相对稳定的价格。生鲜电商中需要冷链运输的产品超过50%，但目前只有10%真正使用冷链，国内还没有一个完整的生鲜物流配送体系，大多数生鲜电商自建冷链物流令成本陡增，包装、仓储、配送等各个环节尚未打通。

7.2.3　航空冷链物流

最早的航空冷链物流可以追溯到1928年。当时的荷兰皇家航空公司开创了航空冷链物流的先河，它将75 t重的鲜花、水果和蔬菜空运到伦敦。1969年美国推出了世界上首个冷藏航空集装箱，使标准化运输成为可能，此后航空冷链物流得以蓬勃发展。

航空冷链的核心是空中运输，它利用具备适航条件的设备工具，依托地面运输，让温度敏感物质保持在一定温度、湿度、光线和压力等条件下。航空冷链物流主要使用客运腹舱或全货机，搭载标准的温控集装箱，通过冷却媒介、温控运输工具等完成空中运输，并以冷藏卡车接驳运输。

航空冷链运输的主要货物为食品和医疗健康类药品。据统计，在全球最畅销的医药产品中，有20%属于温度敏感型产品，而且这些产品中相当大一部分具有较强的时效性。例如所有疫苗和68%的生物科技产品必须在2～8℃的温度条件下存放和快速运输。

近年来，我国航空冷链物流市场需求旺盛。一方面消费市场对温敏物资的需求日益扩大，另一方面消费市场对商品品质的要求不断提高，一些对品质要求比较高的商品也进入温敏物资行列，使航空冷链物流的市场日益扩大。一些鲜活易腐货物、生物制剂、医药用品以及精密仪器等关系到消费者食用和使用安全的温敏物资也需要航空冷链运输。

航空冷链物流运输是冷链物流中效益最高的运输方式。相对于铁路、公路、海运，航空可节约更多的时间，降低运输过程中的其他成本，从而成为费时最短的冷链运输方式。同时，航空冷链运输为航空公司提供了较高的利润，成为航空货运新的增长点。据国际航空运输协会对航空货运市场分析，航空冷链运输收入占航空公司货运收入的12%，目前仅鲜活易腐和健康产品就占总货量的15.5%。

航空冷链运输，将成为我国航空货运业和航空物流业新的增长点。然而现在我们的机场中，货运站、货运区、物流园区内，与冷链物流相关的设施还非常缺乏，已有设施的标准也不够。因此，对航空冷链物流设施的投入，将是未来一段时间的热门话题，航空冷链物流的规划建设需要我们抓紧研究。

案例028

浦东国际机场的冷链货运站

2015年，浦东国际机场货运站有限公司（PACTL）的冷链中心（Cool Center）建成试运营，成为我国机场内规模最大、标准最高的单体冷链货运站。山东疫苗事件以后，冷链中心的医药冷链业务得到快速发展，占据了约80%的全国医药市场。山东疫苗事件是指2016年3月，山东警方破获案值5.7亿元的疫苗，未经严格冷链存储运输销往24个省份近80个县市，这些疫苗在运输过程中全部变质，造成了严重的后果。案发后，相关部门才发现具备冷链物流条件的航空基础设施极少。而浦东国际机场货运站的冷链中心是具有国际卫生组织许可的、国内最好的冷链物流中心，于是大量进口医药都走浦东国际机场货运站的冷链中心了。

浦东国际机场货运站的冷链中心位于PACTL一期货运站场的院内，库区面积为3 500 m^2，年处理能力为10万t。设施建造按照1万元/m^2的建设费用估算，总投资（不含土地费用）

约为 3 500 万元。冷链中心设置了冷藏集装库、散货库，冷冻集装库、散货库以及集装板存储区，鲜活易腐存储区，涵盖了 -18～8℃，2～25℃，15～25℃三个温度区间（图 7-19）。冷链中心直接连接机坪和陆侧，提供完整、便捷的进出港处理流程（图 7-20）。

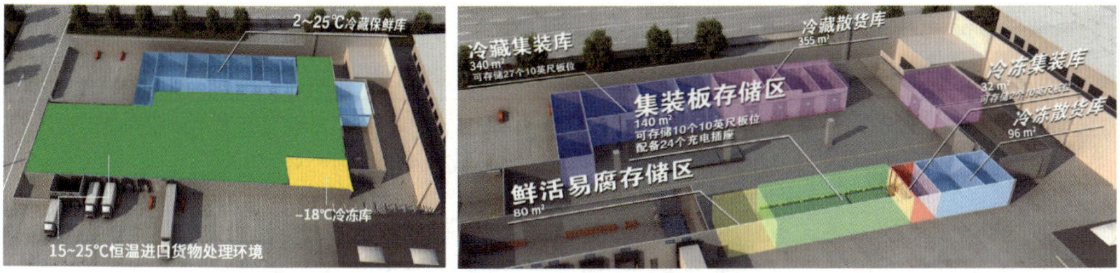

图 7-19　浦东国际机场冷链中心的设施布局

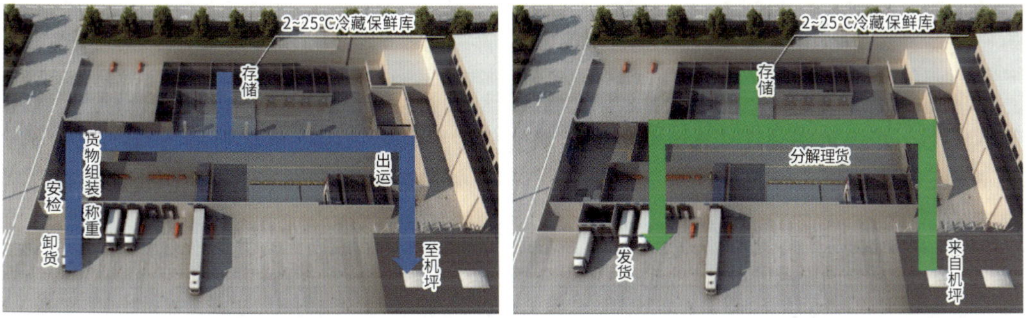

(a) 货物出港流程　　(b) 货物进港流程

图 7-20　浦东国际机场冷链中心的航空口岸货物出港、货物进港流程

冷链物流的安全和效率关乎国计民生，浦东国际机场货运站冷链中心的经验为冷链物流产业的发展作出了新的、较大的贡献。第一，解决了冷链运输在传统环节中容易出现的断链问题，大幅提升了航空冷链物流服务在机场环节的品质和效率。第二，使得市场上资金实力不足的物流商也能有机会享受到冷链货运站便利、高效的服务，激发了市场的活力。第三，通过硬件设施的保障，能有效避免“疫苗事件”及类似的悲剧重演，有助于提升政府信誉。

浦东国际机场货运站冷链中心是国内第一家真正意义上的独立冷链货运站。第一，它做到了冷链货物无需再进入传统货运站处理。第二，它拥有独立、完整、便捷、直抵机坪的进出港流程。第三，它实现了冷链货运站冷链货物处理的全部功能，包括：独立的出港货物交货区和进港货物发货区；独立的出港货物组装区和进港货物分解理货区；满足各种需求的冷库储存区；独立的控制中心。

浦东国际机场货运站冷链中心的建设和运营还灵活地、创新性地运用了 PPP 的方式。冷链中心由 PACTL 提供场地，第三方投资建设。建成之后由第三方有偿租赁给 PACTL 使用，PACTL 支付租金。这种投资、建设、运营一体化的模式是 PACTL 在公司组建之后最大的一次创新。它的创新性表现在：第一，运用 PPP 模式中资产剥离（divestiture）私有化的方式，引入第三方社会资本投资建设，确保了项目快速建成、快速投入使用。第二，PACTL 在 PPP 模式中创造性地扮演了“政府”的角色，极大地扩展和丰富了公私合营的内涵。第三，项目以临时设备的名义灵活操作，规避了固定资产投资繁琐冗长的审批程序，但可能仍然存在政策法规方面的隐忧，例如，有人依然认为它是一座“违章建筑”。笔者曾经为冷链中心解释：“你可以认为冷链中心就是 PACTL 租来的一个大冰箱。它不是一座建筑，只是临时租来放在那里的一个大设备。”

冷链中心投入使用之后可谓供不应求，获得了很好的市场反应，于是机场内又陆续改建投用了一系列航空冷链设施。目前浦东国际机场共有冷链设施面积近 8 000 m^2，冷链设施面积占货运站总面积的 2.1%，其中 PACTL 拥有冷链设施 4 300 m^2（PACTL 货运站面积的 1.9%），东航货运站拥有冷链设施 3 650 m^2（占东航货运站面积的 2.5%）（表 7-3）。目前主要服务的货物品类是药品、生物制剂；其次为食品和农副产品；工业试剂和精密仪器增长也很快。

表 7-3　浦东国际机场各货运站的冷链设施规模

所属		货运站面积（m^2）	冷链设施面积（m^2）		备注
PACTL	冷链中心	228 000	4 300	3 500	CEIV 认证
	东区冷库			30	
	西区冷库			770	
东航货运站	医药冷库	144 000	3 650	670	GDP 认证
	物流中心冷库			1 270	
	其他区域冷库			1 710	

7.2.4　机场冷链物流设施的发展策略

从机场冷链物流设施的发展规划角度来看，要特别关注以下几点。

第一，要聚焦冷链货运站设施，充分发挥“通道”功能。航空冷链物流有七个主要环节，但机场的核心竞争力和优势仍在于货运站的“通道”功能。对于机场来说，要整合产业链，在上下游拓展业务，难度较大。从其他环节进入，门槛虽低但市场竞争激烈，利润率不理想，从经济角度考虑，不值得参与。即便是紧邻的存储、轻加工、配送等环节，从放水养鱼做大航空冷链物流市场的角度看，也不建议参与。从长远看，尽快完成从传统货运站冷库到冷链货运站的升级转型，实现服务能级和品质的跨越式提升，抓紧时机占据航空冷链物流高端市场，是较为明智的选择。

第二，要灵活设计投融资模式，规避政策法规风险。当前，国家对于基本建设程序的管理越来越规范，也越来越严格。作为业主方，投资新建冷链货运站存在用地性质、报批程序等一系列复杂的、不确定的因素，而航空冷链物流市场的变化非常快，波动也较大，需求的时效性也很高，如果严格按照基本建设程序执行，很可能错失市场机遇。因此，进行适当变通，将设施自建转变为租赁使用，既可规避行政审批和行业法规的不确定性风险，又可及时满足当前的市场需求，并提前占据市场的高端份额，可谓一石三鸟。

第三，要做好市场布局，打造多用途冷链货运站。冷链货运站的最佳布局是紧邻原普通货运站，且服务于多种品类的冷链货物，这样既符合航空公司、货代和货主原来的使用习惯，进出机坪便捷，又能够提高使用效率，减少空置。以浦东国际机场为例，预计 2020 年至少还需要新建 5 000 m² 的冷链货运站和物流设施，近期可以结合市场需求，在西货运区、东货运区的货运站内抓紧选址建设或改造扩建；从远期看，可以在第四、第五跑道间机场码头附近，与普通货运站一起，规划选址建设新的冷链货运站和冷链物流园区。

第四，要提升全环节冷链品质，培育专业化冷链团队。应从温度和时间两个维度全面提升机场冷链设施品质，提高机场地面服务操作的冷链设施水平，减少出现断链的可能性。应成立专业化的、独立的冷链货运站经营管理团队，加强冷链生产、操作培训，满足冷链发展的人才需求。高端的专业化队伍是很重要的，冷链物流在物流业里面是专业化很强的一个板块，从业人员需要经过多种培训和从业资格认证才可以持证上岗。

7.3 国际国内快递

快递业于20世纪60年代起源于美国，70年代随着美国放松航空货运管制而繁荣。快递运送的物品如电子元件、品牌时装、医药产品等，具有价值高、质量轻的特点。据国际航空运输组织统计，航空货运占全球贸易运量的比例仅为0.5%，但其货值占全球贸易总额的比例高达36%。快递业，尤其是高端快递推动了航空货运的规模化发展。20世纪80年代，以FedEx和UPS为代表的快递公司业务迅速增长，成为美国货运航空增长的引擎。快递业务兴起之后迅速发展，这大幅加快了航空货运总体业务量提升的速度，同时快递业务在航空货运业务中的份额快速攀升至50%以上。与此同时，航空普货的市场份额不断小幅收窄。

从欧美的经验来看，普货业务发展到一定阶段可能面临天花板，市场总量会相对稳定和平衡，而快递业务的发展空间要大得多，所以未来国内航空货运业发展空间最大的领域就是快递业。甚至有专家认为，未来国内航空货运的普货将会全部被快递取代。

7.3.1 国内快递

我国快递业在过去多年一直保持稳定的高速增长。2005年全国快递件总量是9亿件，2019年已经超过600亿件，14年间翻了约70倍，年均增速为35%左右。目前我国航空货运国内货中快件比例普遍已经达到40%以上，个别机场甚至超过70%。国内快件量的迅速增长，使得航空货运的处理效率在整体上大幅度提高。国内企业纷纷抢占航空快递市场，顺丰已在全国30多个机场布局航空快递分拣场，并已开工建设鄂州货运枢纽机场。圆通自有全货机已经达到12架，并在全国多个机场布局航空快递设施。京东物流和中通等物流企业也纷纷有所行动。可见国内快递市场需求很大，未来发展空间很大。

案例029

杭州萧山国际机场的顺丰速运航空快件中心

杭州萧山国际机场顺丰速运航空快件中心位于机场现有南北垂滑联络道的东侧，项目总投资为13.8亿元，占地面积约200亩，总建筑面积约8.7万m^2，包含分拣中心6.8

万 m^2 和附属设施 1.9 万 m^2 及 18 个配套停机位。

杭州萧山国际机场顺丰速运航空快件中心（图 7-21）集快件中转分拨中心、顺丰航空萧山基地、生产辅助生活基地三大功能为一体，自 2015 年 7 月投入使用以来，一直作为顺丰速运全国的航空快件核心枢纽。未来鄂州货运枢纽机场的顺丰转运中心建成投入使用后，杭州萧山国际机场的快件中心还将继续作为顺丰速运华东地区的区域航空枢纽。

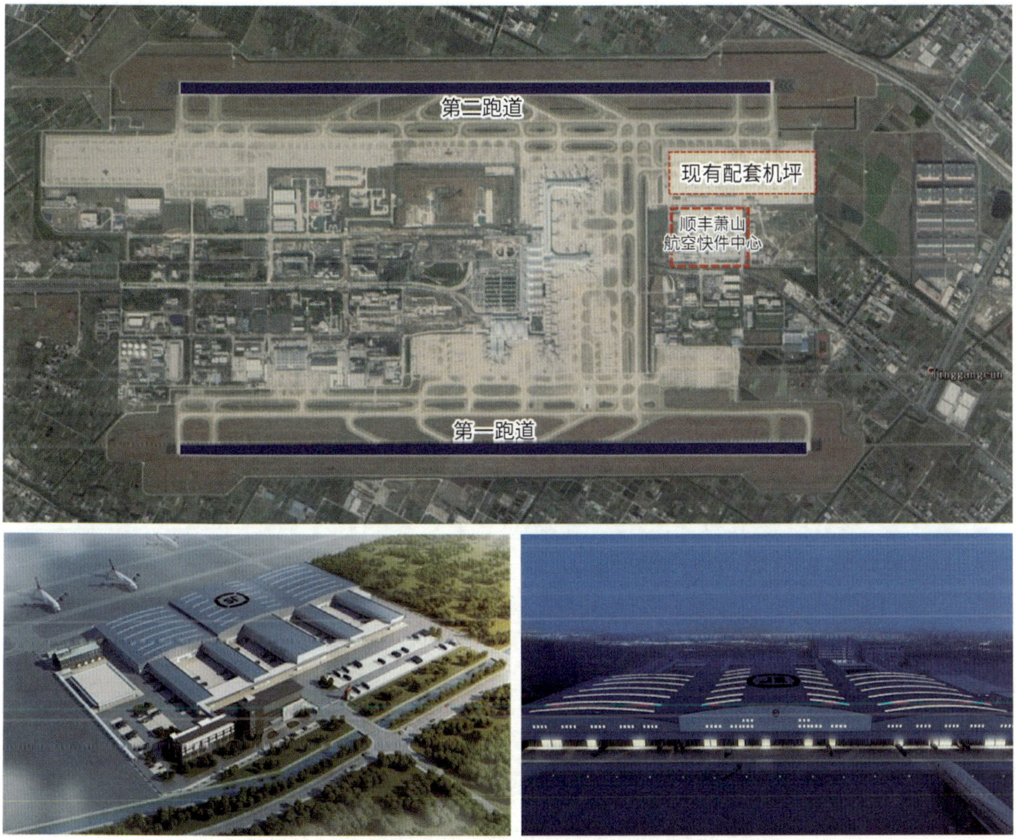

图 7-21　杭州萧山国际机场的顺丰速运航空快件中心

顺丰速运航空快件中心采用全自动化的包裹和小件分拣系统，和少人化甚至无人化的货物操作处理，这意味着高效率和低失误率，整个枢纽每日吞吐量约 60 万～70 万票，高峰期可达90 万～100 万票，年航空件处理能力达 30 万 t 以上。

案例 030

浦东国际机场第四、第五跑道间货运功能规划

几年前，当我们做浦东国际机场第四、第五跑道间的货运功能区规划（图 7-22）的时候，已经为未来的快递、冷链和跨境电商等新兴业态留出了发展空间。

货运功能区的中部，一块用地是预留给快递空空中转功能的。我们认为快递作为枢纽运作的模式在浦东国际机场是有条件落地发展的。原因有三个：一是快递空空中转枢纽都是利用晚上作为主要的操作时间，浦东国际机场时刻再紧，晚上也是有余地的。因为浦东国际机场资源紧张，民航局不能给浦东国际机场增加时刻的规定，也是把货运专机排除在外的，因为晚上还是有时刻的。二是快递空空中转需要大量的货机坪供货机停靠，需要尽可能多地提供货运设施的空侧岸线长度。我们预留的用地和资源条件，对快递空空中转是很好的。三是航空噪声影响区域内没有居民和任何敏感设施，夜间飞行不会有任何问题。

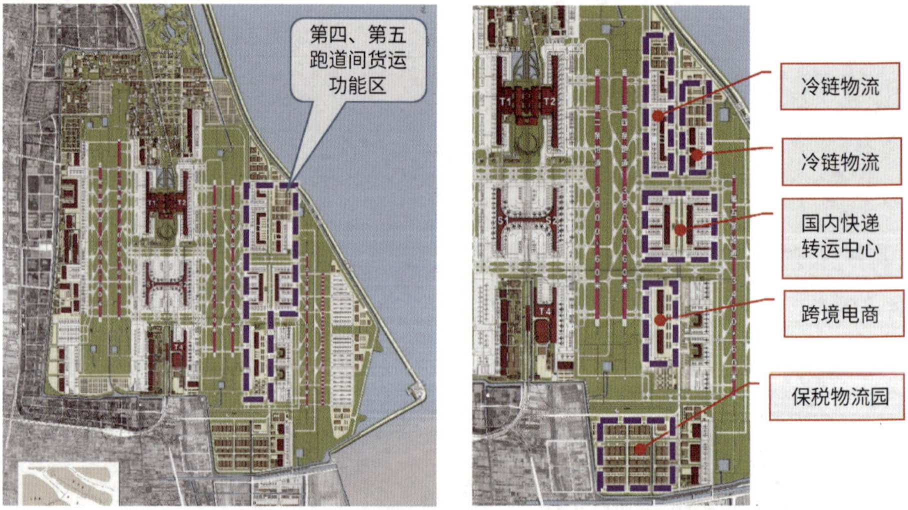

图 7-22　浦东国际机场第四、第五跑道间的货运功能区规划

浦东国际机场的冷链物流园区在北部，跨境电商的功能设施规划在第四、第五跑道之间的南部，方便其与二级设施的功能衔接，封关之后国际的功能区可以沟通，使其功能完全整合在这一个区域里。

7.3.2　国际快递

关于国际快递，我国的三大门户枢纽（北京、上海、广州）和深圳、香港已经与国际航空快递网络做好了对接，国际快递已经不能算是一种新兴的业务了。例如浦东国际机场，其国际快递业务其实已经相当成熟，在我国快递业务的起步阶段就抓住了机遇，已经发展 20 年了。

案例 031

浦东国际机场的国际快递中心

浦东国际机场一期工程通航前夕，我们应邀到大阪参加了关西机场举办的机场规划建设国际研讨会。在会上笔者有机会与 FedEx 的一位副总裁交谈，并获知两条信息：一是中国潜在的、未来的国际快递市场非常巨大，FedEx 希望尽快进入中国市场获得先机；二是以 FedEx 为代表的国际快递公司在日本机场的运营成本非常高，日本的机场与浦东国际机场相比并没有竞争力。回国后我们就马上开展了“浦东国际机场快递中心项目可行性研究”，并很快得到了高层领导的同意批示，项目进展神速。

当时在上海机场集团内部，对这个项目的认识还是存在很大争议的。疑问有三：一是一期货运站刚刚建成，处理能力有富余，能否共用设施？二是东侧的第二跑道还遥遥无期，将快递中心选址于主进场路以东是否合适（第二跑道投用前，空侧的运输较远，有些不便）？三是真的有这个市场需求吗？这三个问题的确都是需要认真研究和详细解答的。当时国际上的四大快递公司——美国联邦快递（FedEx）、美国联合包裹（UPS）、敦豪国际快递（DHL）、天地物流（TNT），都愿意入驻，特别是 FedEx，保证一旦条件具备，他们会把日本关西机场的飞机放到浦东国际机场来过夜，这给了我们极大的信心。当时考虑到国内还比较缺乏快递行业的发展经验，我们特意聘请了国外的咨询公司参与研究，经过认真分析，我们最终决定上马！浦东国际机场国际快递中心如图 7-23 所示。

浦东国际机场快递中心建成之后，FedEx 没有失约，但是进驻之后发现中国的国际快递通关存在很多问题。最让他们头疼的是当时国内海关没有专门的快件通关流程，海关机构设置上也还没有快件处，所有对快递类物品的进出境都是按照一般贸易货物的手续和流程处理，国外进来的快递到达浦东国际机场后等待通关放行需要好几天。后来中美双方通

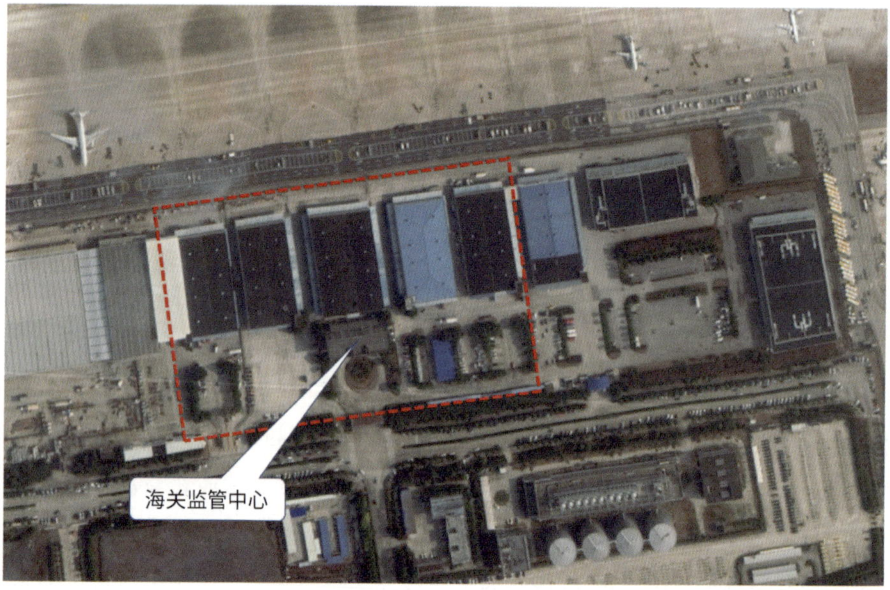

图 7-23　浦东国际机场国际快递中心

过种种努力，促成了中美海关合作的全国首家试点快件快速通关项目落户浦东国际机场国际快递中心。时任国家对外贸易经济合作部部长的吴仪女士还曾经专门到浦东国际快递中心视察工作。自那以后中国海关才开始真正推广国际快件的快速通关放行模式，并在海关总署内部正式成立了专门管理快件业务的部门。

有了海关政策的先行试点，国际快递的通关环境大大改善，通关时间大幅缩短，后来快递中心的发展完全超出了我们的预测。

20 年前，在别人还不清楚航空快递是怎么回事的时候，我们就建成了一座 3 万 m^2 的国际快递中心，并且中美合作在这里研究如何处理这些快件，使它们在海关的正常监管下又快又准地投递到两国客户手中，这在国际快递公司布局中国市场的开局中占得了先机，占得了高地，这使浦东国际机场在后来的 20 年中一直走在全国的前面，成为成就浦东国际机场货运枢纽地位的要素之一。

有了那么好的基础以后，现在国际快递企业都已经把浦东国际机场作为各自快递空运网络的重要节点，在全世界像这样四大快递公司齐聚一座机场的情况，是绝无仅有的

(2016年，荷兰TNT被美国FedEx收购，目前国际快递业仅有三大巨头)。即使到了今天，国际快递中心的业务模式和管理体系，依然是浦东国际机场开展新时代跨境电商业务的重要基础和优势。浦东国际机场的国际快递公司基地如图7-24所示。

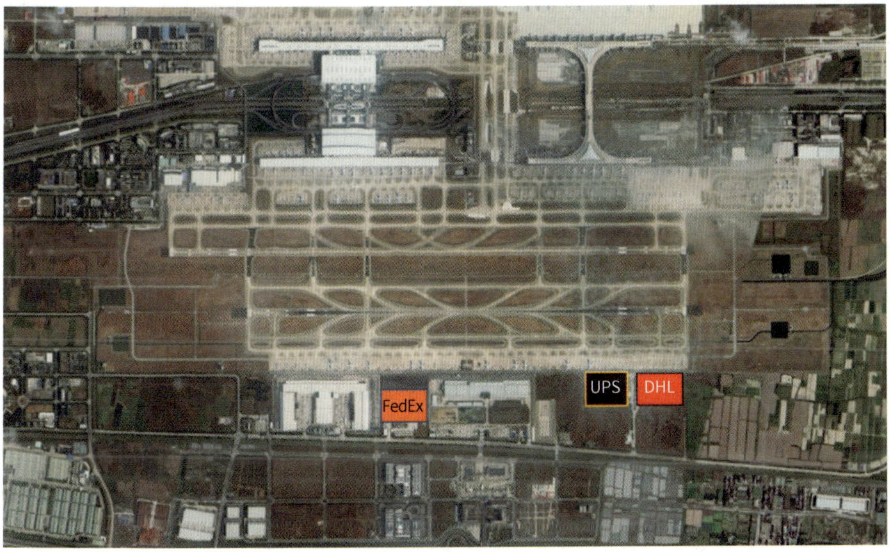

图7-24 浦东国际机场的国际快递公司基地

7.4 多式联运

未来，航空与其他运输方式的联程运输会出现多种高效快速的运作方式。这也是航空物流的一个重要发展趋势，而且联运的发展空间更大，包括前文提到的用地面运输方式替代支线或通用航班。这将是一种发展趋势，市场规模将会不断地扩大。

一般而言，航空不能提供点到点的服务，它总是需要联运的，即航空货物的运输总是需要一个业务链来完成。简单点说，货物总是通过别的交通方式送到机场来，然后再上飞机用航空运输，到了对方机场以后，又转到别的交通方式，送到客户手中。因此，最常见的联运方式有两种：空路联运和空铁联运。空路联运在国内发展得已经非常成熟了，而空铁联运在国内正处在探索阶段。

7.4.1 空路联运

航空货物的空路联运与航空旅客的空路联运的运输组织方式相似，但其服务范围要远远大于旅客空路联运的半径。

空路联运，简单点说，就是把货运卡车当成支线航班，所以我们把它叫作“卡车航班”。“卡车航班”和“虚拟机场”是我们在浦东国际机场首先使用的，是我们的“专利”，但是我们放弃了专利保护要求，无偿地给大家使用。2016 年我们去路易斯维尔，发现美国人也把我们的卡车航班学去了，他们也开通了大量的卡车航班，声称 500 英里内不用飞机运输。

案例 032

“卡车航班” 与“虚拟机场”

说到上海航空枢纽在货运方面的成功，人们马上就会想到是因为长三角的货多，这只说对了一半。的确，长三角的货物是比较多。那为什么只说对了一半呢？因为这还不能够解释为什么长三角的其他机场没有如此成功。其实，浦东国际机场的货运市场已经覆盖全部中国大陆。

今天，新疆的货物也可以用卡车运到浦东国际机场。你们相信吗？是“卡车航班”（即带航班号的卡车，简称“卡航”）运过来的，不是飞机运过来的。这些卡车，一车两位司机，居然两天两夜就能从新疆跑到上海来。以前，我们觉得新疆这么远，就想用空空中转的办法把新疆纳入我们的市场，后来发现用“卡车航班”运到上海来，不仅比飞机便宜，还比飞机快，因为公路运输的安全检查等手续比航空运输快捷，而且卡车航班送到浦东国际机场货运站的货物还可以优先处理，这就更快了。在乌鲁木齐机场，一般货物送上飞机，都要通过一个很长的流程，包括安全检查等环节，最后可以上飞机时，还要等相应的航班，然后再运到浦东国际机场。绝大多数情况下，两天之内是很难运到浦东国际机场的，尤其货少、航班少的中西部机场就更慢了。于是，我们就努力发展卡车航班。浦东国际机场现在有遍布全国的卡车航班，当然只有很少一部分是自己的车，绝大多数都是跟长途运输公司签订协议。这样一来，就造成了卡车航班的速度比飞机还要快的结果。又快又便宜，还怕没有竞争力吗?!浦东国际机场卡车航班及运营的主要线路如图 7-25 所示。

中转城市

- 南京NKG
- 杭州HGH
- 宁波NGB
- 温州WNZ
- 合肥HFE
- 北京PEK
- 武汉WUH
- 苏州SZV
- 长沙CSX
- 重庆CKG
- 烟台YNT
- 成都CTU
- 济南TNA
- 深圳SZX
- 昆明KMG
- 厦门XMN
- 青岛TAO
- 西安SIA
- 沈阳SHE
- 郑州CGO
- 福州FOC
- 天津TSN
- 广州CAN
- 桂林KWL
- 长春CGQ
- 南昌KHN
- 哈尔滨HRB
- 大连DLC
- 无锡WUX
- 乌鲁木齐URC

图 7-25　浦东国际机场卡车航班及运营的主要线路

浦东国际机场 85%的货物都是进出口的货物，基本上都是高附加值的，或者是对时间敏感的物品。但也常有例外，例如居然有人把家具从上海运到新疆的。浦东国际机场的货物的确来自全中国，在 2010 年，上海的卡车航班就突破了“北京防线”进入了东北三省，在这之前，我们总是过不了山东地界，过了山东就是首都机场的市场了。

“虚拟机场”是航空货物空路联运中的另一个重要概念。浦东国际机场在卡车航班量最大的苏州工业园区设立了一个虚拟机场，在那里交货就等于交给了浦东国际机场，非常方便。该虚拟机场设在苏州保税园区机场，三字码为：SZV，是苏州光复机场的代码，我们利用这个代码，在保税区里面设了一个航空货物的空路联运站。货物一旦进入这个地方，就相当于进入了浦东国际机场的航空运输链，就全部按照空运的那一套办法进行管理。这样一来，苏州实际上就相当于有了一个货运机场，相当于航空货物在苏州保税园区内就可以通过浦东国际机场海关了，进站后的运作就跟在浦东国际机场一样。最后，我们用海关监管的卡车将货物运输到浦东国际机场货运站，然后直接上飞机。苏州虚拟机场（SZV）到达货物的空路联运流程图 7-26 所示。

这样看来，航空货运要做好其实也简单：一是要“便捷”；二是要“便宜”。便捷就是指从货主发货到客户收货的时间最短，这就要求运输网络中班次频率越高越好，中间层次越少越好。便宜是指货运站、航空公司、货代的成本最低。也就是说，全物流链要有对“提高效率”和“降低成本”的不懈追求。如果两条都做到了，就一定能在竞争中取胜。

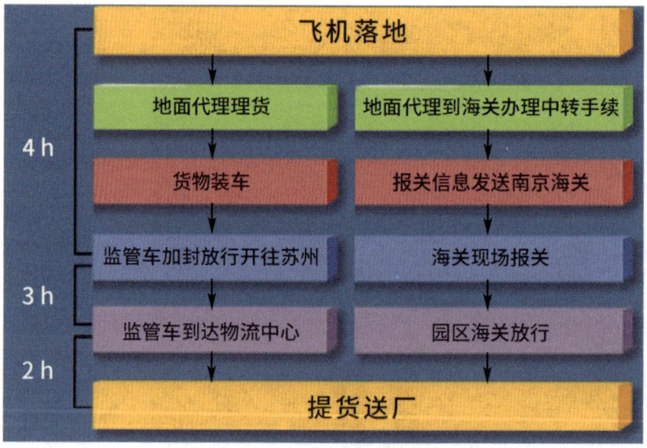

图 7-26　苏州虚拟机场的空路联运流程

7.4.2　空铁联运

欧洲从 20 年前开始就一直不断有大力发展空铁联运的声音，但是一直因为种种原因实际上没有大规模地开展起来。欧洲的货运界对于空铁联运一直有两派不同的声音。一方面认为目前的情况是一时的困难。他们坚定地认为市场上存在广泛的空铁联运需求，但是需要建立起铁路货运网络才能使空铁联运模式引来充足的货源。而欧洲因为铁路是私有的，所以很难建设成规模体系的空铁联运网络。另一方面认为铁路运输缺乏灵活性，本身就很难与航空运输形成规模化的联合运作，且市场需求也并不充分。

空铁联运和空水联运在我国还处于发展探索的初期，我们更多地是要向别人学习，更多地需要研究问题、摸索着前行。现在，浦东国际机场和鄂州货运枢纽机场等机场都已经开始在规划中做了空间上的预留和一些前期研究。

下面我们看看德国莱比锡哈雷国际机场和法国巴黎戴高乐机场的空铁联运。

案例 033

德国莱比锡哈雷机场的空铁海联运

德国莱比锡哈雷机场的年航空货运量为 105 万 t，全球排名第 26 位。这里是 DHL 的航空货运基地及货运枢纽机场，拥有大型公共货运码头（世界货运中心），机场陆侧交通延伸到邻近的高速公路和铁路（图 7-27）。

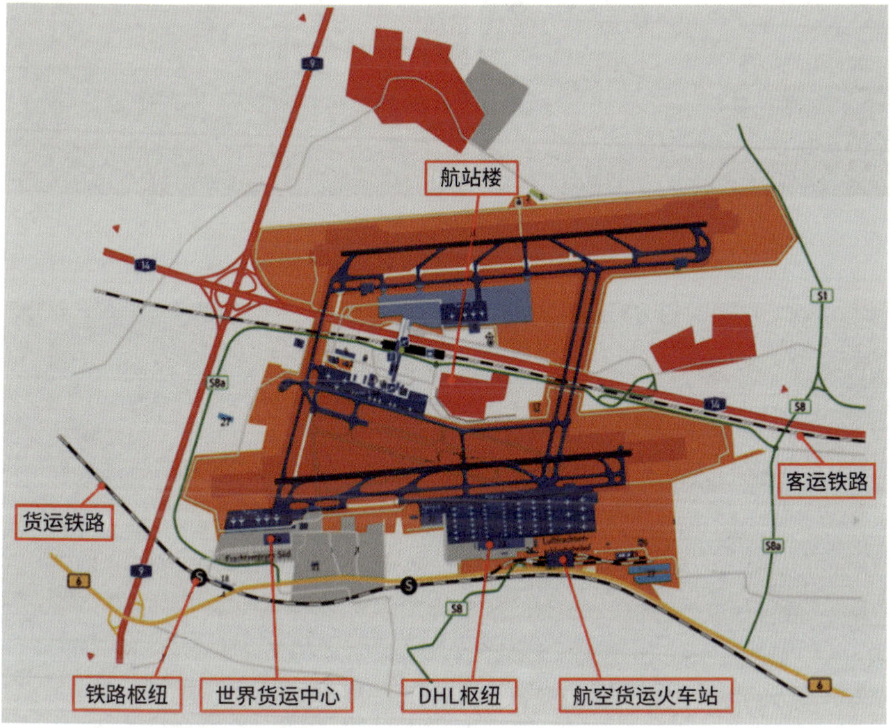

图 7-27　莱比锡机场总平面图

莱比锡机场作为欧洲货物往来的多式联运枢纽，在南北和东西两个方向上都与欧洲主要公路直接相连。从莱比锡机场出发的卡车，在 8 h 之内可以到达 15 个不同的欧洲国家。机场设有专用的铁路货运设施（图 7-28），从这里沿着货运铁路向东约 5 km 就是莱比锡哈雷地区最大的铁路货运集装箱场站（图 7-29），这里每日开行货运列车，途经莱比锡机场的货运火车站，然后一路向北来到柏林，再一直向西就可以抵达德国最重要的铁路货运枢纽之一，同时也是德国最大的海铁联运港口——汉堡港。

莱比锡机场已经采用多式联运，将航空、公路、铁路等交通运输方式在设施和业务链两个层面实现一体化运作。

图 7-28　莱比锡机场的 DHL 枢纽与铁路货运设施

图 7-29　莱比锡机场外的铁路货运集装箱堆场

案例 034

法国巴黎戴高乐机场的空铁联运规划

戴高乐机场是欧洲重要的物流枢纽，2018 年航空货运量达 220 万 t，货邮吞吐量居欧洲第一、全球第十。许多欧洲公司，无论是本土企业还是跨国企业，都把它们的欧洲总部、营销部门、训练中心、零件中心、共享服务及研发中心等设在这里，机场周边核心圈层已经发展成专业货物处理业、仓储业及配销业的集聚区。

戴高乐机场主要的货运区是位于第二跑道西侧的南货运区，法荷航货运站和 DHL、

UPS、WFS 等众多全球的物流公司在此都有专门的航空物流操作场地。FedEx 位于戴高乐机场第一跑道西侧的物流中心，是其全球第二大的航空货运枢纽，仅次于美国孟菲斯的 FedEx 总部，FedEx 在戴高乐机场独立使用约 12.5 万 m^2 的分拣设施和 30 多个机位的货机停机坪。

戴高乐机场拥有非常便利的铁路货运资源。现有一条客货运合用的铁路从飞行区下方南北贯穿机场，这条线路向南可以通向法国第二大城市马赛和第三大城市里昂，以及意大利、西班牙等欧洲南部国家。这条铁路线路规划预留了一条支线接入南货运区的腹地，这里规划预留了一个空铁联运设施，主要服务南货运区。

机场西北侧的铁路线路向北通向英国伦敦、比利时列日以及荷兰阿姆斯特丹。这条线路规划预留了一个铁路的货运支线和铁路货运站场，预留的铁路货运中心位置与 FedEx 物流中心一路相隔，FedEx 规划将来把快件分拣中心和铁路货运站场通过分拣系统连通起来。

巴黎戴高乐机场的空铁联运规划如图 7-30 所示。

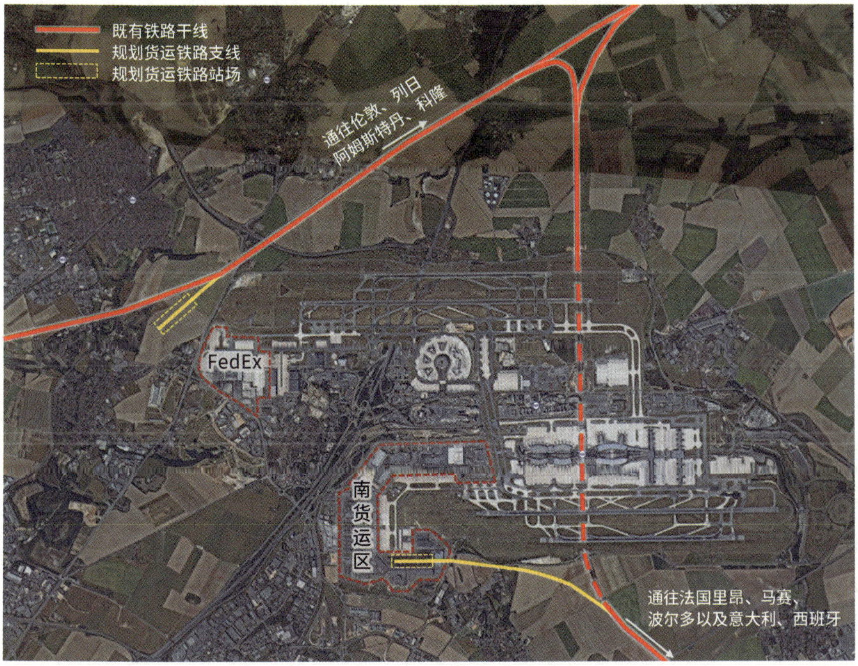

图 7-30　巴黎戴高乐机场的空铁联运规划

7.5　机场空侧无人化与全国性货运物流信息平台

机场空侧地面服务设备（GSE）的种类、数量和运行通道、场所都相对封闭、可控。现如今，无人驾驶技术在全球范围内发展迅速，在航空货运物流领域更是突飞猛进。货运量大的机场都有庞大的空侧运输需求，更迫切需要技术的革新，空侧无人化无疑是发展的大方向。

实际上，机场是对安全运营要求非常严格的场景之一，机场的复杂环境给无人物流车的使用带来了巨大的挑战。第一是并不简单的运输环境，如工作人员与各种牵引设备混行的地下行李大堂、连续的90°急转弯、陡坡隧道、只允许单方向车辆通行的单车道、混行的其他车辆以及人员横穿等。第二是恶劣的运输运营条件，例如刺眼的大逆光、能见度低的盐雾天、夜晚和暴雨、高温、台风等异常天气。第三是全天候的物流作业，如日夜运行的行李货物运输任务及载重、数量不一的拖斗。尽管如此，我们还是看到我国在这一领域取得了一系列的发展成果，从有人到无人，从有界到无界，无人自动驾驶技术正为“智慧机场”的建设不断创造着价值！

案例 035

香港国际机场的无人驾驶物流车

2019 年 12 月 30 日，香港国际机场批量投入完全无人驾驶的物流车，迎来了“拿掉安全员”的重大技术进展，使之进入常态化运输工作，实现了航班旅客行李运输的完全无人化。这是全球首个在机场实际操作环境下运行的无人驾驶物流车常态化运营项目，也是首个无人驾驶物流车商业化的标志，它同时标志着无人驾驶物流车正式迈过了产品化的门槛。香港国际机场的无人驾驶物流车如图 7-31 所示。

无人驾驶物流车要实现大规模普及，必须解决的一个核心问题是如何“取消安全员”，即不配备监管司机，所有驾驶操作及周边环境监控工作均由系统完成。此举是无人驾驶物流车迈向大规模商业化的里程碑。只要有安全员在，都不能算是完全意义上的无人驾驶物流车，也无法真正为交通运输行业带来降本增效的作用。这也是对无人驾驶物流车系统安全能力的极致考验，因为随着系统复杂度的提升，系统的可靠性将下降，这是系统工程领

图 7-31　香港国际机场的无人驾驶物流车

域的共识，无人驾驶系统也不能幸免。

无人驾驶物流车有一套系统化的成熟安全体系来确保其作为一个整体安全地运行。这套体系还能确保即使无人驾驶系统中的某一个部件发生了故障，依然能够保证车辆行驶及其他交通参与者的安全，同时保障货物运输工作的高效完成。无人驾驶物流车是一项复杂的系统工程。为了实现“整车级”的安全运行，从车辆电子电气架构到车端系统本身，都实现了涵盖传感器、自动驾驶控制器、车辆电源、执行机构等部件的冗余。为了保证始终行驶在安全范围内期望的准确位置，无人驾驶物流车采用了多重融合的定位系统，即使在其中某一套定位子系统出现故障无法工作时，仍然可以通过其他异构的冗余定位手段确保车辆准确获取自身位置。在实际运行中，为了应对每个硬件、软件面临失效的可能，这一系统还设计了多个层次的失效监控和应对机制，可以全面处理硬件故障、执行器故障、供电故障、系统软件故障等无人驾驶物流车所有可能遇到的失效情况，并且按照失效的严重程度，对故障进行分级处理，使无人驾驶物流车始终保持安全平稳运行。

此外，根据应用场景的特殊性，例如小障碍物（行李包）、临时施工区域、不同的拖斗数量等，无人驾驶物流车进行了针对性的感知算法优化，并通过深度学习进行训练和适应，从而进一步保障了无人驾驶物流车的全天候运营能力。针对一些极端情况，无人驾驶物流车还设计开发了完全独立的电子围栏控制系统（E-Fence），当无人驾驶物流车的主系统失控时，也可以依靠 E-Fence 将车辆及时刹停，从而保证无人驾驶物流车的安全，同时避免无人驾驶物流车驶出电子围栏范围，影响合作伙伴在其他区域的正常作业。

黑盒子是无人驾驶控制系统中一个独立的高可靠性的数据记录设备，它既可以用于技术开发时现场问题记录回溯，也可以用于异常碰撞事故发生后的过程追溯。它记录、存储和维护着无人驾驶物流车在自动驾驶过程中的全部原始环境感知数据和车辆运行状态数据，在碰撞场景重建时可用于追责和举证，也可作为后续系统优化升级的关键案例源，进而提高无人驾驶物流车后续防止该类事件发生的能力。

我们相信无人驾驶物流车将在丰富的商业运营实践中不断完善安全设计，逐步走向成熟。现在“取消安全员”，既是对自动驾驶技术能力与信心的考验，也是通往规模化量产的门票。

在航空货运物流领域还有一点遗憾，就是一直未能建立起一个全国性的“航空货运物流信息平台”。未来十年，以顺丰为代表的全国性货运物流公司的航线网络的发展，必将带来一个航空货运物流信息化规划建设的新契机。在中国民用航空局、海关等相关政府机构的带领下，我们相信能够再创辉煌，规划建设出真正公平、高效的国家级“航空货运物流公共信息平台”。

2018 年，《民航局关于航空物流业发展的指导意见》（民航发〔2018〕48 号）第六条“全面提高航空物流信息化水平”明确指出：

“实施中性电子运单工程。参照国际标准，建立由货运航空公司、机场货站、货运代理企业等主要航空物流参与者共同制定的中性电子运单标准，制定推广时间表，加快提高中性电子运单覆盖率，研究开发我国航空货运财务结算系统，不断夯实行业高效运行和管理的基础条件。”

“建立公共信息服务平台。大力支持企业主导的市场化运营，广泛应用统一条码管理、射频识别等物联网技术，加强航空物流链主体单位信息化建设，建立开放的客户导向的航空物流公共信息平台，为航空公司、机场货站、货运代理企业、货主以及海关、检验检疫部门等提供销售、订舱、结算、收发、跟踪查询、报关报检等全过程一体化服务。”

这是我们这一代人追求了一辈子的梦想！

第 8 章

一体化、可持续发展之路

前面第1～7章我们从产业链搭建初期的产业选择、产业链发展的链条延伸、产业链的规模扩张和价值提升等方面，介绍了货运物流产业链的各个环节及其发展趋势，我们反复强调“产业链”这一基本概念，突出了打通产业链对社会经济发展、对城市发展的重要意义。然而，现实中货运物流产业链总是被肢解，各环节支离破碎、各自为阵，甚至相互倾轧、恶性竞争。怎样使航空货运物流产业链在物理设施、生产工艺、产业逻辑和政策法规上能够逐步走向一体化，是我们迫切需要认真研究的重要课题。

经过这些年的探索，作为规划建设者，我们明白了空间形态、物理设施的规划只是结果，其根本是制度问题。其中最关键的就是监管制度和产业链逻辑，要实现高效的运营，就需要我们在两个维度上发力：一个是从货运站、货运区、物流园区、产业园区，到监管区、保税区、综合保税区，再到自由贸易港区这样的设施维度；另一个是从投资、建设到运营的治理维度。要改变现在随处可见的产业链破碎的现状，一个很重要的手段就是要先改变我们体制上投资、建设、运营互不相干的老问题，就必须在上述两个维度上把各环节都密切地联系起来，并理顺其逻辑关系，也就是说，要建立起“产业链一体化”和“投建营一体化”。只有实现了这两个一体化，航空货运物流产业才能真正高效运营，机场才能真正成为社会经济发展的“原动力”。

另外，当机场的货运物流产业发展到一定程度，就会带来人口集聚和产业发展的跨越，航空城的雏形就会呈现出来。也就是说到一定规模后，就会出现港、产、城相互促进，一体化发展的良好态势。如果我们的规划能够清楚预测这种发展，就能够促成其更好地一体化，并为这种发展推波助澜，最终促成“港产城一体化”的战略愿景。

今天，航空货运物流这个行业快速发展的大好时机已经到来。正值2020年新冠肺炎疫情爆发，我们又一次见证了航空货运物流对社会生产和生活的重要保障功能。航空货运物流在快速组织大规模的应急救援、物资配送等方面具有显著优势，相信未来它将获得更加广阔的发展空间。届时，航空港将真正成为未来城市发展的原动力。到那时，如何保证以货运物流产业为主干的航空城的可持续发展，就将是我们需要关注的课题。

8.1　投建营一体化

在我国机场发展需求旺盛和“一带一路”倡议落地的大背景下，传统的机场投资建设和运营模式难以满足发展要求，“投建营一体化”将成为未来国内外机场发展的新方向。为规避传统货运物流模式的弊端，解决投资建设和运营主体分离，以及项目开发过程中面临的各种难题，适应园区各类设施快速发展的需求，大家纷纷开始对航空货运物流各类设施“投建营一体化”模式进行探索。我们先来看看民航机场投资建设领域对“投建营一体化”基本概念的定义。

“投建营一体化”是指集投资开发、工程建设、运营管理为一体的项目开发模式。为实现航空货运物流设施整个生命周期内“三位一体”，必须从顶层设计入手，创造性地打通投融资、工程管理到运营维护的治理链条，实现对项目全生命周期的掌控。“投建营一体化”对产业链的延伸和利益链的拓展等，都具有重要意义。

8.1.1　投建营一体化的需求

投建营一体化是针对现在产业链破碎、航空货运物流效率低下等问题开出的一剂“药方”。我们认为这一剂药方的需求是非常大的。

(1) 航空货运设施建设需求旺盛且亟需模式创新。我国航空业整体起步较晚，货运物流行业的整体发展与我国经济发展相比是严重滞后的，航空货运的发展与发达国家相比也还存在很大差距，我国的国际、国内航空货运产业都有巨大的发展空间和提升空间。货运物流相关产业链的延伸发展正在融入城市发展，前景广阔、潜力无限。同时，国际航空货运业逐渐去中心化的发展趋势，也会成为众多二、三线城市机场发展国际货运业务的契机，在这样的市场环境下，航空货运设施的建设需求是非常旺盛的，而投建营一体化模式有利于他们抢占先机。“十四五”依然是机场建设的高峰期，五年内民航固定资产投入约6 500亿元，年均 1 300 亿元，建设工程投资每年达 900 亿元。大量航空货运设施的建设需求要有“投建营一体化”模式的支持。

(2) 货运物流设施的投融资渠道亟需拓宽。目前，我国货运物流设施建设资金的来源，主要是中央财政资金、民航发展基金、地方政府财政资金和银行贷款。随着机场建设需求的爆发，现有资金渠道难以满足机场建设发展要求，多元化融资渠道亟需建立。民航局印发《关于鼓励社会资本投资建设运营民航机场的意见》，全面放开了民用机场建设和运营市场，推动社会资本进入。而要引入社会资本，必须要有投建营一体化模式的支撑。只有资产界面清晰，并将运营收益与建设成本捆绑，才能吸引社会投资，解决投资收益问题。

(3) 航空货运设施投资建设和运营主体应该统一。目前，我国很多航空货运设施建设主体与运营主体是分开的，投资建设主体一般以机场集团为主体，运营主体主要是机场集团、基地航空公司、国内外各大快递企业和大型货运代理等。同时，在建设阶段通常采用临时性或独立性较强的指挥部进行建设管理，指挥部既不是投资主体，也不是运营主体，而建成后则租借给企业进行运营管理。由于投资、建设和运营主体分离，带来了很多弊端，如前期建设阶段很少考虑后期运营需求，造成运营流程和效率受影响，甚至刚建成就要改造等，而这些都是完全可以规避的问题。为此，针对不同的项目和情况，亟需将机场投资、建设主体和运营主体以各种方式进行整合统一，帮助我们从项目的全生命周期角度提升运营的效益。

(4) 新建中小机场对投建营一体化模式需求迫切。随着经济水平的显著提高，支线机场、通用航空的需求逐渐释放，但新建支线机场、通用机场缺乏建设和运营能力，急需探索投建营一体化模式，助力快速发展布局，加速建立区域性机场网络，真正发挥机场作为原动力的作用。这些支线机场、通用机场要带动当地经济发展，如何通过投建营一体化解决航空货运物流产业的发展问题成为其最重要的课题之一。

(5) 经营理念和销售方法有待改善。目前我国机场受体制和机制影响，普遍经营能力弱，经营人才缺失，经营模式和理念落后，制约了机场收益的提高。机场最大的资源是客货流量，而流量资源普遍没有得到充分发挥的表现之一就是非航空性收入普遍偏低。我国绝大多数机场非航收入占比不到50%，与国际上做得好的机场相比存在较大差距。但经营情况比较好的机场，其非航收入中航空货运相关的收入占比是非常可观的，而且它的产业链带动的间接收入更加可观。我国的航空货运业起步较晚，多数机场处在发展初期，非常缺乏经营理念和销售经验。投建营一体化模式可以通过资本重组引入经验丰富的合作伙伴，迅速提高经营能力，改善其体制机制。

(6) 在海外拓展航空货运物流产业更需投建营一体化能力。由于世界范围内航空客货运输需求持续上升，对于海外机场及其货运物流设施规划建设的需求正持续升温，这就是“一带一路”倡议落地实施的机遇。“一带一路”上的多数机场面临没钱、不会建设、没有运营能力等问题，为此，我们必须提供投建营一体化的产品和服务，才能赢得市场，我们的空中丝绸之路才能迅速建成。

8.1.2　制约投建营一体化的主要因素

我们认为从机场层面来看，主要有以下因素制约了投建营一体化的发展。我们可以同时对照看看航空货运设施是否也有相同的问题。

（1）机场基础设施投资效益低。机场基础设施是典型的重资产性质的公共基础设施，投入大、产出慢、效益低，要引进社会资本来投资机场基础设施是非常困难的。机场建设资金需求巨大，多以百亿元计，而且我国机场处在高速发展期，一般每 5～8 年还需要进行扩建，还未收回前一轮投资又需要进行新一轮投资，这就使成本居高不下，直接带来机场自身经济效益不佳。同时，我国机场作为城市“脸面”，存在一定程度的超规模、超标准建设问题。这些都会影响社会资本投资机场的兴趣。但货运物流设施产业链上的基础设施建设资金需求并不大，只要科学预测好市场需求，按市场规律和科学规律确认设施投资规模，投资收益并不低，比其他机场功能设施更容易吸引社会资本进入。

（2）复杂的前期审批造成建设效率低。受体制机制、政策制度等各方面影响，我国机场建设、货运物流园区建设效率低。前期工作需多部门审批，审批环节多、程序复杂。一般一座城市只建一座机场，地方上大多没有机场建设的经验，经常被机场建设的审批程序困扰。建设效率低，建设时间长，导致投资回报周期过长，不利于投建营一体化模式应用。通常情况下货运设施的建设需求都会滞后几年释放，也就意味着航空货运设施的建设一般比机场整体建设滞后几年，当它的建设需求提上日程时，机场的其他功能设施已基本建设完成了。单单对于航空货运设施来说，前期审批并不如机场复杂，前期审批造成建设效率低的问题并不突出。

（3）缺乏有针对性的管理制度保障。投建营一体化项目不同于传统的项目，在审批管理环节需要考虑前期投融资和后期运营等内容，更为复杂。特别是对投建营一体化需求更为迫切的支线机场、通用机场，缺乏有针对性的管理制度保障，专门针对通用机场的规章和规范性文件仅有《通用机场分类管理办法》，在建设、运营、监管等各方面只能直接套用大型运输机场相关规定和制度，导致建设、运营成本高企，影响投建营一体化模式的应用，需要处理好管控与效率的关系。对航空货运设施来说，前期投融资和后期运营管理问题是需要研究和重视的，要选择好投建营一体化的合作伙伴，保证项目的顺利落地、盈利和可持续发展。

(4) 海外机场投建营一体化存在风险。海外市场不同于国内市场，全球化遭遇短期波折，世界经济下行、保护主义和贸易战常态化、地区动荡加剧、政权更迭、政府大选等，都会带来非常大的政治、经济、安全风险，这些都给我们的企业在海外健康持续发展带来了更大的挑战。投建营一体化项目周期长，对技术和商务风险管控能力提出了更高要求。当然，也正因为世界各国发展极不平衡，我们这边面临产能过剩、投资过剩的严重问题，另一边则是经济和基础设施严重落后，才有了“一带一路”倡议。我们要能同时看到海外机场建设的风险和机会，对于做好准备的人，最大的机会也恰恰是来自风险之中。航空货运必然跟随国家的大战略、跟随机场走出去，这是我们应该树立的长期方向和目标。当前，我们要先在国内练好内功，先抓住眼下国内航空货运发展的大好机遇。

8.1.3 发展投建营一体化的对策建议

基于以上市场需求和制约因素分析，我们对推动投建营一体化模式的发展提出以下对策建议。

(1) 要统筹考虑投资、建设、运营等项目全生命周期成本，拓宽机场与物流产业基础设施投融资渠道。项目从建设向投资和运营两端延伸，不仅会延长效益链，同时也将延长成本链。为此，一是要强化项目法人制度。应加强机场项目的投融资决策咨询工作，完善建设、运营成本及融资成本的估算机制，控制机场及配套工程的建设和运营成本，保障投融资规模实现全面平衡，保证项目的经济可行性。二是要创新投融资模式。应主动引入社会资本，推动机场建设资本实现多元化，充分运用各类金融工具，鼓励以机场为核心的土地开发，走港产城一体化道路，区分经营性资产和非经营性资产，通过优化资产组合实现多种方式融资。

(2) 要推进相关制度的顶层设计，创新项目开发理念。投建营一体化项目的资金构成、市场规则、合同类型、操作环境等与传统项目相比均产生了重大调整，需要在前期进行统筹策划，开展围绕投资、建设和运营各环节的全过程咨询。国家发展改革委、住建部于2019年联合印发了《关于推进全过程工程咨询服务发展的指导意见》，明确咨询单位可根据市场需求，从投资决策、工程建设、运营等项目全生命周期角度，开展跨阶段咨询服务，在咨询领域率先启动了投建营一体化，机场及其货运物流领域需要尽快跟进。要研究出台民航基建领域全过程咨询相关制度，将投资、建设和运营全过程、一体化咨询服务进行固化，为机场投建营一体化模式的发展打开局面。要在设计施工总承包试点基础上，扩大试点范围，延伸试点领域，鼓励在通用机场、中小机场、货运物流园区等对投建营一体化模式先行先试，制定试点支持政策，并提高运营补贴标准。

（3）要借“四型机场”建设东风，推进投建营一体化发展。鼓励企业拓展投建营一体化实用领域，协助破解机场运营瓶颈，在“提能力”和“降成本”两方面制订举措。要提升运营人才培育能力，鼓励大型机场集团发挥自身优势，输出货运物流产业运营能力。要借助“四型机场”建设的东风，利用大数据、人工智能等技术，加快推动智慧化、标准化、网络化运营，逐步利用信息网络取代人工，降低机场运营人工成本，提升运营的效益和能力。同时，利用网络化建设，发挥规模效应，进一步降低机场和货运物流园区的运营成本，提高运营效率和安全保障水平。

（4）要支持抱团出海，打造海外投建营一体化能力。海外机场项目存在综合复杂、大型、多元等特点，对管理和技术能力要求较高。目前国内还没有一家能够真正具备对接机场与货运物流产业投资、建设、运营需求的企业，需要政府和行业支持相关企业抱团出海，抓住“一带一路”倡议带来的机遇，打造出我们在机场与货运物流领域的海外投建营一体化能力。

8.1.4　投建营一体化的实践

投建营一体化是推动航空货运物流产业链发展的一把钥匙。上海、北京、广州和深圳等航空货运量较大的城市都做了许多探索，有成功经验，也有失败的教训。我们需要找到更具实操性的发展之策，既要借鉴先进机场的发展经验，又要能适合大多数机场的实际发展需求。站在大多数待发展的机场的角度来说，最需要克服的问题是投资和运营的风险问题。也就是说，大家都想发展，但大家都知道这个产业链的搭建会涉及很多我们并不擅长的领域，如何最大限度地降低投资风险和运营风险，就是最值得我们深入研究的问题。

下面，我们研究两个投建营一体化的案例：一个是具体设施；一个是园区。

案例 036

浦东国际机场西区公共货运站投建营一体化实践

浦东国际机场一期工程之前，虹桥国际机场的货运站经营管理是非常不理想的，处于长期亏损状态。因此，大尺度的改革方案很快获得通过。毕竟，当时已经没什么可输的了。

浦东国际机场货运站有限公司（PACTL）是由上海机场（集团）有限公司（占51%股份）、德国汉莎货运航空公司（占29%股份）和上海锦海捷亚国际货运有限公司（占20%股份）共同投资成立的，该项目公司用41 495万元一次性租赁上海机场集团所有的货运站设施20年，负责经营机场一期货运站（该货运设施总投资亦为41 495万元），其投融资模式如图8-1所示。

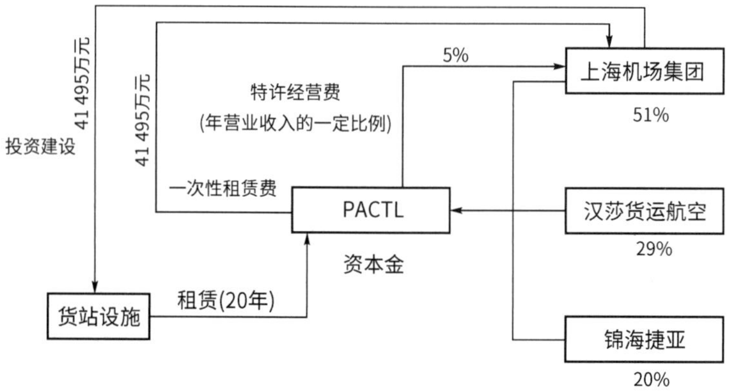

图8-1　浦东国际机场货运站有限公司投融资模式

如今，PACTL已经成为世界上屈指可数的优秀航空货运站运营管理公司，自公司成立以来16年的期间，共给上海机场集团缴纳了超过30亿元的股东红利，成为上海机场集团所投资的最优秀的公司，没有之一。在过去的16年中，PACTL无论是在经济效益，还是在社会效益方面都为上海机场集团、为上海市作出了巨大贡献，已经成为航空货运行业的典范，也成为上海机场集团一张亮丽的名片。

随着浦东国际机场二期工程的建设，浦东国际机场西货运区形成，上海机场集团又通过PACTL投资组建了浦东国际机场西区公共货运站有限公司（PACTL WEST），其中PACTL占56%股份、中国国际航空股份有限公司占39%股份、新鸿基北京物流发展有限公司占5%股份，总投资33亿元。其投融资模式如图8-2所示。PACTL WEST的货运站位于拥有38个货机停机位的浦东国际机场西货运区最北端，毗邻浦东国际机场第三跑道，总占地面积约36.51万m^2，年设计货物处理能力为120万t，周边已规划建设自由贸易区、物流园区、转运中心、代理海关监管库、海关报关中心和检验检疫等一系列配套设施，自2008

年 12 月 1 日起正式投入运营，并由 PACTL WEST 委托 PACTL 负责经营管理。对上海机场当局来说，通过 PACTL 投资 PACTL WEST 不仅保证了货运专业业务的扩展延续，还达到了以最小投入控股机场西区公共货运站的目的。

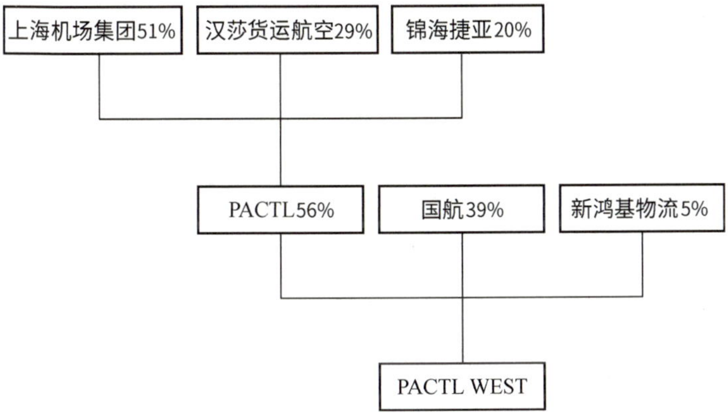

图 8-2 浦东国际机场西区公共货运站有限公司投融资模式

在这个案例中，PACTL WEST 就是浦东国际机场西区公共货运站投建营一体化实践的主体，上海机场集团以成立合资公司的方式，整合了多方优势资源，相互取长补短，从投资到建设再到运营管理，完美演绎了投建营一体化的全过程。

案例讲评：

浦东国际机场的货运站发展案例讲到这里，我们基本上看到了浦东国际机场货运站的发展历程，它首先从无到有，经过一期工程后快速发展，上了一个台阶；再后来，又借着二期工程成立更适合自身发展的新的合资公司（PACTL WEST），登上了货量排名世界第三的新高度。在从无到有的起步阶段，重视的是如何化解起步的困境，包括资金困境、运营和管理的困境，其实也就是可持续发展的困境。发展壮大之后，树立新目标，开创了投建营一体化的成功之路，确保了再次成功。整个过程，上海机场集团思路十分清晰，能客观判断自己在不同的发展阶段缺什么、有什么、要什么，一直牢牢掌控着主动权，“蛋糕越做越大，虽然分蛋糕的人越来越多，但丝毫不影响自己分到的那块越来越大，是自己吃一个小小的蛋糕，还是合作做大蛋糕共享红利”，上海机场集团给出了特别好的答案。

我们要思考和学习的是PACTL和PACTL WEST成立之初的思想方法和决策方式，是敢于破旧立新的开创性思维和敢于变革的胆识，这也是我们现今绝大多数机场决策者们面临实际情况时最需要的。也许我们还无法对标现在的浦东国际机场货运体量，但现在的状况是不是或多或少地有它十多年前的影子？通过这样抽丝剥茧式的梳理，我们实际上已经看到上海机场集团摸着石头过河的样子，已经看到它是如何成功上岸的了。我们还在等什么呢？上一轮的航空货运大发展，很多机场因为各种各样的原因失之交臂。面对再一次的机会，我们讲过去、讲经验教训，是希望能引发大家的思考、帮助大家抛弃创新带来的不安和恐惧，树立信心，大胆地去开拓创新、成就事业。这就是我们要对这个案例多着笔墨的原因和目的。

案例037

南宁机场大通关基地投建营一体化实践

广西壮族自治区是中国西南部唯一具备海、陆、空三种口岸的省份。南宁市是连接我国和东盟的门户，能深度融入“一带一路”发展。打通互联互通的南向通道后，南宁市有望成为我国西南经济发展和东盟贸易的战略支点。目前南宁市正积极参与互联互通之南向通道的建设，以南宁国际物流产业的发展为抓手，通过引进和培育物流龙头企业，积极构建面向东盟的国际物流大通道。

南宁市规划以南宁机场为核心构建货运航线网络，将进一步促进航空物流产业的发展，并为临空经济区发展商贸提供有力支撑。航空货运的发展会吸引临空偏好型产业在机场周围区域的集聚，机场可凭借航空物流的优势，协助临空经济区发展国际商贸产业，打造商贸物流基地、保税区、综合保税区，再逐步升级为自由贸易区。为此，广西机场管理集团希望能抓住这个发展契机，同时结合自己的实际情况，联合多家公司一起成立合资公司，共同投资、建设并运营管理南宁机场的货运物流产业园区。这是一个完全采用投建营一体化模式的尝试，希望在项目全生命周期过程中，能够充分发挥各合作伙伴之所长，使运营走上可持续发展之路。

于是，中国民航机场建设集团有限公司旗下的中交航空港有限公司与广西民航产业发展有限公司、宁波梅山保税港区联合航发投资管理有限公司共同发起成立了广西临空投资发展有限公司，作为南宁机场大通关基地项目的投资、建设和运营主体。其中，广西民航产业发展有限公司是广西机场管理集团的全资子公司。合资公司的经营范围包括：航空港及其配套设施、临空产业园区、市政、交通、环保等基础设施的建设与管理；土地开发；项目管理服务；资产运营管理；房地产开发经营业务；物业租赁和经营；仓储设施管理及咨询服务；仓储服务；物业管理服务；会议及展览服务。南宁机场大通关项目启动以后，又吸引了广西航港投资集团有限公司入股。广西航港投资集团有限公司是南宁空港经济区政府的投融资平台，主要承担着南宁空港经济区的投融资、项目建设等职责。至此，各家的出资方式及股比分配见表 8-1。

表 8-1　广西临空投资发展有限公司各方出资方式及股比

股东名称	中交航空港有限公司	广西民航产业发展有限公司	宁波梅山保税港区联合航发投资管理有限公司	广西航港投资集团有限公司	总计
出资方式	货币	货币、实物、土地使用权	货币	货币	
认缴出资额（人民币）	18 000 万元	11 400 万元	600 万元	2 256 万元	32 256 万元
出资比例	55. 81%	35. 34%	1. 86%	6. 99%	100%

对项目进行的风险分析显示，首期投资建设风险和营业风险是较为突出的问题。因此，在选择合资合作方时重点考虑的因素之一，就是各潜在合资方解决这两个风险的能力。投资建设的风险点比较容易理解，即南宁机场虽然有广阔的发展前景，但其对先期资金投入的风险承担能力不强，同时也不具备航空项目建设的高效管理经验。选择中交航空港有限公司，可以同时解决投资和建设的风险问题。中交航空港有限公司是中国民航机场建设集团有限公司的子公司，对机场和临空产业的投资运营是它的核心业务，其业务领域涵盖航空产业投资、机场运营、与机场配套的基础设施及空港产业园运营等。第二个就是经营风险，其风险点在于该项目的投资回收依赖于经营团队的项目招商和运营管理能否吸引优质客户落地，这是经营的关键因素。如果经营团队在工程建设完成后，不能很快完成招商目标，就会延长项目的投资回收期。因此，在物流地产行业具有非常专业的运营管理能力的宁波梅山保税港区联合航发投资管理有限公司被选为合资公司的股东之一。合资公司将把开发建设的南宁大通关基地项目交给联合航发公司试运营一年，试运营期满后按事先制定

的考核标准对其进行考核，并根据考核结果决定是否更换运营管理团队。除此之外，中交航空港有限公司还会积极寻求中交集团和中国民航机场建设集团的支持，依靠内部资源，保障项目的运营，保障预期的经济效益的实现。

合资公司就是南宁机场大通关项目的法人，投建营一体化的主体。合资公司成立后，就开始全面推进项目落地的各项前期工作，包括项目的专项规划及运营策划，项目从起步到建成，从运营到发展，有一条清晰的脉络。

下面再简单介绍一下南宁机场大通关基地项目的规划情况。

南宁机场是吴圩空港经济区的重要组成部分，吴圩空港经济区总面积约 120 km^2，是中国—东盟南宁空港经济区规划范围内的主要经济区。大通关基地项目用地位于南宁机场规划用地范围内，项目总投资约 68 800 万元，用地约 36. 33 hm^2，总建筑面积为 196 200 m^2，包括保税物流中心（B 型）和航空货运分拣中心两个核心版块功能，包括机坪、货运站、仓库、报关大厦、综合楼、设备房等建筑安装工程，以及围界、给排水、电气、消防、道路、绿化等室外附属工程。该项目 36. 33 hm^2 的项目用地与机场口岸的货运用地紧密衔接，此外还需通盘考虑规划全场所有货运用地，规划总用地面积达 139. 5 hm^2。南宁机场大通关基地项目用地区位如图 8-3 所示。

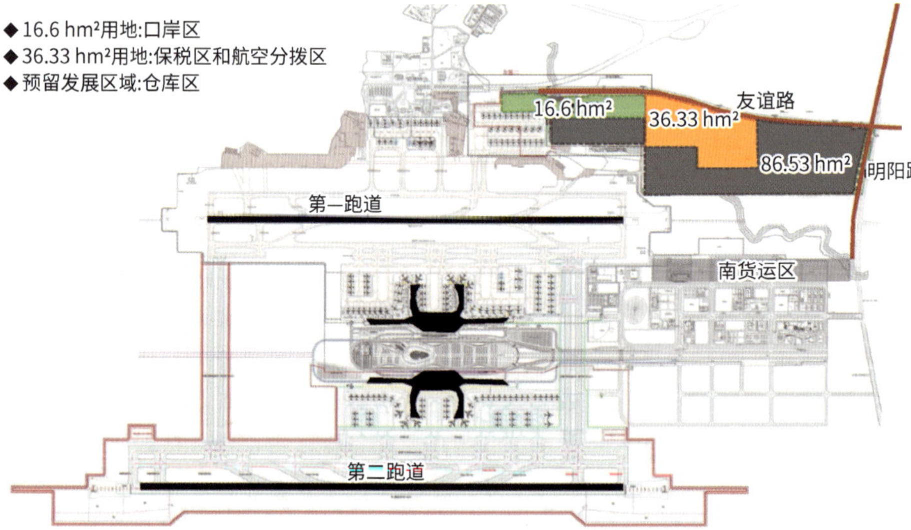

图 8-3　南宁机场大通关基地项目用地区位示意

我们的规划充分考虑了项目区位的各项有利条件和当地对接“一带一路”的优势政策，结合广西与东盟的产业优势，强化临空产业核心示范区作为中国—东盟南宁空港经济区快速发展的动力源作用，突出发展高附加值、高临空指向性且有强大竞争力的临空关联型产业，积极探索发展南宁空港大通关基地平台、多式联运综合信息服务平台、中国—东盟跨境电商冷链交易平台、中国—东盟特色生鲜产品产业链平台、航空产业保障支持及培训服务平台的新路径，为繁荣中国—东盟南宁空港经济区奠定基础。

南宁机场大通关基地项目从一开始就采用分层规划理念，以空港为核心，以航空货运物流产业为发动机，逐步拉动产业链向周边延伸发展，最终与城市经济和生活融汇、贯通，形成良性互动的整体发展态势。分层规划的每一层都要基于满足不同功能区作业特点的需求。

（1）第一层规划为货机停机位，充足且紧邻货运区的货机停机坪是航空货运长远发展的重要保障性资源。

（2）第二层是紧邻机坪的货运用地，规划为一级货运设施用地，具体功能可包括国际和国内的货运站、快件中心、冷链货运站和跨境电商货运站等一级设施，用地进深充分考虑一级设施的功能需求。

（3）第三层规划为二级货运设施群，包括集散仓库、代理监管库、快件分拣等，二级货运设施用地与一级货运设施用地紧邻，远期可根据发展需求进行灵活调整，可延伸一级用地，也可通过一、二级设施之间快捷的流程创新研究提供一级设施处理能力。

（4）第四层是紧邻机场的航空货运产业链延伸区域，可以规划更大规模的货物集散仓储园区、保税区或综保区、跨境电商园区、冷链园区，以及与当地经济和消费相适应的加工包装等工业园区。

（5）第五层指的是对接城市经济圈和生活圈的各类产业。

由于几乎所有城市经济和生活都需要物流产业链的支持，因此应该建立起它们之间相互促进、共同发展的良性循环。南宁机场大通关基地项目分层规划理念如图 8-4 所示。

规划采用了用地范围内国际货运“一体化监管”的规划理念，也就是第二层和第三层国际口岸与综合保税区实行一体化监管。一级和二级货运设施用地共同支撑起机场国际航空货运区的功能，我们规划设置了统一的海关监管区围网，并通过主卡口对一级国际口岸区和二级综合保税区进行统一管理。同时，为了便于口岸海关和综合保税区海关的一些差异化监管需求，可以在国际口岸区和综合保税区再分别设置次卡口，通过信息化及流程创

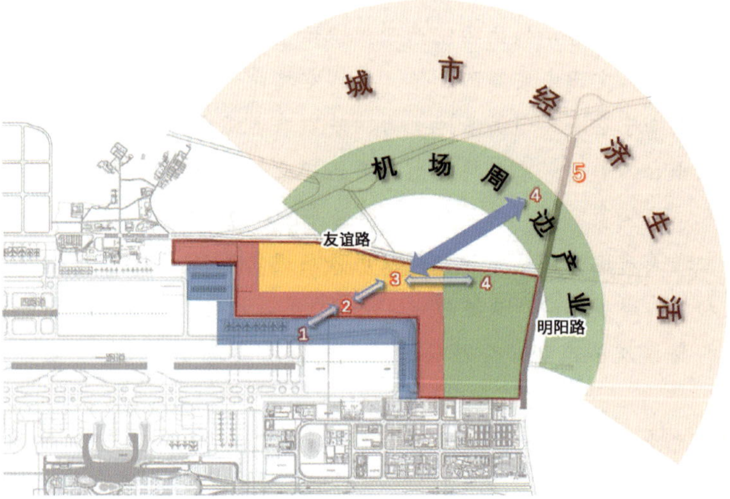

图 8-4　南宁机场大通关基地项目分层规划理念

新等研究，最大限度地实现主卡口内货物的快速便捷流通。综合保税区的监管设施规划如图 8-5 所示。

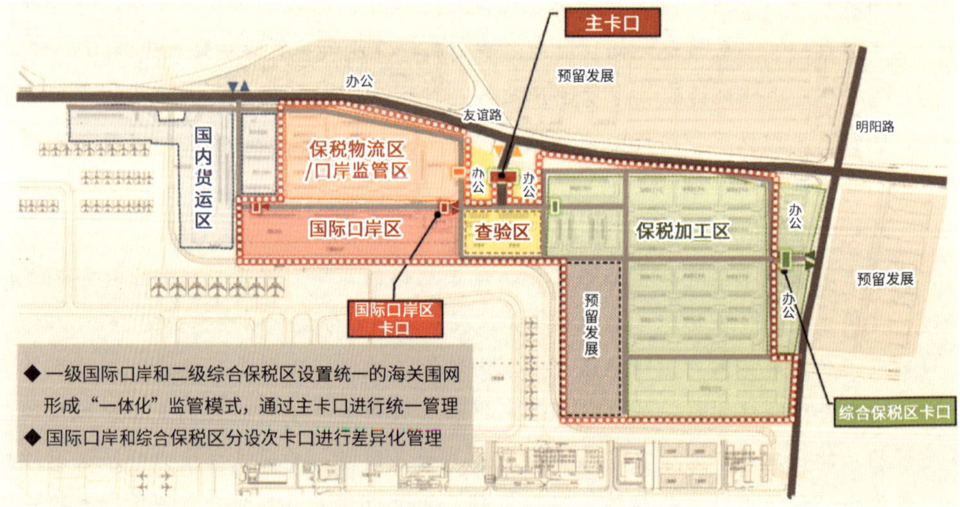

图 8-5　综合保税区的监管设施规划

规划的弹性，即灵活性，是规划方案必定要提及的理念之一。每个项目保留的灵活性是不完全相同的。南宁机场大通关基地项目在进行规划时，重点考虑机场各主要功能远期发展的不确定性问题。由于影响货运物流产业起步和发展的主、客观因素都很复杂，我们不一定能准确判断未来哪一个产业会飞速发展，或者哪一个产业会偏离预期，因此要认真研究在各种不确定因素发生时，如何通过用地和功能的灵活调整来应对它们。我们要慎重选择初期设施和初期用地，同时要与现有货运区及外围用地进行整体联动梳理，从产业链的角度通盘考虑灵活性的多种方案，即各功能设施及其对应用地的灵活转换或相互融合，同时要考虑交通、监管、设施布局等各相关方面对灵活性的适应度。

案例讲评：

南宁机场大通关基地项目是一个航空货运物流产业园区“投建营一体化”的初探性项目。我们见证了合资公司的成立，现在项目的规划方案完成了，首期功能设施和首期用地的选址也落地了，即将开工建设。我们相信南宁机场大通关基地项目一定能够逐步成长、发展壮大。我们也期待着我国航空货运物流市场一定会有更多的“投建营一体化”项目出现，百花齐放指日可待。特别是大量在航空货运物流产业的发展上刚起步的机场，采用投建营一体化模式，走出一条创新发展之路，也许就能后发先至。与发达机场之间的差距也正是我们的发展空间，我国的航空货运产业一定能走出一条具有中国特色的康庄大道。

8.2　港产城一体化

“港产城一体化”近年来是热搜词。无论是学术研讨还是生产生活的各个行业，都在深度研究和关注港、产、城如何展开互融发展，如何推广和复制港产城一体化发展的成功经验。

港产城一体化研究最早是基于海港与港口城市的互动关系。从几百年前大航海时代开始，海运就逐渐发展成为全球贸易和经济全球化的主要物流支撑。现在我们能看到全球财富的一半集中在沿海港口城市，得到的结论就是，一座城市拥有了港口就意味着这座城市拥有了经济社会发展的平台和强大的动力源。港口发展好了，就会带动临港产业的发展，必然对地方经济起到支撑作用，地方经济发展了又会推动港口吞吐量上升。

1918 年，美国邮政就建立了第一条定期货运航线，民用航空货运业发展历程就此展开。冷战结束后，航空业就迎来了一个迅猛发展的时代。与海运极为不同的是航空货运的超高时效，它与海运形成了市场错位。航空货运专注于价值高、时效性高的货物运输市场。经过 20 多年的发展，今天大型枢纽机场已经成为一座现代化城市经济发展的动力源，为经济发展提供了巨大的动能。现代经济和消费模式也使得航空货运在城市发展中的作用越来越凸显，航空港对产业链的带动效应也就越来越受到重视。

近年来，地方政府都在致力于研究以航空港为依托，以临空产业为基础，发展涵盖物流产业在内的城市经济。通过多年来对我国机场发展的研究与观察，我们发现航空港的确是城市发展的发动机，而航空货运物流产业是能够整合各临空产业链条的动力源，这条产业链是值得我们关注、研究和深挖的。我们要提高认识，坚持港、产、城互动，集各方之力量，走出一条“以港促产、以产兴城、港产城一体化”的发展之路。

8.2.1　临空产业链的整合

对于任何一座机场来说，四大临空产业链或多或少都是存在的。对于新机场、小机场来说，如何尽快地形成良好的发展势头是至关重要的。但是任何一座机场受其环境和各种现实因素的制约，真正有条件发展的临空产业链都是有限的，四大产业链中能找到一个，甚至是一个产业链的一、两个分支就很好了。根据我们所接触的机场案例来看，绝大多数机场最早确认的优势产业都出现在货运物流产业链上，其他产业链的门槛都比货运物流产业链要高。

先看商务产业链，它是一个集人流、资金流、信息流于一体的高端产业链，是以白领为就业主体的产业设施群。商务产业链的出现需要相对比较大的商务旅客量，需要与城市 CBD 有良好的互动关系，需要有城市和区域 GDP、贸易额、外贸额等的支撑。因此对于绝大多数机场来说，形成良好的商务产业链都是不现实的，多数机场只能是形成一个商业、旅行服务区，或者是一个大型航站楼前综合体。如果寄希望于商务产业链来带动、整合其他临空产业链的发展，就很不靠谱了。

再来看下一个航空产业链，它就是机务维修和机上用品生产这个产业链。对于某座机场和城市来说，需要有足够大的飞行量才能启动这个机务维修产业链的规划建设。同时，飞机的维护、改拆产业链还是一个“三高”产业链，资金要求高、技术要求高、市场风险高，不是谁都有能力组织飞机维修的，就是所谓的门槛很高。因此不建议大家都去发展这个产业。所以说，航空产业链也是不适合用来整合临空产业链的。其实在航空产业链上还有其他很多事情可以做，如机上用品的生产、供给，特别是航空食品，是很适合大家去做的。现在很多航空公司都要带着返程食品和其他相关用品飞行，如果我们能做好机上用品这个产业，航空公司就不要携带返程的机上所需用品了，这就肯定会使航空公司的成本降低，还能使航空食品等机上用品更加多样化。现在，像这样门槛低的产业，大家觉得它不够高大上，反而不愿意去研究、不愿意去做。如果真能做出自己的特色和品牌，这也会是一个市场很大的产业，而且它还能与城市相关服务业对接。

第三个产业链就是机场发展到一定程度后会在其所在地区集聚人口，就会形成生活、娱乐、文化教育等的产业链，这实际上就是一个城镇发展的过程，它与机场的发展相比，一定是滞后的。因此，机场城市的出现是机场和临空产业发展的结果，而不是原动力。

最后，只有货运物流产业链能够串联起其他各个产业链，它是非常适合在产业发展初期重点开发的产业链。在机场的临空产业里，航空货运不像机务和商务那样有很高的门槛，货运的门槛很低，而且任何地方都有对物流的需求，每座机场都可以发展物流产业，都能找到适合自己的物流产业链。从这么多年我们对各大机场的规划跟踪来看，物流产业确实是发展临空产业的突破口，是非常确定能落地、能打通的产业链。绝大多数机场都应该先发展货运物流产业，等到初期发展的良性循环建立起来后，再去拓展、整合更有难度的产业。否则，上来就做各种高大上的临空经济规划，做出来的产业规划会大同小异，但真正能落地的规划就没有几个了。这些问题都值得我们认真思考。

这么看来，为了集聚力量发展临空产业，小机场是不宜在发展初期就搞严格的功能分区的。过于严格的功能分区实际上是很不利于集中力量快速发展的。所以，小机场就需要在发展初期，把不同的功能和产业链整合在同一个区域内，这样才有利于节约管理成本、运营成本，同时也一定会提升效率。小机场还需要找准初期发展的突破口，这个突破口要便于实施，要门槛低，还要成本低。

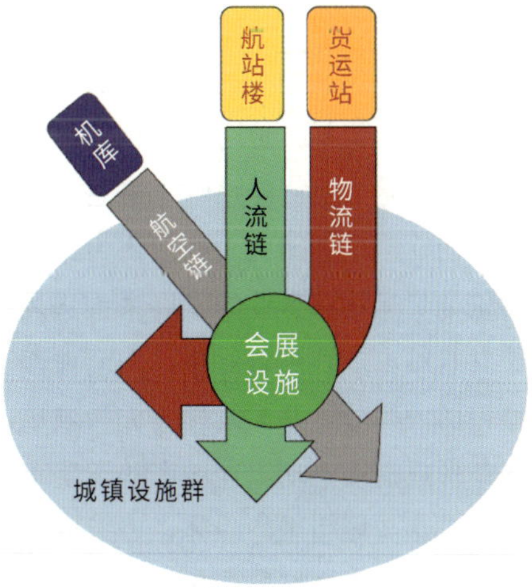

图 8-6　会展设施是临空产业链的交叉点

总之，只有货运物流产业链是可以带动并整合临空产业链发展的。那么，怎么去整合产业链呢？有一个设施需要大家给予特别关注，那就是会展设施（图 8-6）。会展设施是四大产业链的交叉点，同时属于四大产业链，因此，它是临空产业链整合的突破口。大家不要一讲会展就想到北上广深杭那些高大上的会展设施，不要认为只有发达的大城市才能做会展，在发展中地区也是有大量的会展需求的。如果我们去研究本地经济特点和产业结构，去研究会展业面向的群体和企业的会展需求，就有无限的市场和发展空间。因为会展业也是一个门槛很低的产业，在不同的产业发展阶段都有不同的会展需求。会展设施本身在不同的时期也很不同，初期甚至在广场上就可以做。刚起步的时候、会展规模小的时候，机场应该主动寻求合作，一定要相信开放、整合带来的合力。另外，会展设施属于社会公共设施，比较容易得到政府的各种政策支持。

8.2.2　港产城一体化规划

整合后的临空产业链才是航空城空间形态规划的内涵，才是航空城规划的逻辑。因此，凌乱的产业链带来的一定是一个混乱的临空地区。只有产业链逻辑清晰的时候，才可能有一个优秀的规划方案，才可能实现航空城的可持续发展。

大型枢纽机场是城市经济发展的动力源，我们应该积极探索把机场和货运物流产业作为城市发展的支柱产业来建设的规划理论和方法。我们看到航空城地区的发展模型是将其发展分为三个阶段（图 8-7），即 1.0 时代是机场自身发展的“航空港发展阶段”，以机场基础功能设施的规划建设为主；2.0 时代是以货运物流产业为代表的临空产业集聚和产业链延伸、整合的港产“联动发展阶段”；3.0 时代是规模扩大、产业链打通、功能完善、城市公共设施增加、运营高效的港产城“一体化发展阶段”。总的发展趋势就是逐步走向港产城一体化，不仅仅是航空城自身的一体化，而且是航空城与城市和区域的一体化。

现在的机场选址时有一种倾向，就是要让机场远离城区，认为机场运营对城市发展不利，特别是对飞行噪声唯恐避之不及。而对临空产业设施，往往会单独规划使其形成一些孤独的临空产业园区。我们认为这种认识和处理办法是不合适的。我们应该利用临空产业，特别是货运物流产业的发展来推进周边土地开发、交通建设和基础设施建设，形成人口集聚并与城市产业规划对接，与商业服务、文化教育、旅游服务等产业对接，把航空城变成城市的一部分，并最终逐渐成为城市的核心城区之一。只有这样才能使机场和临空地区与城市形成良性互动，让城市的发展也反过来促进机场和临空产业的发展，使港产城一体化地区真正与城市融为一体，走上可持续发展之路。

因此，港产城一体化地区的规划不仅要满足地区控制性详细规划的要求，包括土地使用、环境容量、建筑建造、城市设计引导、配套设施、行为活动等方面的规制，而且还要

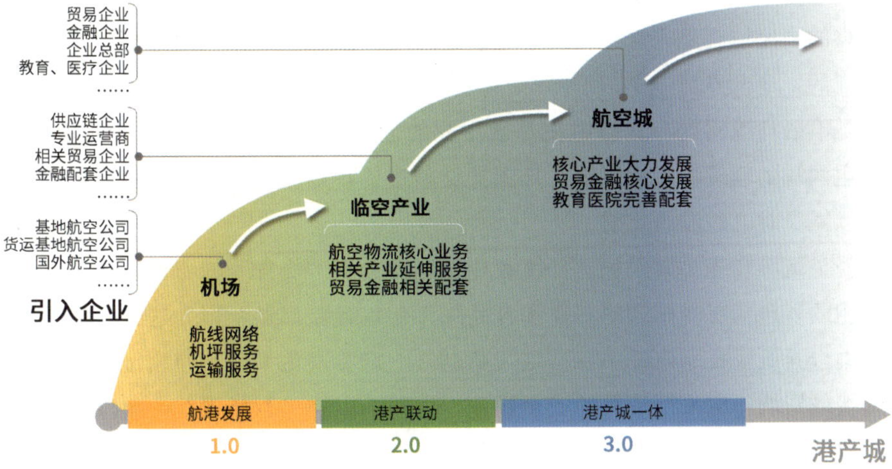

图 8-7　机场发展对周围地区的冲击过程

满足其特有的鸟害、噪声、净空、电磁、烟雾与光污染五个方面的控制要素。

首先是鸟害问题。机场附近不能有大量的、特别是体格大的鸟活动，问题的关键是要避免吸引鸟类的植物和昆虫的存在。我国多数机场的鸟分两种：一种是长途迁徙的候鸟；一种叫留鸟，就是在本地生活的鸟。一般来说，鸟的胆子是比较小的，它们之所以来机场，是因为飞行区地广人稀，少有人伤害它们；更主要的是哪里有吃的，它们就去哪里。因此要在控制性详细规划中规定机场及其周围地区的植物种类，要规定机场里面种的草、灌木、树都是不引鸟的。所谓不引鸟植物，就是那些不结果实的植物。例如我们在浦东国际机场大面积种植的香樟树和玉兰树就非常适用于机场，因为它们不但不结果实，而且本身还有一股气味，不生虫子，鸟是来吃虫子的，没了虫子，鸟也就不来了。

其次是噪声问题。需要我们从机场选址的时候就认真对待，机场总体规划中对噪声区域的开发控制是最重要的课题之一。现在国家已经有相应的控制标准，这些标准和国际民航的标准是一样的。机场的噪声影响范围一般都会超出机场规划用地，机场周边很大范围内都会不同程度地受到噪声的影响。因此，需要城市规划与土地管理部门高度关注、严格管控。当然，解决飞行噪声问题的关键，还是要从土地使用规划和开发利用上下功夫，要积极推动临空产业的发展，让城市发展与飞行噪声影响协调起来。反之，如果不做好临空地区的规划和建设，随着机场的发展、人口的集聚，噪声问题必定会越来越严重。

再次是净空问题。机场净空环境是保证正常飞行的基本要求。机场对周边地区的建筑物或障碍物的高度控制是非常严格的，越靠近跑道高度控制越严。而这些控制要求也是依据国际标准的，全世界都一样。

然后是电磁环境问题。跑道两端是最主要的电磁环境管控区域。对于跑道周边地区、特别是跑道两端的建筑物、构筑物的外围护材料也要特别关注，尽量不用或少用大面积金属材料，以减少对电磁波的反射。

最后就是烟雾和光污染问题。传统农业地区都会有“烧荒”的习惯，这在机场附近地区都是禁止的，包括有些排烟的工业和食品加工业也都要回避，因为这会影响机场的能见度。光污染也是机场规划建设中要特别注意的，一定要避免大面积使用镜面玻璃。为了减少玻璃幕墙的影响，应采用较大的表面倾角，做到不影响飞行员视线。要减少相关区域建筑物表面白天的反光和晚上的透光，以免产生光污染。

综上所述，港产城一体化是以航空港高效运营为前提，以打通临空产业链为基础，以建设高效率、人性化城市地区为目标的规划探索。

8.2.3 港产城一体化的实践

尽管多年来大家在一座座大型枢纽机场的航空城规划建设中做了许多艰苦卓绝的探索，但是应该说我国绝大多数机场的发展还处于 2.0 时代，即港产联动阶段。由于我们目前没能找到以货运物流产业链整合临空产业，从而实现港产城一体化的优秀案例，因此这里只能给大家介绍一个港产城一体化的规划案例，另外再给大家介绍一个以商务产业链为主做产业的成功案例。

案例 038

海口美兰国际机场港产城一体化规划

海南全岛将建设自由贸易试验区，稳步推进中国特色自由贸易港建设。这是 2018 年的大事件，国家宣布支持海南全岛自贸区建设。

海南岛进出岛的方式，一个是海；一个是天。通过对进出岛交通管控的研究，可能会找到新的发展思路。海口地处华南与南海交汇处，是海南省重要的中心城市。海口美兰国际机场临空经济区位于城市东部，发展范围涉及美兰机场及周边的灵山片区、灵山西片区、桂林洋临空港产业园区、大学城片区等多个规划区块。看看海口的总体规划图，如果把东西两个综合交通枢纽做好，公交优先做到位，海口就可能会闯出一条不同于大陆城市的交通发展道路。具体怎么做呢，我们的建议是海口要“开启双港驱动的城市发展新时代”（图8-8）。

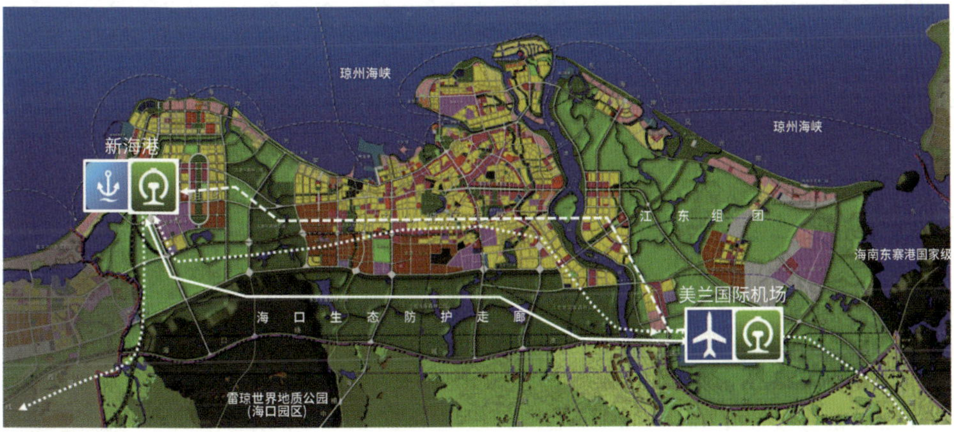

图8-8　海口市“双港驱动”示意

现在，海口市在东侧已经有了美兰国际机场，与环岛高铁的车站已经实现了对接，规划还有城市轨道交通进入。虽然位于美兰国际机场的“空铁枢纽”在具体方案上还有很多可以优化的地方，但我们的设施方案是很好的。现在，空铁枢纽正在热火朝天的建设之中。

我们再把视线转向新海港区这边。按照海口市的城市规划，这个地区规划了一条地铁，也规划了一个港口。从大陆过来的各种机动车辆和铁路交通，以后都会逐步转到这个新海港区。我们建议在这里规划建设一个海运与环岛高铁、高速公路，以及城市各种交通方式对接的综合交通枢纽，使海口形成西面的“海铁枢纽”与东面的“空铁枢纽”相呼应的双门户枢纽格局。进出岛的客流可以利用环岛高铁直接转移到岛内其他城市，环岛高铁同时又是两个枢纽之间非常重要的快速连接的交通方式。两个枢纽还可以实行组合运行。

随着国家“一带一路”倡议的推进，国家赋予海南的自由贸易试验区（港）发展使命不断深入，海口再次进入一个发展的关键抉择期，迎来了一个全新的历史发展机遇。这种机遇可以说是空前绝后的，需要做出一系列的规划决策。于是，江东新区的规划建设应运而生。《海口江东新区总体规划》以“开放创新、绿色发展”为总纲，将江东新区定位为“全面深化改革开放试验区的创新区、国家生态文明试验区的展示区、国际旅游消费中心的体验区、国家重大战略服务保障区的核心区”，它将贯彻落实新时代国家赋予海南的重大战略和重大决策，引领中国（海南）自由贸易试验区建设，形成我国面向太平洋和印度洋的重要对外开放门户。

美兰国际机场及其临空产业是江东新区的支柱产业，对江东新区的规划建设影响巨大，我们自始至终按照“港产城一体化”的理念开展规划工作。海南有优越的地理位置，面向东南亚、连接北部湾，适合于发展服务于“中国-东盟”自由贸易区的区域性国际航运中心和物流中心。当地产业发展特征独具特色，生态旅游资源丰富，农渔业资源禀赋独特，是热带特色高效农业发展的宝地。另外，海南与周边地区连接渠道基本以空海为主。这些特点使得海南形成了以服务业为主导、带动工农业发展的独特模式。我们的规划既要在优势资源上带动更多产业链，还要借助政策优势和区位优势补足会展产业、商贸产业，特别是要以货运物流产业带动港产城一体化的快速发展。江东新区总体规划与美兰国际机场示意如图 8-9 所示。江东新区港产城一体化发展的内在逻辑如图8-10所示。

图 8-9 江东新区总体规划与美兰国际机场示意

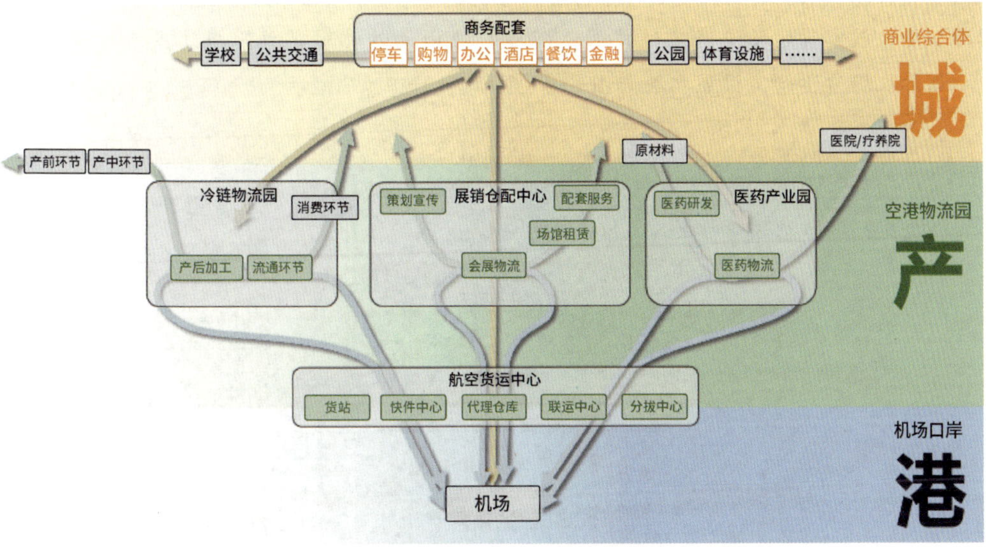

图 8-10　江东新区港产城一体化发展的内在逻辑

具体而言，海口临空物流产业的策划需要抓住岛屿经济的特征，探索构建独有的“江东·美兰”模式，通过大力发展物流产业链将其他产业串联打通，建立产业链之间的联动或整合关系。

美兰机场秉承“客货并举”的定位，大力发展货运和客运两大功能区的产业链，逐步实现港城融合。例如，充分发挥当地农业资源禀赋，发展高端农林渔牧产业，延伸发展包装加工产业链，再与冷链物流产业园对接，这些产业都通过物流链打通，最后通过航空货运物流建立向外的销售运输网络。还有其他有特色的产业链规划也是如此，我们就不一一展开了。

基于围绕海口美兰国际机场展开的“港产城一体化”规划进行的大量基础性研究，我们希望最终能达到“以港促产、以产兴城、港产城一体化发展的新格局”，也期盼着航空货运物流产业，包括自由贸易港区的其他产业能够早日启动投资建设，未来我们一定能够看到“江东·美兰”模式的“港产城一体化”发展的壮丽篇章！

在机场和临空产业设施规划方面，我们依然以航空港为核心，围绕机场展开规划。美兰国际机场定位为“客货并举”型机场，货运规划时要注重与客运的协调发展。客运在中心向东、西方向发展，货运布置在两翼协调发展，从而形成客货平衡发展的格局。在美兰国际机场，航空货运物流产业链将带动其他产业链向外拓展延伸，与江东新区连为一片。美兰国际机场货运物流设施拓展如图 8-11 所示。

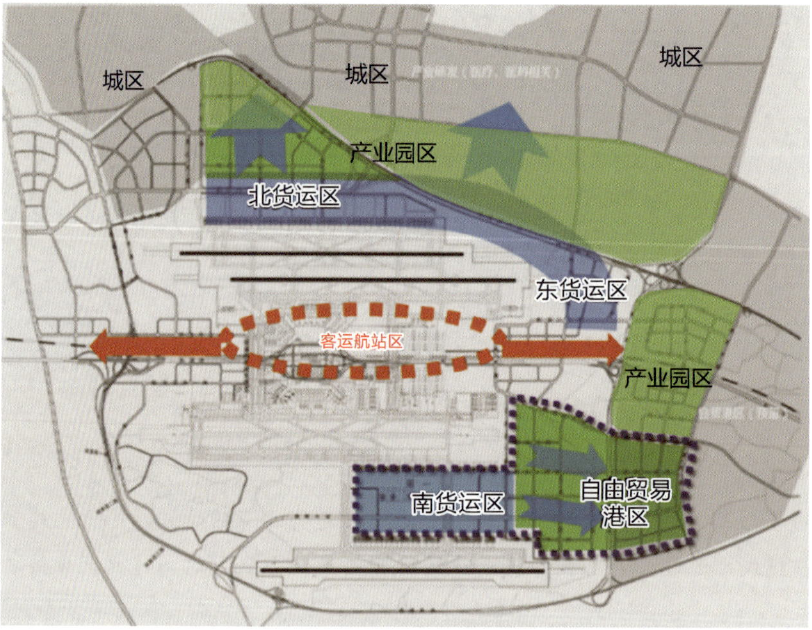

图 8-11　美兰国际机场货运物流设施拓展示意

我们的港产城一体化规划以北货运区为主体，先期拓展物流产业链、带动其北部江东新区的主城区发展，以期最终实现“港产城一体化”全面发展。具体实施方案是：首先开展美兰国际机场第三跑道和北货运区的规划建设，沿第三跑道北侧一字型布置若干个不同类型的货运站，包括国际国内普货、跨境电商、快递、冷链等多个一级货运设施。其次是在货运区北侧规划建设航空物流园区，发展各种相关产业设施。最后是物流产业园区在北侧与江东新区的城区规划建设融合为一体，即规划建设一批既与航空物流产业相关、又与城市发展需求相连的金融服务设施、商务设施、商业零售设施、会展设施、生活居住设施、文化娱乐与教育体育设施等城市型综合服务设施。美兰国际机场北货运物流产业园区规划布局如图 8-12 所示。

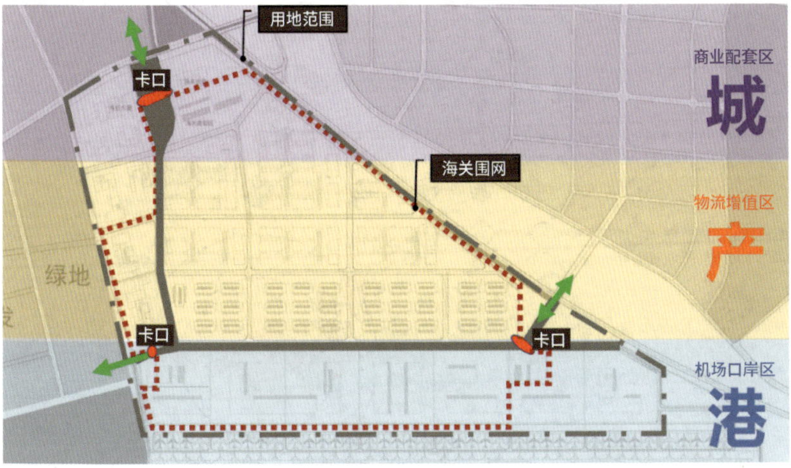

图 8-12　美兰国际机场北货运物流产业园区规划布局

总之，通过“港产联动”和“产城融合”这样两个阶段，最终完成我们的港产城一体化大业。

案例 039

虹桥综合交通枢纽港产城一体化实践

虹桥国际机场原本处在城市的“盲肠”地区，在 2008 年的扩建规划中，将京沪杭高铁车站规划在虹桥国际机场即将扩建的二号航站楼门前，并开创性地规划建设了虹桥综合交通枢纽和虹桥商务区，成功地建成举世瞩目的空铁一体化综合交通枢纽，同时这里还一跃成为长三角 CBD。虹桥综合交通枢纽在长三角的位置如图 8-13 所示。

虹桥综合交通枢纽是典型的门户型综合交通枢纽，对外交通有航空、高铁和城际铁路、城际磁浮、长途巴士，城市内集散交通包括城市轨道交通、各种巴士、出租车、各种社会车辆等。枢纽基础设施自东向西依次是二号航站楼、东交通中心、磁浮车站、铁路车站、西交通中心。整个虹桥综合交通枢纽日处理旅客量达 110 万人次以上。这就是我们所说的“港”，即强大的枢纽设施和高效的运营服务。虹桥综合交通枢纽的构成如图 8-14 所示。

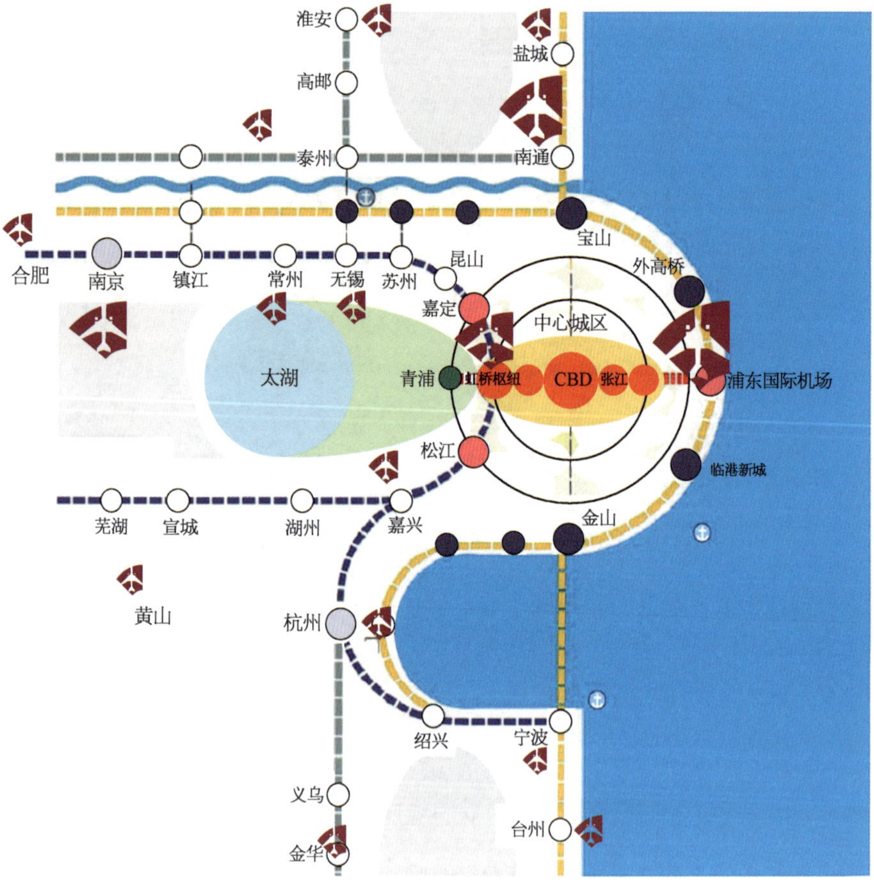

图8-13 虹桥综合交通枢纽在长三角的位置

虹桥综合交通枢纽在规划之初就加大投入研究了其周边地区的产业发展规律，确定在此重点发展商务产业链，规划建设面向长三角的虹桥商务区。虹桥商务区抓住了长三角交通枢纽的优势和发展机遇，围绕着人流、资金流、信息流集聚拓展产业链，有意识地吸引了如下产业设施。

(1) 总部功能：国内外企业，特别是长三角大型企业的总部、运营中心等。

(2) 生产性服务业：枢纽服务业，包括商业、零售、航空物流、快递、仓储、供冷供热等。

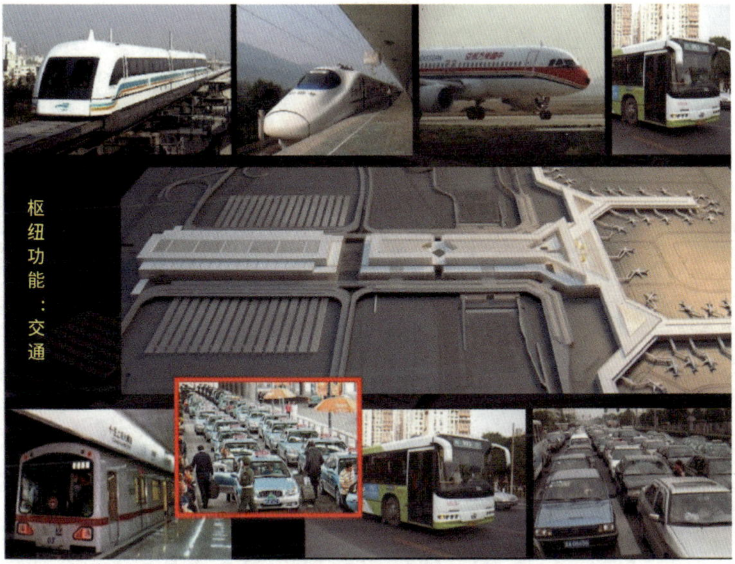

图 8-14　虹桥综合交通枢纽的构成

（3）金融服务业：以拉动内需为主的金融服务业的发展，特别是促进各种消费金融服务的发展，推进采购结算中心的形成等。

（4）专业服务：咨询业、医疗、娱乐、教育培训、以光电子为代表的各种高端制造业、软件业等。

（5）展览业：面向长三角和全国的内向型贸易博览会、产品展销、文化产品博览、常态化销售中心等。

（6）会议中心：利用高效便捷的枢纽优势，提供各种会议服务，特别是为全国和长三角提供当日往返的“一日会议”服务。

（7）酒店公寓：各种不同档次、不同特色的住宿设施和休闲娱乐设施等。

（8）创意产业：发展以美术、工艺品、设计业、时尚产业为中心的各种创意企业。

虹桥商务区最终成功地吸引了这些产业设施的落地，迅速集聚了一大批独具特色的企业，同时也成功地实现了“长三角 CBD”的目标定位。也正是基于这样堪称优异的发展成果，中国国际进口博览会在虹桥国家会展中心成功拉开帷幕，向全世界宣示中国继续走改革开放道路的决心。国家和上海市都更加重视虹桥商务产业链的发展，出台了《虹桥商务区规划建设导则》，提出了虹桥商务区在长三角一体化中发挥核心作用，服务国家战略，对标国际一流，全力打造开放的枢纽、国际化的中央商务区和国际贸易中心的新平台的定位。这就是所谓的“产”，即集聚产业设施，形成产业园区。虹桥综合交通枢纽、虹桥商务区与国家会展中心如图8-15所示。

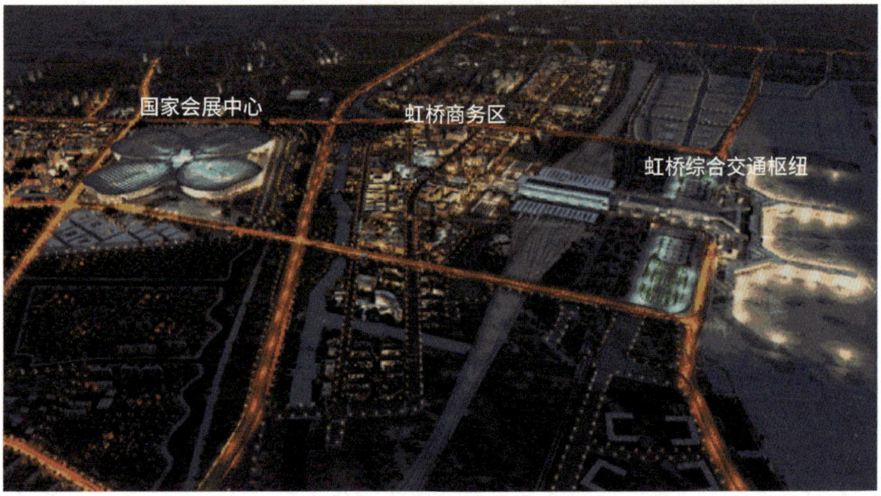

图8-15　虹桥综合交通枢纽、虹桥商务区与国家会展中心

上海市现在已有以人民广场为中心的一个中央商务区和以陆家嘴为中心的一个新中央商务区。虹桥综合交通枢纽建成以后，将会进一步强化从虹桥国际机场到浦东国际机场的城市商务轴。当然，在这个轴上是有一定分工的，比如浦东的金融服务、外贸服务、出口加工等，加上浦东国际机场，具有明显的外向性特征。虹桥综合交通枢纽建成后，浦西这边明显地提高了上海服务长三角、服务全国的能级。过去，上海市在提高内需这方面做得不够，从城市结构上看得出来，往江浙方面辐射能力的建设一直跟不上长三角高速发展的需求。因此，我们希望通过虹桥综合交通枢纽地区的建设实现在整个城市发展上提高辐射长三角的能级，使城市各中心相互之间形成一定的分工和错位，避免简单的同构，使城市结构得到一个更加平衡的发展（图8-16）。而随虹桥综合交通枢纽一起发展起来的虹桥商务区，已经在这一过程中很好地融入了上海的东西商务轴，成为上海最重要的城市门户之一；同时它也很好地融入了长三角一体化发展的大潮，成为长三角的CBD。这就是我们所说的

"城"，即枢纽设施、产业设施融入城市。

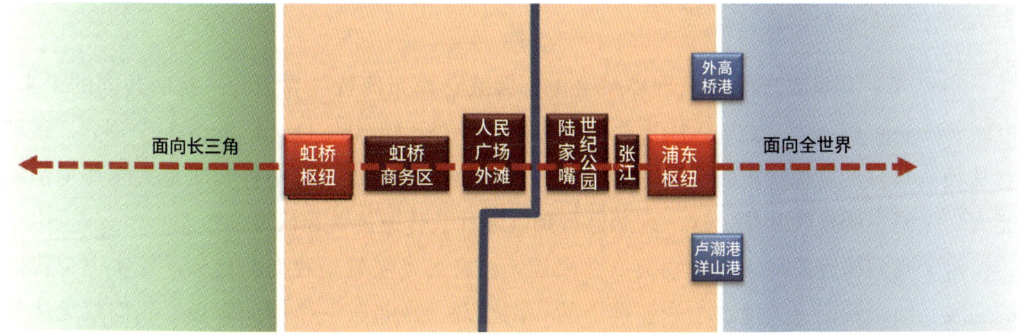

图 8-16 虹桥综合交通枢纽对城市结构的完善

我们看到，在虹桥地区，上海将上述"港""产""城"有机地融合在一起，完美地实现了一体化发展。

未来，虹桥商务区将进一步与国际一流商务区接轨，引领长三角的一体化发展；科学合理地利用地下空间，加强地下空间开发，并形成立体分层的步行网络；在住房保障规划方面，提升商务区人居环境水平，高标准配置住宅区绿化和公共空间，倡导人文、体育、休闲设施开放共享，基础教育、文化、社区商业等公共设施的规划配置与建设水平将满足国际化人才的需求，打造包容共享的国际商务与生活示范区；建设国际领先的低碳城区，全面执行国家二星级及以上绿色建筑标准要求，大型公共建筑全部应用 BIM 技术，成为可阅读"最低碳"的城市建筑。这将是虹桥综合交通枢纽和虹桥商务区在"港产城一体化"道路上的又一次升级、升华，我们期待见证它更加精彩的新面貌。

案例讲评：

虹桥综合交通枢纽不是以货运物流产业链整合其他临空产业，实现港产城一体化发展的案例。但它也非常有代表性，它是以商务产业链为主干，整合其他产业设施，以港促产、港产联动、产城融合、港产城一体化发展的典型案例。它从项目策划、规划研究、设计施工、运营管理、资产经营、财务管控，以及政策法规、招商引资等方面，都为我们留下来许多启示和借鉴。它的经验教训也是我们的宝贵财富。

8.3 走可持续发展之路

1987年，在世界环境与发展委员会上，挪威首相布朗特兰在题为《我们共同的未来》（*Our Common Future*）报告中提出了“可持续发展（Sustainable Development）”理念。该理念从环境和自然资源角度提出了人类长期发展的战略和模式，其精神实质是关注环境承载能力、强调资源永续利用。这一理念已得到国际社会普遍接受和认可。

对于我们研究的航空货运物流产业来说，可持续发展就是我们的目标，其实也是我们的底线。如果我们只关注这个产业链上的一两个环节或是某一个时间片段，我们就无法最终实现可持续发展。因为“片段”或“局部”的成功或繁荣都是很脆弱的，往往都是不可持续发展的，所以我们必须尽快把航空货运物流规划的目光聚焦在“全生命周期”和“全产业链”上来，在时间和空间两个维度上追求项目的可持续发展。

投建营一体化就是在时间维度上对货运物流产业可持续发展的追求。从项目全寿命周期的角度来看，航空货运物流产业链上从项目策划、立项、可行性研究、规划、设计、施工，到运行、经营、维修维护、改扩建，直至废弃等各环节，是环环相扣、密切相关的，其中任何环节都将对后续阶段产生深刻影响，甚至是不可逆转的影响。另一方面，国内众多机场的航空货运物流产业发展肯定不是处于同一个发展阶段，根据自己所处的发展阶段提前做好规划，有效突破各种制约因素和发展瓶颈，以最小的代价取得最大的、可持续的发展是大家的追求。现在，我们的绝大多数货运物流园区缺乏合格的项目法人，或法人太多，肢解了产业链。我们认为投建营一体化是处于不同发展阶段的项目法人们，解决货运物流产业可持续发展的终极良方。只有进一步强化、优化项目法人制度，走投建营一体化之路，才能实现项目的可持续发展。

港产城一体化则是在空间维度上对货运物流产业可持续发展的筹划。航空货运物流产业链上的各种物理设施非常丰富多样，从机坪、货运站、仓储区、监管区、保税区，到各种加工生产区、综合保税区、自由贸易港区，以至生活服务区、商务区、金融贸易区等，它们都是货运物流产业链的一部分，都有其内在逻辑，其工艺流程相互之间是密切联系的。当然，不同的机场临空地区会处于不同的发展阶段，集聚的设施规模和内容都会有所不同。但大家为了追求更好的收益和可持续发展，都会朝着整合全产业链的方向迈进，即大家都会不约而同地走向港产城一体化的发展之路。打通产业链、整合产业链、强化产业链、拓展产业链，就是航空货运物流产业的可持续发展之路。港产城一体化是航空货运物流规划发展的目标，也是自然结局。

因此，航空货运物流产业链的可持续发展是项目全生命周期和全产业链的一体化、可持续，即通过投建营一体化和港产城一体化，实现航空货运物流产业的可持续发展。航空货运物流产业链可持续发展的内涵聚焦于三个方面，即环境友好、运营高效和财务状况良好。其中，最硬核的就是“财务可持续发展”，这是往往会被人们忽视的、最重要的内涵，也是航空货运物流产业发展的终极目标，因为我们始终相信“一家亏本的企业是不可能提供一流服务的”！

可持续发展是我们的目标，也是我们的底线！

第9章 结语

与发达国家相比，我国的航空货运业起步较晚，随着社会经济发展的节奏，航空货运业的设施和园区的发展也经历了一段相应的发展过程（图 9-1）。20 世纪 80 年代以前，航空货站的功能还比较单一，流程和作业也很简单，主要服务于货物储存、保管和货物简单处理。到了 80 年代，货运规模和机型开始增大、货物品类也在增多，货物处理流程开始趋于标准化，设施功能虽有所加强但仍偏重于传统的“一体化货运仓储”功能，发展到这一阶段，货运站自动化水平依然非常低，主要依靠人工作业。90 年代开始我国引入大型宽体飞机和全货机，货运站作业进入到半自动化模式，有了立体化的存储设备，集装货比例大幅度提高。进入 21 世纪后，随着我国深化改革开放和经济高速增长，航空货运产业链上开始逐步出现对货物保税的需求，机场周边设立了不同类型的海关监管场所，包括保税仓库、

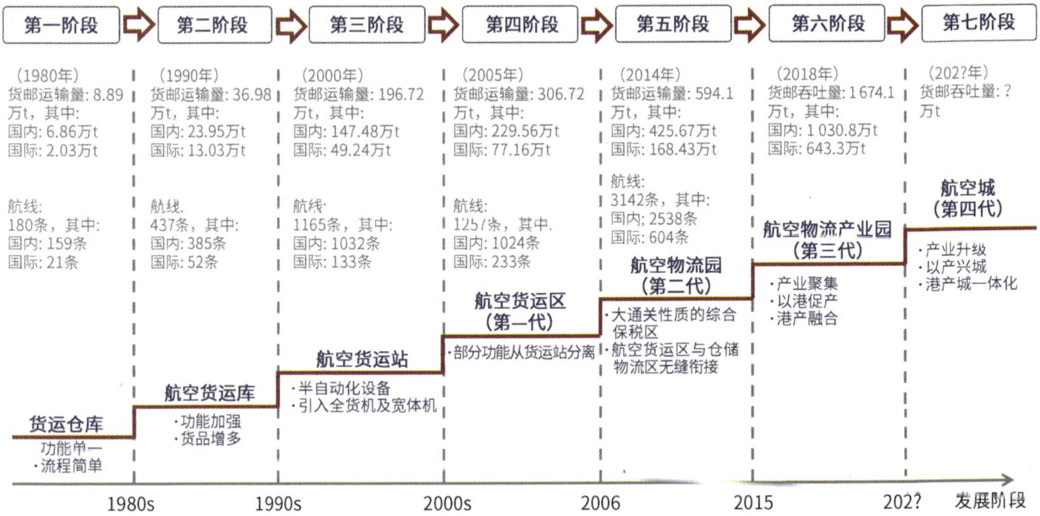

图 9-1　我国航空货运设施（园区）发展历程

进出口海关监管仓库，后来又出现了综合保税区，机场货运开始重视港区联动的规划和发展。航空货运业发展至今，正在向着以机场货运为驱动，促进航空物流和相关产业在机场周边集聚，形成以港促产、以产兴城、港产城一体发展的格局。

未来十年，我国将从民航大国走向民航强国，我们需要面对许多无法预测的世界性难题，我们必须解决这些难题。过去 20 年，我国初步奠定了航空货运物流发展的基础，当前，我们深切地感受到我国航空货运物流产业正孕育着一场伟大的变革。未来 20 年，让我们共同推动我国的航空货运物流产业领世界之先，走上全生命周期、全产业链的一体化、可持续发展之路。

我们才刚刚起步，
我们已站在世界前列。
航空物流鲜花盛开，很美！
这是一门综合性学科，很难！
这也是一条朝阳产业链，很酷！

案例索引

图表索引

第 3 章 货运物流产业园区规划

第 4 章 机场综合保税区规划

第 5 章 自由贸易港区规划初探

第 6 章 货运枢纽机场规划

第 7 章　航空货运物流发展新趋势

参考文献

[1] 刘武君，陈建国，等. 浦东国际机场货运站运营管理研究［M］. 上海：上海科学技术出版社，2013.

[2] 刘武君. 重大基础设施建设项目策划［M］. 2版. 北京：中国建筑工业出版社，2020.

[3] 吴念祖. 浦东国际机场西货运区工程［M］. 上海：上海科学技术出版社，2008.

[4] 刘志军，顾承东. 上海机场通过卡车航班延伸机场货运服务功能［J］. 综合运输，2010（1）：66-69.

[5] 扬子晚报. 苏州"'虚拟空港'实现出口双向'直航'"［EB/OL］.（2007-11-01）［2020-04-24］. http：//news. sina. com. cn/c/2007-11-01/015512822574s. shtml.

[6] 赖怀南. 机遇与挑战——从卡车航班看国际航空货运的发展趋势［J］. 民航管理，2006（1）：24-28.

[7] 韩军. 卡车航班——中国专业货运承运人发展的必然选择［J］. 空运商务，2008（12）：4-7.

[8] 刘武君. 航空港规划［M］. 上海：上海科学技术出版社，2013.

[9] 刘武君. 航空城规划［M］. 上海：上海科学技术出版社，2013.

[10] 中国建筑科学研究院航空物流设计研究所. 上海浦东国际机场货运设施总体规划暨四五跑道货运区规划［R］. 北京：中国建筑科学研究院，2017.

[11] 中国建筑科学研究院航空物流设计研究所. 鄂州机场国际货站专项咨询研究［R］. 北京：中国建筑科学研究院，2018.

[12] 中国建筑科学研究院航空物流设计研究所. 中国湖北国际物流核心枢纽项目鄂州机场货运区建设方案［R］. 北京：中国建筑科学研究院，2017.

[13] 中国建筑科学研究院航空物流设计研究所. 上海虹桥国际机场航空货运产业规划及功能布局调整研究［R］. 北京：中国建筑科学研究院，2018.

[14] 中国建筑科学研究院航空物流设计研究所. 航空物流规划设计发展历程与展望研究［R］. 北京：中国建筑科学研究院，2019.

[15] 中国建筑科学研究院航空物流设计研究所. 南宁机场大通关基地项目机场货运及物流专项规划［R］. 北京：中国建筑科学研究院，2019.

[16] 中国建筑科学研究院航空物流设计研究所. e-WTP列日机场 e-Hub项目物流工艺设计

及顾问咨询［R］. 北京：中国建筑科学研究院，2019.
［17］中国建筑科学研究院航空物流设计研究所. 上海浦东国际机场公共快件及跨境电商园区规划与方案研究［R］. 北京：中国建筑科学研究院，2018.
［18］上海觐翔交通工程咨询有限公司. 海口美兰国际机场航空货运物流及机场关键运行设施专项规划［R］. 2019.
［19］刘武君. 中国式机场集团融资模式与公司治理［M］. 上海：上海科学技术出版社，2018.
［20］刘武君. 浦东国际机场规划故事［M］. 上海：上海科学技术出版社，2019.
［21］牟凯. 机场投建营一体化模式需求分析与对策建议［R］. 北京：中国民航机场建设集团有限公司，2020.
［22］国务院. 国务院关于实行市场准入负面清单制度的意见（国发〔2015〕55 号）［EB/OL］.（2015-10-19）. http：//www. gov. cn/zhengce/content/2015-10/19/content_10247 htm.
［23］俞洁，宾建成. 上海自贸区负面清单管理制度建设的现状、问题与对策［J］. 产业与科技论坛，2017，16（6）：216-218.
［24］周家义，吴超. “投建营一体化”实施经验与建议［J］. 施工企业管理，2017（9）：35-37.
［25］李明. 浅谈投建营一体化［J］. 国际工程与劳务，2019（9）：83-84.
［26］朱荣生. 我国民用机场投融资管理优化策略研究［J］. 中国民用航空，2019（10）：39-41.
［27］冯广东. 开启通用机场高质量发展新征程［J］. 机场建设专刊.
［28］上海发布. 虹桥商务区规划建设导则新鲜出炉！8 大亮点逐一看［EB/OL］.（2020-03-04）［2020-04-24］. http：//www. shbbs. cc/19572-1. html.
［29］白云机场发布. 这个“双十一”白云机场“跨境电商园区”当天货量激增 57%创新高！［EB/OL］.（2018-11-14）［2020-04-24］. https：//www. sohu. com/a/275444999_180438.
［30］中国物流与采购联合会冷链物流专业委员会. 产业创新，共筑冷链生态圈互联网资源［EB/OL］.（2017-08-09）［2020-04-24］. https：//m. sohu. com/a/163423271_608787.
［31］中国物流与采购联合会冷链物流专业委员会. 中国冷链物流发展报告（2019 版）［R］. 2019.
［32］国际冷藏库协会（IARW）. 亚太主要国家冷链发展水平测评［R］. 2015.
［33］宋海英，许琳. 海外仓——电商时代物流业发展的必然趋势［J］. 全国流通经济，2015（7）：24-25.
［34］海关总署改革办. 七大关键词带你看懂海关全面深化改革成效［EB/OL］.（2017-10-24）. https：//www. sohu. com/a/199993890_239279.
［35］中投顾问. 2017—2021 年中国临空经济区深度分析及发展规划咨询建议报告［R］.

2017.

[36] 范渊，黄硕. 航空货运机场的选址规划和发展趋势 [J]. 空运商务，2018，400 (9)：23-27.

[37] 熊安静. 自由贸易港是当今世界最高水平的开放形态 [J]. 今日海南，2019 (9)：33-35.

[38] AECOM. 郑州航空城概念性总体规划及城市设计 [R]. 2016.

[39] 王启魁. 产业园区规划思路及方法 [R]. 中国投资咨询，2013.

[40] 民航资源网. CADAS：仁川机场扩建，东北亚枢纽竞争激烈 [EB/OL]. (2019-11-21) [2020-04-24]. http：//news. carnoc. com/list/513/513647. html.

[41] 李宪树. 仁川机场的战略定位——亚洲物流枢纽 [J]. 物流技术，2007 (12)：125-127.

[42] 武博. 自由贸易区背景下的机场货运建设——以仁川自由经济区为例 [J]. 空运商务，2014 (1)：44-49.

[43] 柯白玮. 新加坡自由贸易园区探访记 [EB/OL]. (2013-09-29) [2020-04-24]. http：//sg. xinhuanet. com/2013-09/29/c_125465448. htm.

[44] 中国南海研究院课题组. 迪拜、新加坡成功经验的宝贵启示——"流量"和"腹地"是怎样创造出来的? [R]. 海口：海南省科学技术协会，2019.

[45] 中国南海研究院课题组. 迪拜自贸港区发展对海南的启示 [R]. 海口：海南省科学技术协会，2019.

[46] 波音公司. 全球航空货运预测报告 [R]. 2014.

[47] FedEx. 1980 年度财务报告 [R]. 1981.

[48] 顺丰速运. 2018 年度财务报告 [R]. 2019.

后记

2020年3月24日，李克强总理主持国务院常务会议。会议指出："我国国际航空货运能力存在明显短板，当前受疫情冲击国际航空客运萎缩，导致客机腹舱货运大幅下降，对我国产业的国际供应链带来较大影响。要采取有效措施提高我国国际航空货运能力，既着力保通保运保供、支撑国内经济，又推动增强我国物流行业国际竞争力。具体来说，一是要加强国际协作，畅通国际快件等航空货运，对疫情期间国际货运航线给予政策支持。鼓励采取租赁、购买等方式增加货机，支持货运航空公司壮大机队规模，发展全货机运输。发挥市场机制作用，一视同仁支持各种所有制航空货运市场主体发展，鼓励航空货运企业与物流企业联合重组，支持快递企业发展空中、海外网络。二是要完善航空货运枢纽网络。对货运功能较强的机场，放开高峰时段对货运航班的时刻限制。在京津冀、长三角、粤港澳和成渝等地区具备条件的国际枢纽机场实行24小时通关，提高安检和通关效率。三是要健全航空货运标准体系，推动货运单证简化和无纸化，建立航空公司、邮政快递、货站等互通共享的物流信息平台。加强清关、货代、仓储等物流服务。加强现有机场设施升级改造，完善冷链、快件分拣等设施。有序推进以货运功能为主的机场建设。"正值本书付印之前，国务院常务会议让航空货运物流发展迎来了春天。本书生逢其时！

对于本书的编著，我们一直是被畏难情绪困扰的。除了水平有限之外，主要原因是大家都是在职的规划设计人员，可用来研究、讨论、写作的时间非常有限。好不容易才下定决心在今年春节期间启动编写工作，没想到的是突然之间新冠肺炎疫情爆发，它大幅度推迟了我们正常上班的时间，大家被隔离在家，这意外地使我们得到了整整两个月集中写作的时间。这太难得了。今天，当武汉即将解除封城，基本可以开始正常上下班之时，本书的初稿已经基本完成了。

与新冠肺炎相关的上述这两件事在2020年的春天撞在了一起，既是偶然也很自然。它们让我们感受到了航空货运物流之新时代的来临。

愿本书成为中国货运物流产业可持续发展之路上的一块铺路石！

本书的编写由刘武君、寇怡军负责，马燕静（第1，2，8章）、熊珊（第3，4，5章）、李颖（第6，7章）参加了部分章节的编写工作。编写组成员都参加了上海机场集团货运物流发展规划、浦东国际机场货运物流园区规划和货运站设计，参加了北京首都国际机场综合保税区规划、大兴国际机场货运区规划，参加了深圳国际机场货运物流园区控制性详细规划、菜鸟eWTP列日机场与吉隆坡机场货运站规划设计，参加了鄂州国际物流枢纽机场规划和转运中心设计、杭州萧山国际机场货运区规划设计、南宁国际机场货运物流园区投建营一体化规划、海口美兰国际机场港产城一体化规划，以及其他众多机场货运物流设施的规划设计工作。

最后，要感谢同济大学出版社、中国建筑科学研究院航空物流所、中国城市规划设计研究院、中国民航管理干部学院、上海机场集团航空物流事业部、上海浦东国际机场货运站有限公司（PACTL）、顺丰控股股份有限公司、中国民航机场建设集团有限公司、美国SPS航空规划咨询公司（Strategic Planning Services Inc.）、上海觐翔交通工程咨询有限公司、广西机场管理集团有限公司、杭州萧山国际机场有限公司、新疆机场（集团）有限责任公司、广东省机场管理集团有限公司、深圳市机场（集团）有限公司、中交航空港有限公司、航港（上海）机场运营发展有限公司的朋友们的帮助和支持。

谢谢大家！

著者一同

2020年3月26日，于上海